21 世纪高职高专规划教材·财经管理系列

经济法概论

（第 2 版）

主　编　王　玲
副主编　马　骥　聂丽慧
　　　　都丽萍　王瑞华

清华大学出版社
北京交通大学出版社
·北京·

内容简介

本书分 6 篇,共 16 章。第 1 篇为法学基础知识,共 3 章,从法学基础知识入手,介绍了经济法的产生、发展及基本知识。第 2 篇为经济主体法,共 2 章,介绍了个人独资企业、合伙企业、外商投资企业、公司企业等企业法律制度。第 3 篇为经济主体行为法,共 3 章,介绍了企业等经济主体在经济活动中从事订立合同、设立担保、注册使用商标、专利等经济行为时应该遵守的法律制度。第 4 篇为经济秩序管理法,共 3 章,主要对国家管理市场经济秩序方面的法律制度进行了具体阐述。第 5 篇为宏观经济调控法,共 3 章,介绍了国家在进行宏观调控时适用的法律。第 6 篇为经济仲裁与诉讼法,共 2 章,主要介绍了经济主体的权益受到侵犯时的救济措施——仲裁和诉讼。

本书适用于高职高专院校经济类、管理类各专业的学生,也可作为企事业单位经济管理人员的参考用书,还适合广大社会人士自学使用。

本书封面贴有清华大学出版社防伪标签,无标签者不得销售。
版权所有,侵权必究。侵权举报电话: 010-62782989 13501256678 13801310933

图书在版编目(CIP)数据

经济法概论/王玲主编. —2 版. — 北京:清华大学出版社;北京交通大学出版社, 2012.11 (2016.3 重印)
(21 世纪高职高专规划教材·财经管理系列)
ISBN 978-7-5121-1288-9

Ⅰ. ① 经… Ⅱ. ① 王… Ⅲ. ① 经济法-中国-高等职业教育-教材 Ⅳ. ① D922.29

中国版本图书馆 CIP 数据核字(2012)第 283001 号

责任编辑:张利军
出版发行:清华大学出版社　　邮编:100084　　电话:010-62776969　　http://www.tup.com.cn
　　　　　北京交通大学出版社　邮编:100044　　电话:010-51686414　　http://press.bjtu.edu.cn
印　刷　者:北京时代华都印刷有限公司
经　　　销:全国新华书店
开　　　本:185×260　　印张:18　　字数:460 千字
版　　　次:2013 年 1 月第 2 版　　2016 年 3 月第 2 次印刷
书　　　号:ISBN 978-7-5121-1288-9/D·126
印　　　数:4 001～6 000 册　　定价:28.00 元

本书如有质量问题,请向北京交通大学出版社质监组反映。对您的意见和批评,我们表示欢迎和感谢。
投诉电话:010-51686043,51686008;传真:010-62225406;E-mail:press@bjtu.edu.cn

出版说明

高职高专教育是我国高等教育的重要组成部分，它的根本任务是培养生产、建设、管理和服务第一线需要的德、智、体、美全面发展的高等技术应用型专门人才，所培养的学生在掌握必要的基础理论和专业知识的基础上，应重点掌握从事本专业领域实际工作的基本知识和职业技能，因而与其对应的教材也必须有自己的体系和特色。

为了适应我国高职高专教育发展及其对教学改革和教材建设的需要，在教育部的指导下，我们在全国范围内组织并成立了"21世纪高职高专教育教材研究与编审委员会"（以下简称"教材研究与编审委员会"）。"教材研究与编审委员会"的成员单位皆为教学改革成效较大、办学特色鲜明、办学实力强的高等专科学校、高等职业学校、成人高等学校及高等院校主办的二级职业技术学院，其中一些学校是国家重点建设的示范性职业技术学院。

为了保证规划教材的出版质量，"教材研究与编审委员会"在全国范围内选聘"21世纪高职高专规划教材编审委员会"（以下简称"教材编审委员会"）成员和征集教材，并要求"教材编审委员会"成员和规划教材的编著者必须是从事高职高专教学第一线的优秀教师或生产第一线的专家。"教材编审委员会"组织各专业的专家、教授对所征集的教材进行评选，对所列选教材进行审定。

目前，"教材研究与编审委员会"计划用2~3年的时间出版各类高职高专教材200种，范围覆盖计算机应用、电子电气、财会与管理、商务英语等专业的主要课程。此次规划教材全部按教育部制定的"高职高专教育基础课程教学基本要求"编写，其中部分教材是教育部《新世纪高职高专教育人才培养模式和教学内容体系改革与建设项目计划》的研究成果。此次规划教材按照突出应用性、实践性和针对性的原则编写并重组系列课程教材结构，力求反映高职高专课程和教学内容体系改革方向；反映当前教学的新内容，突出基础理论知识的应用和实践技能的培养；适应"实践的要求和岗位的需要"，不依照"学科"体系，即贴近岗位，淡化学科；在兼顾理论和实践内容的同时，避免"全"而"深"的面面俱到，基础理论以应用为目的，以必要、够用为度；尽量体现新知识、新技术、新工艺、新方法，以利于学生综合素质的形成和科学思维方式与创新能力的培养。

此外，为了使规划教材更具广泛性、科学性、先进性和代表性，我们希望全国从事高职高专教育的院校能够积极加入到"教材研究与编审委员会"中来，推荐"教材编审委员会"成员和有特色的、有创新的教材。同时，希望将教学实践中的意见与建议，及时反馈给我们，以便对已出版的教材不断修订、完善，不断提高教材质量，完善教材体系，为社会奉献更多更新的与高职高专教育配套的高质量教材。

此次所有规划教材由全国重点大学出版社——清华大学出版社与北京交通大学出版社联合出版，适合于各类高等专科学校、高等职业学校、成人高等学校及高等院校主办的二级职业技术学院使用。

21世纪高职高专教育教材研究与编审委员会
2013年1月

前言（第2版）

Preface

《经济法概论》一书自2009年出版以来，以其鲜明的特色受到社会各届广泛的支持，先后有多所高校采用本书作为教材。兄弟院校及广大读者的采用给了我们极大的支持和鞭策，促使我们将本书进行修订，使其更加完善。

本书从高职高专教育的特点出发，以高职高专人才培养目标为指导，按照"基础适度够用、加强实践环节、突出技能培养"的原则编排教材的内容，既注重基础理论知识的介绍、研究，又强调知识的实际运用，做到知识性、理论性和实践性的统一。本书在编写体例上进行了创新，每章前均列出本章学习目标和技能要求；在各章节阐述具体理论时，引入一些通俗易懂的小案例来分析和阐释理论知识，增强学生的学习兴趣；每章最后附有练习与实训题，帮助学生巩固复习所学的知识，加强对课程内容的理解。本书的内容新颖丰富。近年来，我国经济立法不断完善，制定、修改了一些经济法律法规，例如：合伙企业法、公司法、税法、审计法的修改，都对原有法律内容进行了重大改变；物权法等法律的出台，使得我国经济法律体系更为完整。本书再版反映了这些最新的经济立法及法学研究成果。为方便教学和学习，本书附有电子课件和习题答案。

本书分为6篇，共16章，具体包括以下内容：第1篇为法学基础知识（包括法学基础知识概述、民法基础知识、经济法基础知识），主要介绍一些法学基础知识，为学生学习具体的经济法制度打下基础；第2篇为经济主体法（包括企业法律制度、公司法），主要介绍个人独资企业、合伙企业、外商投资企业、公司企业等企业法律制度，包括企业如何设立、管理、变更、终止等内容；第3篇为经济主体行为法（包括合同法、担保法、工业产权法），主要介绍企业等经济主体在经济活动中从事订立合同、设立担保、注册使用商标专利等经济行为时应该遵守的法律制度；第4篇为经济秩序管理法（包括反不正当竞争法、产品质量法、消费者权益保护法），主要对国家管理市场经济秩序方面的法律制度进行具体的阐述；第5篇为宏观经济调控法（包括财政税收法、金融法、会计法和审计法），主要介绍国家在进行宏观调控时适用的法律；第6篇为经济仲裁与诉讼法（包括经济纠纷仲裁法、经济纠纷诉讼法），主要介绍经济主体的权益受到侵犯时的救济措施——仲裁和诉讼。

本书适用于高职高专院校经济类、管理类各专业的学生，也可作为企事业单位经济管理人员的参考用书，还适合广大社会人士自学使用。

本书由辽宁经济职业技术学院的王玲、马骥、王瑞华、佟昕、刘阔、李伟及沈阳市化工学校的聂丽慧、都丽萍、王守鹏共同编写。其中，王玲担任主编，马骥、聂丽慧、都丽萍、王瑞华担任副主编。各章的具体分工如下：王玲编写第 1、4、5、6、7、12 章；聂丽慧编写第 2 章；王瑞华编写第 3、13 章；都丽萍编写第 8 章；王守鹏编写第 9 章；马骥编写第 10、11 章；佟昕编写第 14 章；刘阔编写第 15 章；李伟编写第 16 章。

本书的出版得到了北京交通大学出版社及编者所在单位的大力支持，并且在编写过程中参考借鉴了许多国内外学者的专著和教材，吸收了其中的一些成果，在此一并表示感谢。

由于编写水平有限，书中疏漏之处在所难免，欢迎广大读者批评、指正。

编 者
2013 年 1 月

前言（第1版）

Preface

社会主义市场经济是法制经济，发展社会主义市场经济，需要既懂专业知识，又具有法律意识的应用型人才。因此，具备基本的法制观念、熟练掌握和运用经济法知识就成为高等学校学生的必备素质。为了适应高等职业技术教育的教学要求，我们编写了这部面向全国高职高专院校的教材。

本教材从高职高专教育的特点出发，以高职高专人才培养目标为指导，按照"基础适度够用、加强实践环节、突出技能培养"的原则编排教材的内容，既注重基础理论知识的介绍、研究，又强调知识的实际运用，做到知识性、理论性和实践性的统一，注重培养学生的实际应用能力。本教材在编写体例上进行了创新，每章前均列出本章学习目标和技能要求；在各章节阐述具体理论时，引入一些通俗易懂的小案例来分析和阐释理论知识，增强学生的学习兴趣，方便教师教学，做到教师易教、学生易学；每章最后附有思考练习与案例分析题，帮助学生巩固复习所学的知识，加强对课程内容的理解。本教材的内容新颖丰富。近年来，我国经济立法不断完善，制定、修改了一些经济法律法规，例如：合伙企业法、公司法、税法、审计法的修改，都对原有法律内容进行了重大改变；物权法等法律的出台，使得我国经济法律体系更为完整。本教材反映了这些最新的经济立法及法学研究成果。

本教材共分为6篇，16章，具体包括以下内容：第1篇为法学基础知识（包括法学基础知识概述、民法基础知识、经济法基础知识），主要介绍一些法学基础知识，为学生学习具体的经济法制度打下基础；第2篇为经济主体法（包括企业法律制度、公司法），主要介绍个人独资企业、合伙企业、外商投资企业、公司企业等企业法律制度，包括企业如何设立、管理、变更、终止等内容；第3篇为经济主体行为法（包括合同法、担保法、工业产权法），主要介绍企业等经济主体在经济活动中从事订立合同、设立担保、注册使用商标专利等经济行为时应该遵守的法律制度；第4篇为经济秩序管理法（包括反不正当竞争法、产品质量法、消费者权益保护法），主要对国家管理市场经济秩序方面的法律制度进行具体的阐述；第5篇为宏观经济调控法（包括财政税收法、金融法、会计法和审计法），主要介绍国家在进行宏观调控时适用的法律；第6篇为经济仲裁与诉讼法（包括经济纠纷仲裁法、经济纠纷诉讼法），主要介绍经济主体的权益受到侵犯时的救济措施——仲裁和诉讼。

本书适用于高职高专院校经济类、管理类各专业的学生，也可作为企事业单位经济管理人员的参考用书，还适合广大社会人士自学使用。

本教材由王玲担任主编，马骥和王瑞华担任副主编。各章的具体分工如下：王玲编写第1、2、3、5篇，马骥、王守鹏编写第4篇，王瑞华、孟凡波编写第6篇。

本教材的编写得到了北京交通大学出版社及编者所在单位的大力支持，并且在编写过程中参考借鉴了许多国内外学者的专著和教材，吸收了其中的一些成果，在此一并表示感谢。

由于编写水平有限，书中疏漏之处在所难免，欢迎广大读者批评、指正。

编　者
2009 年 7 月

目 录
Content

第1篇 法学基础知识

第1章 法学基础知识概述 (2)
1.1 法的概念 (2)
　1.1.1 法的本质与特征 (2)
　1.1.2 法的作用 (3)
1.2 法的渊源与效力 (4)
　1.2.1 法的渊源 (4)
　1.2.2 法的效力 (5)
1.3 法律规范、法律部门与法律体系 (7)
　1.3.1 法律规范 (7)
　1.3.2 法律部门 (7)
　1.3.3 法律体系 (8)
1.4 法律关系 (8)
　1.4.1 法律关系的概念 (8)
　1.4.2 法律关系的构成要素 (8)
　1.4.3 法律关系的产生、变更与消灭 (9)
1.5 法律责任 (10)
　1.5.1 法律责任的概念与种类 (10)
　1.5.2 法律责任的构成要件 (11)
练习与实训 (11)

第2章 民法基础知识 (13)
2.1 民法概述 (13)
　2.1.1 民法的概念 (13)
　2.1.2 民法的基本原则 (14)
2.2 民事主体 (15)
　2.2.1 自然人 (15)

  2.2.2 法人 ··· (16)
 2.3 民事法律行为 ·· (17)
  2.3.1 民事法律行为的概念与特征 ··· (17)
  2.3.2 民事法律行为的形式 ·· (17)
  2.3.3 民事法律行为的有效条件 ·· (18)
  2.3.4 无效民事行为与可撤销的民事行为 ·· (18)
 2.4 代理 ··· (19)
  2.4.1 代理的概念 ·· (19)
  2.4.2 代理权的产生与终止 ·· (20)
  2.4.3 代理权的行使 ··· (20)
  2.4.5 无权代理 ··· (21)
 2.5 民事权利 ·· (23)
  2.5.1 物权 ·· (23)
  2.5.2 债权 ·· (24)
  2.5.3 人身权 ··· (25)
  2.5.4 知识产权 ··· (26)
 2.6 民事责任 ·· (26)
  2.6.1 民事责任的概念与特征 ·· (26)
  2.6.2 民事责任的归责原则、构成要件和免责事由 ······························ (26)
  2.6.3 民事责任的承担方式 ·· (28)
 2.7 诉讼时效 ·· (28)
  2.7.1 诉讼时效的概念与特征 ·· (28)
  2.7.2 诉讼时效的种类 ·· (29)
  2.7.3 诉讼时效的起算 ·· (29)
  2.7.4 诉讼时效的中止、中断和延长 ·· (29)
 练习与实训 ··· (30)

第3章 经济法基础知识 ·· (33)
 3.1 经济法概述 ·· (33)
  3.1.1 经济法的概念与调整对象 ·· (33)
  3.1.2 经济法的基本原则 ·· (34)
 3.2 经济法律关系 ·· (35)
  3.2.1 经济法律关系的概念 ·· (35)
  3.2.2 经济法律关系的构成要素 ·· (35)
  3.2.3 经济法律关系的发生、变更和终止 ·· (36)
 练习与实训 ··· (37)

第2篇 经济主体法

第4章 企业法律制度 (40)
4.1 企业法律制度概述 (40)
- 4.1.1 企业的概念与分类 (40)
- 4.1.2 我国企业法的体系 (41)
4.2 个人独资企业法 (41)
- 4.2.1 个人独资企业法概述 (41)
- 4.2.2 个人独资企业的设立 (42)
- 4.2.3 个人独资企业的投资人及事务管理 (43)
- 4.2.4 个人独资企业的解散与清算 (44)
4.3 合伙企业法 (45)
- 4.3.1 合伙企业法概述 (45)
- 4.3.2 普通合伙企业 (45)
- 4.3.3 有限合伙企业 (50)
- 4.3.4 合伙企业的解散与清算 (53)
4.4 外商投资企业法 (54)
- 4.4.1 外商投资企业法概述 (54)
- 4.4.2 中外合资经营企业法 (54)
- 4.4.3 中外合作经营企业法 (58)
- 4.4.4 外资企业法 (61)
练习与实训 (63)

第5章 公司法 (66)
5.1 公司法概述 (66)
- 5.1.1 公司的概念与特征 (66)
- 5.1.2 公司的分类 (67)
- 5.1.3 公司法 (69)
5.2 有限责任公司 (69)
- 5.2.1 有限责任公司的概念与特征 (69)
- 5.2.2 有限责任公司的设立 (70)
- 5.2.3 有限责任公司的组织机构 (71)
- 5.2.4 有限责任公司的股权转让 (73)
- 5.2.5 一人有限责任公司的特别规定 (75)
- 5.2.6 国有独资公司的特别规定 (75)

5.3 股份有限责任公司 ……………………………………………………… (76)
　　5.3.1 股份有限责任公司的概念与特征 ………………………………… (76)
　　5.3.2 股份有限责任公司的设立 ………………………………………… (77)
　　5.3.3 股份有限责任公司的股份 ………………………………………… (79)
　　5.3.4 股份有限责任公司的组织机构 …………………………………… (82)
5.4 公司债券 ………………………………………………………………… (85)
　　5.4.1 公司债券的概念与种类 …………………………………………… (85)
　　5.4.2 公司债券的发行 …………………………………………………… (86)
　　5.4.3 公司债券的转让 …………………………………………………… (87)
5.5 公司的财务会计 ………………………………………………………… (87)
　　5.5.1 公司财务会计的基本要求 ………………………………………… (87)
　　5.5.2 公司利润的分配 …………………………………………………… (87)
5.6 公司的合并、分立、解散与清算 ……………………………………… (89)
　　5.6.1 公司的合并 ………………………………………………………… (89)
　　5.6.2 公司的分立 ………………………………………………………… (89)
　　5.6.3 公司的解散与清算 ………………………………………………… (90)
练习与实训 …………………………………………………………………… (91)

第3篇　经济主体行为法

第6章　合同法 …………………………………………………………… (94)
6.1 合同法概述 ……………………………………………………………… (94)
　　6.1.1 合同的概念与特征 ………………………………………………… (94)
　　6.1.2 合同的分类 ………………………………………………………… (95)
　　6.1.3 我国合同立法的概况 ……………………………………………… (96)
6.2 合同的订立 ……………………………………………………………… (96)
　　6.2.1 合同订立的程序 …………………………………………………… (96)
　　6.2.2 合同的内容 ………………………………………………………… (99)
　　6.2.3 合同的形式 ………………………………………………………… (99)
　　6.2.4 合同成立的时间和地点 …………………………………………… (100)
　　6.2.5 缔约过失责任 ……………………………………………………… (100)
6.3 合同的效力 ……………………………………………………………… (101)
　　6.3.1 有效合同 …………………………………………………………… (102)
　　6.3.2 无效合同 …………………………………………………………… (102)
　　6.3.3 可变更可撤销合同 ………………………………………………… (103)

6.3.4　效力待定合同 ……………………………………………… (104)
　　6.3.5　合同被确认无效和被撤销后的法律后果 ………………… (105)
6.4　合同的履行 ……………………………………………………………… (106)
　　6.4.1　合同履行的概念与原则 …………………………………… (106)
　　6.4.2　合同履行的具体规则 ……………………………………… (106)
　　6.4.3　双务合同履行中的抗辩权 ………………………………… (107)
　　6.4.4　合同的保全 ………………………………………………… (108)
6.5　合同的变更与转让 ……………………………………………………… (110)
　　6.5.1　合同的变更 ………………………………………………… (110)
　　6.5.2　合同的转让 ………………………………………………… (111)
6.6　合同的终止 ……………………………………………………………… (112)
　　6.6.1　合同终止的概念 …………………………………………… (112)
　　6.6.2　合同终止的原因 …………………………………………… (112)
6.7　违约责任 ………………………………………………………………… (114)
　　6.7.1　违约责任概述 ……………………………………………… (114)
　　6.7.2　违约责任的归责原则及构成要件 ………………………… (114)
　　6.7.3　承担违约责任的方式 ……………………………………… (115)
　　6.7.4　违约责任的免除 …………………………………………… (115)
练习与实训 …………………………………………………………………… (116)

第7章　担保法 ……………………………………………………………… (119)

7.1　担保法概述 ……………………………………………………………… (119)
　　7.1.1　担保的概念与特征 ………………………………………… (119)
　　7.1.2　担保法的概念 ……………………………………………… (120)
　　7.1.3　担保的适用范围与担保方式 ……………………………… (120)
7.2　保证 ……………………………………………………………………… (120)
　　7.2.1　保证与保证人 ……………………………………………… (120)
　　7.2.2　保证合同与保证方式 ……………………………………… (121)
　　7.2.3　保证责任 …………………………………………………… (123)
7.3　抵押 ……………………………………………………………………… (124)
　　7.3.1　抵押与抵押物 ……………………………………………… (124)
　　7.3.2　抵押合同与抵押登记 ……………………………………… (124)
　　7.3.3　抵押的效力及抵押权的实现 ……………………………… (125)
7.4　质押 ……………………………………………………………………… (127)
　　7.4.1　质押的概念 ………………………………………………… (127)
　　7.4.2　质押的分类 ………………………………………………… (127)
7.5　留置 ……………………………………………………………………… (129)

   7.5.1 留置及留置权的概念 ……………………………………………………… (129)
   7.5.2 留置权适用的范围及条件 …………………………………………………… (129)
   7.5.3 留置权的实现 ………………………………………………………………… (129)
   7.5.4 留置权的消灭 ………………………………………………………………… (130)
  7.6 定金 ……………………………………………………………………………………… (130)
  练习与实训 ………………………………………………………………………………………… (131)

第8章 工业产权法 ……………………………………………………………………………… (133)

  8.1 工业产权法概述 ………………………………………………………………………… (133)
   8.1.1 工业产权的概念与特征 ……………………………………………………… (133)
   8.1.2 工业产权法的概念与渊源 …………………………………………………… (134)
  8.2 商标法 …………………………………………………………………………………… (134)
   8.2.1 商标法概述 …………………………………………………………………… (134)
   8.2.2 商标权的主体、客体与内容 ………………………………………………… (135)
   8.2.3 商标权的取得 ………………………………………………………………… (137)
   8.2.4 商标权的保护 ………………………………………………………………… (139)
   8.2.5 商标权的期限、续展与消灭 ………………………………………………… (141)
  8.3 专利法 …………………………………………………………………………………… (142)
   8.3.1 专利法概述 …………………………………………………………………… (142)
   8.3.2 专利权的主体与客体 ………………………………………………………… (142)
   8.3.3 授予专利权的条件 …………………………………………………………… (144)
   8.3.4 取得专利权的程序 …………………………………………………………… (144)
   8.3.5 专利权人的权利与义务 ……………………………………………………… (146)
   8.3.6 专利实施的强制许可 ………………………………………………………… (147)
   8.3.7 专利权的保护 ………………………………………………………………… (148)
   8.3.8 专利权的期限、终止与无效 ………………………………………………… (149)
  练习与实训 ………………………………………………………………………………………… (150)

第4篇 经济程序管理法

第9章 反不正当竞争法 ………………………………………………………………………… (154)

  9.1 反不正当竞争法概述 …………………………………………………………………… (154)
   9.1.1 不正当竞争的概念与特征 …………………………………………………… (154)
   9.1.2 反不正当竞争法的概念与调整范围 ………………………………………… (155)
  9.2 不正当竞争行为 ………………………………………………………………………… (155)

  9.2.1 混淆行为 …………………………………………………………… (155)
  9.2.2 限定专购的不正当竞争行为 …………………………………… (156)
  9.2.3 滥用行政权力限制竞争的行为 ………………………………… (157)
  9.2.4 商业贿赂行为 …………………………………………………… (157)
  9.2.5 虚假宣传行为 …………………………………………………… (157)
  9.2.6 侵犯商业秘密的行为 …………………………………………… (157)
  9.2.7 低价倾销行为 …………………………………………………… (158)
  9.2.8 附条件交易行为 ………………………………………………… (158)
  9.2.9 不当有奖销售行为 ……………………………………………… (159)
  9.2.10 诋毁商誉行为 ………………………………………………… (159)
  9.2.11 串通投标行为 ………………………………………………… (160)
 9.3 对不正当竞争行为的监督检查 ……………………………………… (161)
  9.3.1 监督检查机关 …………………………………………………… (161)
  9.3.2 监督检查机关的职权 …………………………………………… (161)
 9.4 不正当竞争行为的法律责任 ………………………………………… (161)
  9.4.1 民事责任 ………………………………………………………… (161)
  9.4.2 行政责任 ………………………………………………………… (162)
  9.4.3 刑事责任 ………………………………………………………… (162)
 练习与实训 ……………………………………………………………………… (163)

第10章 产品质量法 ……………………………………………………… (165)

 10.1 产品质量法概述 …………………………………………………… (165)
  10.1.1 产品质量法的概念 …………………………………………… (165)
  10.1.2 产品质量法的立法宗旨与立法体系 ………………………… (166)
 10.2 产品质量监督管理 ………………………………………………… (166)
  10.2.1 产品质量监督管理体制 ……………………………………… (166)
  10.2.2 产品质量监督管理制度 ……………………………………… (167)
 10.3 生产者、销售者的产品质量责任与义务 ………………………… (169)
  10.3.1 生产者的产品质量责任与义务 ……………………………… (169)
  10.3.2 销售者的产品质量责任与义务 ……………………………… (170)
 10.4 违反产品质量法的责任 …………………………………………… (170)
  10.4.1 民事责任 ……………………………………………………… (170)
  10.4.2 行政责任 ……………………………………………………… (172)
  10.4.3 刑事责任 ……………………………………………………… (173)
 练习与实训 ……………………………………………………………………… (174)

第11章 消费者权益保护法 (176)
11.1 消费者权益保护法概述 (176)
11.1.1 消费者的概念 (176)
11.1.2 消费者权益保护法的概念与适用范围 (177)
11.1.3 消费者权益保护法的立法宗旨及基本原则 (177)
11.2 消费者的权利 (177)
11.3 经营者的义务 (180)
11.4 消费者权益保护的机构与职责 (182)
11.4.1 国家对消费者权益的保护 (182)
11.4.2 社会对消费者权益的保护 (182)
11.5 消费者权益争议的解决与法律责任 (183)
11.5.1 消费者权益争议的解决途径 (183)
11.5.2 消费者权益争议责任主体的确定 (183)
11.5.3 消费者权益争议的法律责任 (184)
练习与实训 (186)

第5篇 宏观经济调控法

第12章 财政税收法 (190)
12.1 财政法 (190)
12.1.1 财政法概述 (190)
12.1.2 财政管理体制与财政管理机构 (191)
12.2 预算法 (192)
12.2.1 预算与预算法 (192)
12.2.2 预算管理体制 (193)
12.2.3 预算收支范围 (194)
12.2.4 预(决)算管理程序 (194)
12.2.5 预算、决算监督 (196)
12.3 税法 (197)
12.3.1 税法概述 (197)
12.3.2 我国现行的主要税种 (198)
12.3.3 税收征收管理 (203)
12.3.4 违反税法的行为及法律责任 (205)
练习与实训 (207)

第13章 金融法 (209)
13.1 金融法概述 (209)
13.1.1 金融与金融法 (209)
13.1.2 我国金融法的体系 (210)
13.2 银行法 (210)
13.2.1 中国人民银行法 (210)
13.2.2 商业银行法 (212)
13.3 票据法 (214)
13.3.1 票据法概述 (214)
13.3.2 汇票 (219)
13.3.3 本票与支票 (223)
练习与实训 (225)

第14章 会计法与审计法 (227)
14.1 会计法 (227)
14.1.1 会计法概述 (227)
14.1.2 会计核算 (229)
14.1.3 会计监督 (230)
14.1.4 会计机构与会计人员 (231)
14.1.5 违反会计法的法律责任 (232)
14.2 审计法 (234)
14.2.1 审计法概述 (234)
14.2.2 审计管理体制 (235)
14.2.3 审计程序 (237)
14.2.4 违反审计法的法律责任 (238)
练习与实训 (239)

第6篇 经济仲裁与诉讼法

第15章 经济纠纷仲裁法 (242)
15.1 仲裁法概述 (242)
15.1.1 仲裁的概念与特征 (242)
15.1.2 仲裁法的概念、仲裁的范围及仲裁的基本制度 (243)
15.2 仲裁机构 (244)
15.2.1 仲裁机构的设置 (244)

15.2.2 仲裁员 …………………………………………………………………… (245)
15.3 仲裁协议 ……………………………………………………………………… (245)
　15.3.1 仲裁协议的概念 ……………………………………………………… (245)
　15.3.2 仲裁协议的类型 ……………………………………………………… (245)
　15.3.3 仲裁协议的内容 ……………………………………………………… (246)
　15.3.4 仲裁协议的有效要件 ………………………………………………… (246)
　15.3.5 仲裁协议的效力 ……………………………………………………… (246)
15.4 仲裁程序 ……………………………………………………………………… (248)
　15.4.1 申请与受理 …………………………………………………………… (248)
　15.4.2 组成仲裁庭 …………………………………………………………… (248)
　15.4.3 答辩与反诉 …………………………………………………………… (249)
　15.4.4 仲裁审理 ……………………………………………………………… (249)
　15.4.5 仲裁裁决 ……………………………………………………………… (251)
15.5 申请撤销仲裁裁决 …………………………………………………………… (251)
　15.5.1 申请撤销仲裁裁决的概念 …………………………………………… (251)
　15.5.2 申请撤销仲裁裁决的条件与理由 …………………………………… (251)
　15.5.3 申请撤销仲裁裁决的后果 …………………………………………… (252)
15.6 仲裁裁决的执行 ……………………………………………………………… (252)
　15.6.1 仲裁裁决执行的条件 ………………………………………………… (252)
　15.6.2 仲裁裁决执行的程序 ………………………………………………… (253)
练习与实训 ………………………………………………………………………… (253)

第16章 经济纠纷诉讼法 ………………………………………………………… (256)

16.1 经济纠纷诉讼概述 …………………………………………………………… (256)
　16.1.1 经济纠纷案件的管辖 ………………………………………………… (256)
　16.1.2 经济纠纷诉讼的基本制度 …………………………………………… (259)
　16.1.3 经济纠纷诉讼的参加人 ……………………………………………… (260)
　16.1.4 证据 …………………………………………………………………… (261)
16.2 审判程序 ……………………………………………………………………… (262)
　16.2.1 第一审程序 …………………………………………………………… (262)
　16.2.2 第二审程序 …………………………………………………………… (264)
　16.2.3 审判监督程序 ………………………………………………………… (266)
16.3 执行程序 ……………………………………………………………………… (267)
练习与实训 ………………………………………………………………………… (268)

参考文献 ………………………………………………………………………… (270)

第1篇

法学基础知识

第 1 章

法学基础知识概述

 学习目标

本章对法的概念、特征进行了阐述,着重分析了法的渊源和效力、法律关系及法律责任等法律知识。通过本章的学习,应达到以下目标:
- ☑ 掌握法的概念;
- ☑ 掌握法的本质与特征,理解法的作用;
- ☑ 掌握法的渊源和效力;
- ☑ 掌握法规范、法体系和法部门的概念及相互关系;
- ☑ 熟悉法律关系的构成要素;
- ☑ 掌握法律责任的构成要件、法律责任的形式。

 技能要求

1. 能够区分法律关系与其他社会关系,运用不同的社会规范调整社会生活。
2. 能够正确区分不同性质的法律关系,正确适用法律。

1.1 法的概念

法是国家制定或认可的,依靠国家强制力保障实施的、反映统治阶级意志的行为规范的总和。

1.1.1 法的本质与特征

1. 法的本质

法是统治阶级意志的体现。在阶级社会中,统治阶级和被统治阶级的利益是根本对立的,因此法不可能是各个阶级共同意志的体现,而只能是在经济上、政治上占支配地位的阶级——统治阶级意志的表现。

法是统治阶级整体意志的体现。法所反映的意志是统治阶级的阶级意志，即统治阶级的共同意志，而不是统治阶级中个人意志的体现，也不应是统治阶级中个别或部分人（阶层、集团）意志的体现。

法是统治阶级基本意志的体现，而不是其全部意志的体现。它只规定和调整有关统治阶级基本利益的社会基本制度和主要社会关系。

法所体现的统治阶级意志的内容，是由该阶级所处的社会物质生活条件决定的。

2. 法的特征

根据法的概念，法具有以下 3 个特征。

（1）法是由国家制定或认可并具有普遍约束力的规范。制定和认可是国家创制法律的两种形式。"制定"是指国家有立法权的机关在权限范围内，按照法定的程序制定出具有不同效力的规范性文件，如宪法、法律、行政法规等；"认可"是指国家对某些社会上已经形成的而又符合统治阶级意志和利益的行为规范，如对风俗习惯、社会道德、宗教信条等加以确认使它具有法律效力。

（2）法是规定人们的权利、义务的规范。法律对人们行为的调整主要是通过权利和义务的设定和运行来实现的。权利是指国家通过法律规定，对人们可以做出某种行为的许可和保障。义务是指国家通过法律规定，对人们必须做出某种行为的约束。

（3）法是以国家强制力保证实施的社会规范。法律的强制力不同于其他社会规范之处在于它是一种国家强制力，而不是一般的社会强制。法的实现要以一定的国家权力为后盾，是通过国家特定专门机关（包括军队、警察、法庭、监狱等）来实施的。

1.1.2 法的作用

法的作用是指法对人们的行为和社会生活的影响或功能。法的作用是多方面的，但主要的可以概括为两种：一是法的规范作用，即法作为特殊的行为规则本身所具有的作用；二是法的社会作用，即法服务于一定的社会政治目的，在政治生活、经济生活和社会文化生活中的作用。

1. 法的规范作用

（1）指引作用。法的指引作用是指法律通过规定人们在法律上的权利和义务及违反这些规定的制裁来指引人们的行为。具体来说，法为人们的行为提供了两种模式：一是授权性的可以选择的指引，允许人们在法律规定的范围内自由决定自己的行为；二是义务性的不可以选择的指引，要求人们必须按照法律的规定从事一定的行为，如果违反法律的规定，就要承担不利的后果。

（2）评价作用。法的评价作用是指法律作为一种行为标准，具有判断、衡量他人行为合法与否的评判作用，即法通过设定一定的标准，以此来判断人们的行为是否合法及违法的性质和程度。

（3）预测作用。法的预测作用表现在：人们可以根据法律规范的规定事先估计到当事人双方将如何行为及行为的法律后果，从而对自己的行为做出合理的安排。

案例1-1

现在马路上车辆越来越多,为什么大多数人还是认为在路上行走是安全的呢?这是因为人们相信,在通常情况下驾车人会遵守交通规则(否则交警会处理他们),只要自己也遵守交通规则,司机就不会危害自己的安全。这一简单的例子很好地说明了法(交通法规)对人们日常生活的预测作用。

(4)强制作用。法的强制作用在于法能够运用国家强制力制裁、惩罚和预防违法犯罪行为。法的强制作用也是实现法的其他规范作用的保障。

(5)教育作用。法的教育作用是指法作为特殊的行为规范,在国家强制力的保证下,对人们今后的行为发生直接或间接的影响作用。法的教育作用主要体现在两个方面:一方面,通过对违法行为的制裁,既可以教育违法者本人,同时又对那些企图违法的人起到威慑和警示作用,使其引以为戒;另一方面,通过对合法行为及其法律后果的确认和保护,对人们的行为起着示范与鼓励的作用。

2. 法的社会作用

(1)法在调整政治关系中的作用。法在调整政治关系中的作用体现为以下几个方面:第一,调整统治阶级与被统治阶级之间的关系,镇压被统治阶级的反抗;第二,调整统治阶级内部的关系,规定和确认统治阶级内部各阶层、各集团成员之间的关系,确定他们各自的行为界限,建立个人意志服从整个阶级意志的服从关系;第三,调整统治阶级与其同盟阶级之间的关系,照顾和调整彼此之间的利益。

(2)法在调整经济关系中的作用。法在调整经济关系方面的作用主要表现在:第一,创立、确认和维护有利于统治阶级的经济基础;第二,确立交换和分配的规则;第三,解决各种经济纠纷。法对经济关系的调整作用,可能会产生两种不同的结果,一种是可能起到进步的作用,一种可能是消极甚至是反动的作用。衡量的主要标志是看它对社会生产力的发展是起到促进作用,还是起到阻碍作用。因此,法只有为先进的生产关系服务,才能促进生产力的发展。

(3)法在调整社会公共事务中的作用。在阶级对立的社会,统治阶级在运用法确认和调整阶级关系、维护其政治和经济统治的同时,还必须运用法来管理全社会的公共事务,执行一定的社会公共职能。所谓社会公共事务,是指由一定的社会性质所决定的具有全社会意义的事务,例如交通运输、卫生管理、自然资源的合理开发利用及环境保护等。

1.2 法的渊源与效力

1.2.1 法的渊源

法的渊源通常是指法的表现形式,即由不同国家机关制定或认可的,具有不同法律效力和法律地位的各种类别的规范性法律文件的总称。

我国法的渊源主要有以下几种。

1. 宪法

宪法是我国的根本法，它集中反映各种政治力量的实际对比关系，规定国家的根本任务和根本制度，即社会制度、国家制度的原则和国家政权的组织及公民的基本权利义务等内容。宪法具有最高法律效力，是制定其他法律的依据，一切法律、法规都不得同宪法相抵触。

2. 法律

法律是国家最高权力机关及其常设机构，即全国人民代表大会和全国人大常委会制定、颁布的规范性文件，其效力仅次于宪法。

3. 行政法规和部门规章

行政法规是国家最高行政机关——国务院制定、颁布的规范性文件，其地位次于宪法和法律。部门规章是指国务院各部、各委员会、中国人民银行、审计署和具有行政管理职能的直属机构根据法律和国务院的行政法规、决定、命令，在本部门的职权范围内依法制定的规章。部门规章的效力低于宪法、法律和行政法规。

4. 地方性法规

地方性法规是指省、自治区、直辖市及省、自治区人民政府所在地的市和经国务院批准的较大的市的人民代表大会及其常委会，在其法定权限内制定的法律规范性文件。

5. 民族自治地方的自治条例和单行条例

我国是单一制国家，同时又在中央统一领导下在各少数民族聚居区实行民族区域自治。根据宪法的规定，民族自治地方的人民代表大会有权根据当地民族的政治、经济和文化的特点，制定自治条例和单行条例。自治条例通常规定有关本地区实行的区域自治的基本组织原则、机构设置、自治机关的职权、工作制度及其他重大问题。自治条例是民族自治地方实行民族区域自治的综合性的基本依据和活动准则。单行条例是民族自治地方的人民代表大会根据区域自治的特点和实际需要制定的单项法规。

6. 特别行政区基本法和特别行政区法律

特别行政区基本法是由全国人民代表大会制定的有关特别行政区的基本法律。目前，全国人民代表大会已经制定了《中华人民共和国香港特别行政区基本法》和《中华人民共和国澳门特别行政区基本法》。特别行政区法律是指根据宪法和特别行政区基本法，在特别行政区内施行的法律。

7. 国际条约

国际条约是两个或两个以上国家就政治、经济、贸易、军事、法律、文化等方面的问题确定其相互权利义务关系的协议。我国缔结或加入的国际条约也是法的渊源之一。

1.2.2 法的效力

法的效力是指法的生效范围或适用范围，即法在什么地点、什么时间和对什么人适用，包括法的空间效力、法的时间效力、法对人的效力。

1. 法的空间效力

法的空间效力是指法律在哪些地域有效力，适用于哪些地区。一般来说，一国法律适用于该国主权范围所及的全部领域，包括领土、领水及其底土和领空，以及作为领土延伸的本国驻外使馆、在外船舶及飞行器。但由于法律的内容和制定机关不同，法的空间效力范围也不同。具体来说，我国法律的空间效力分为以下3种情况。

（1）在全国范围内生效。凡中央国家机关制定的规范性文件，一般在全国范围内有效。例如，由全国人民代表大会及其常务委员会制定的法律、国务院制定的行政法规，除有特殊规定者外，一般在全国范围内有效。

（2）在局部地区生效。一般指地方制定的规范性法律文件，在该地区内有效。例如，地方性法规、民族自治地方的自治条例和单行条例等在制定机关管辖的行政区域内生效。

（3）在域外生效。这是指法律在其制定国管辖区域范围外具有效力。这一般体现在民事、婚姻家庭、贸易等方面的法律、法规中。

2. 法的时间效力

法的时间效力是指法何时生效、何时终止生效及法律对其颁布实施前的事件和行为是否具有溯及力的问题。

（1）法律开始生效的时间。法律的生效时间主要有3种：自法律公布之日起生效；由该法律规定具体生效时间；规定法律公布后符合一定条件时生效。

（2）法律终止效力的时间。法律终止效力的时间包括以下几种情况：新法公布实行后，根据新法优于旧法的原则，旧法自然失效；新法取代旧法，同时在新法中明文规定旧法废止；法律因完成其历史任务而失效；法律本身规定的终止生效的时间届至；有权国家机关发布决议或命令，宣布废止某项法律或法规。

（3）法的溯及力。法的溯及力也称法律溯及既往的效力，是指法律对其生效以前的事件和行为是否适用。如果适用，就具有溯及力；如果不适用，就没有溯及力。

一般来说，法律一般只能适用于生效后发生的事实和关系，不适用于生效前的事实和关系，即法律不溯及既往。因此，大多数的法律是没有溯及力的。当然，这也不是绝对的，有些法律也具有一定的溯及力。

3. 法对人的效力

法对人的效力是指法适用于什么人，即对哪些人具有约束力。在世界各国的法律实践中先后采用过4种对人的效力的原则。

（1）属人主义原则。即一国法只适用于本国公民，只要是本国公民，不论其在国内还是国外，均受该国法的约束，但对于外国人，即使在该国境内，也不适用该国法律。

（2）属地主义原则。法律适用于该国管辖地区内的所有人，不论是否是本国公民，都受法律约束和法律保护。本国公民不在本国，则不受本国法律的约束和保护。

（3）保护主义原则。即以维护本国利益作为是否适用本国法律的依据，任何侵害了本国利益的人，不论其国籍和所在地域，都要受该国法律的追究。

（4）以属地主义为主，与属人主义、保护主义相结合的原则。即既要维护本国利益，坚持本国主权，又要尊重他国主权，具有现实的操作性。

我国采用的是第4种原则。根据我国法律，法对人的效力包括以下两个方面。

（1）对中国公民的效力。中国公民在中国领域内一律适用中国法律。在中国境外的中国公民，也应遵守中国法律并受中国法律保护。但是，这里存在着适用中国法律与适用所在国法律的关系问题，对此应当根据法律区分情况，分别对待。

（2）对外国人和无国籍人的效力。外国人和无国籍人在中国领域内，除法律另有规定者外，适用中国法律，这是国家主权原则的必然要求。

1.3 法律规范、法律部门与法律体系

法是国家制定或认可的，并由国家强制力保证实施的行为规范的总和。法的最小构成单位称为法律规范，调整同类社会关系的法律规范构成一国的法律部门，不同的法律部门形成一个有机的整体就是法律体系。

1.3.1 法律规范

1. 法律规范的概念

法律规范是指由国家制定或认可，并由国家强制力保证实施的行为规则，法律规范是法的基本构成单位。法律规范具有以下几个特征。

（1）法律规范是由国家制定、认可的，由国家强制力保证实施的行为规范。

（2）法律规范规定了社会关系参与者法律上的权利和义务。

（3）法律规范是普遍适用并能反复适用的。

（4）法律规范具有严密的逻辑结构。

（5）法律规范是法的基本构成单位。

2. 法律规范的结构

法律规范的结构是指每一个法律规范由哪些要素构成，一般包括假定、处理和法律后果三个要素。

（1）假定。又称为条件或适用条件，是指法律规范中所规定的有关适用该法律规范的条件的部分。

（2）处理。处理也称为行为模式，即法律关于允许做什么、禁止做什么和必须做什么的规定。法律的最直接的目的就是指引人们的行为，因此处理（即行为模式）是法律规范中最基本的要素，是核心部分。

（3）法律后果。法律后果是法律规范中对于遵守或违反规则的行为将产生何种法律后果的规定。法律后果可分为肯定性后果和否定性后果两种形式。肯定性后果是确认行为及由此产生的利益和状态具有合法性，法律对其行为给予保护和奖励。否定性后果是否认行为及由此产生的利益和状态具有合法性，法律对其行为不予确认、不予保护或给予制裁。

1.3.2 法律部门

1. 法律部门的概念

法律部门，又称为部门法，是调整同一类社会关系的法律规范的总和，是法律体系的基

本单位。例如，调整平等主体之间的人身和财产关系的法律规范构成民法部门，调整犯罪和刑罚的法律规范构成刑法部门。

2. 划分法律部门的标准

所谓法律部门的划分标准，是指具有哪些共同特点的法律规范可以结合为一个法律部门。划分法律部门的主要标准是法律规范的调整对象，即法律规范所调整的不同社会关系。除此之外，法律的调整方法也是划分法律部门的依据。其中，调整对象是划分法部门的主要标准，调整方法是次要的、补充性的标准。

3. 我国的法律部门

按照法律部门的划分标准，我国的法律部门主要包括宪法、民法、经济法、行政法、劳动法、婚姻法、刑法、诉讼法。

1.3.3 法律体系

法律体系是指由一个国家的全部现行法律规范分类组合为不同的法律部门而形成的有机联系的统一整体。法律体系具有以下特点。

（1）法律体系是由部门法构成的体系，部门法是构成法律体系的基本单位。

（2）法律体系是由一国国内法构成的体系，而不是由几个国家的法律构成。

（3）法律体系是由一国现行法构成的体系，反映一国法律的现实情况，不包括已经废止不再有效的法律，一般也不包括尚未制定或者已经制定但尚未生效的法律。

1.4 法律关系

1.4.1 法律关系的概念

法律关系是法律规范在调整人们行为过程中形成的法律上的权利和义务关系。它是基于法律规范而形成的特殊的社会关系。法律关系具有以下3个特征。

（1）法律关系是一种思想意志关系，属于上层建筑的范畴。

（2）法律关系是以相应的法律规范为前提而产生的社会关系。

（3）法律关系是以法定权利和义务为内容的社会关系。

（4）法律关系是由国家强制力保障的社会关系。

1.4.2 法律关系的构成要素

法律关系的构成要素包括法律关系的主体、客体和内容3个方面。

1. 法律关系的主体

法律关系的主体是法律关系的参加者，即在法律关系中一定权利的享有者和一定义务的承担者。法律关系主体的范围十分广泛。在我国，归纳起来，法律关系的主体主要有3种：自然人，国家机关、企业事业单位、社会团体和其他组织，国家。

2. 法律关系的客体

法律关系的客体是指法律关系主体的权利和义务所指向的对象。法律关系的客体也是非常广泛的，主要包括：① 物，即法律关系主体支配的，在生产上和生活上所需要的各种物质资料；② 非物质财富，也称为智力成果，是法律规定的人们脑力劳动创造的精神财富，如在著作权、商标、专利等法律关系中，其客体都是非物质财富；③ 行为，即在一些法律关系中，主体权利义务指向的对象既不是物，也不是非物质财富，而是行为，例如在运输合同中，双方当事人权利义务指向的对象就是运输行为。

3. 法律关系的内容

法律关系的内容就是主体之间的权利和义务，离开了权利和义务，法律关系就不可能存在。

1.4.3 法律关系的产生、变更与消灭

法律关系不是一成不变的，而是处于不断的产生、变更和消灭的过程中。法律关系的产生是指法律关系的主体之间形成了一定的权利和义务关系。法律关系的变更是指法律关系的3个要素（即主体、客体、内容）发生变化。法律关系的终止是指法律关系主体之间的权利和义务不复存在。

法律关系的产生、变更和消灭须具备一定的条件，其中最主要的条件有两个：一是法律规范，二是法律事实。

法律规范是法律关系产生、变更和消灭的前提条件，没有一定的法律规范就不会有相应的法律关系。但法律规范的规定只是主体权利和义务关系的一般模式，还不是现实的法律关系本身，法律关系的形成、变更和消灭还必须具备直接的原因，这就是法律事实。也就是说，只有法律规范，没有法律事实的出现，也不会产生任何法律关系。

法律事实是指符合法律规定的，能够引起法律关系产生、变更和消灭的客观情况或现象。法律事实是多种多样的，按照是否以当事人的意志为转移，法律事实可以分为法律事件和法律行为。法律事件是指法律规定的，不以人的意志为转移的，能够引起法律关系产生、变更和消灭的客观事实或现象。法律事件又分成自然事件和社会事件两种。前者如人的生老病死、自然灾害等，后者如社会革命、战争等。法律行为是指法律规定的，以人的意志为转移的，能够引起法律关系产生、变更和消灭的行为。例如，订立合同、结婚、收养等行为都是法律关系产生、变更的原因。法律行为分为合法行为和违法行为，它们都会引起法律关系的产生、变更和消灭，但法律关系的产生、变更和消灭更多是由合法行为引起的。

案例 1-2

某高校大学生区某在临近毕业时意外接到学校勒令退学的通知，并被告知不予颁发毕业证书，理由是区某因旷课曾被学校做出留校察看的处分，此后其还参与过同学打架。区某却提出：该处分决定不仅未按规定装入学生档案，自己对此甚至毫不知情。于是区某以学校违反《中华人民共和国教育法》和《中华人民共和国消费者权益保护法》为由将学校告上法庭，要求学校向他发放毕业证，还针对学校存在的教师资质不合格、乱收费等服

务瑕疵要求学校按所收教育服务费加倍赔偿。学校认为自己对区某的处理是正当行使权利，并提出双方的关系不适用《中华人民共和国消费者权益保护法》。

本案的关键是要确认学校给学生发放毕业证、学位证行为的性质。法院经过审理认为，原告是否颁发毕业证书问题体现的是行政法律关系，不属于民事法律关系，原告可另行提起行政诉讼。对于被告的教育服务存在瑕疵的责任问题，法院认为：由于原告不是消费者，被告也不是以营利为目的的经营者，双方不是《中华人民共和国消费者权益保护法》规定的民事主体，因此不适用该法，原告以该法请求赔偿不当，不予支持。但同时，法院认为被告派没有教师资质的人给学生上课，导致上课质量难以保证，是一种违约行为，依照《中华人民共和国合同法》的规定，判令某高校退还区某部分学费。

1.5 法律责任

1.5.1 法律责任的概念与种类

法律责任是指公民、法人或其他组织实施违法行为而受到的相应法律制裁。法律责任从性质上说可分为3种：民事法律责任、行政法律责任和刑事法律责任。

1. 民事法律责任

民事法律责任是指由于民事违法行为所应承担的法律责任，民事责任主要表现为一种财产上的责任。承担民事责任的主体主要是公民和法人。承担民事法律责任的方式主要包括：停止侵害，排除妨碍，消除危险，返还财产，恢复原状、修理、重作、更换，赔偿损失，支付违约金，消除影响、恢复名誉，赔礼道歉。

2. 行政法律责任

行政法律责任是由行政违法行为所引起的否定性的法律后果。它主要是一种管理或职务上的责任，行政责任的主体比较广泛，除了以国家机关和国家公务人员为主外，还包括普通公民或其他组织、团体。行政责任的形式有两种：一种是行政处分，另一种是行政处罚。行政处分的形式主要有警告、记过、记大过、降级、撤职、开除；行政处罚的种类有警告、罚款、没收违法所得、没收非法财物、责令停产停业、暂扣或者吊销许可证、暂扣或者吊销执照、行政拘留等。

3. 刑事法律责任

刑事法律责任是行为人因实施刑法规定的犯罪行为所产生的法律责任。刑事责任是所有法律责任中最为严重、制裁最为严厉的一种责任。而且，刑事责任是严格的个人责任，并主要是人身责任，责任主体主要是公民，但也可以是法人。刑事处罚的种类包括管制、拘役、有期徒刑、无期徒刑和死刑5种主刑，还包括剥夺政治权利、罚金和没收财产3种附加刑。附加刑可以单独适用，也可以与主刑合并适用。

1.5.2 法律责任的构成要件

法律责任的构成要件就是指构成法律责任所必备的客观要件和主观要件的总和。一般情况下，法律责任的构成要件包括以下几个方面。

（1）有违法行为。在一般情况下，法律责任是由违法行为引起的，如果某项行为虽然也带来一定的社会危害性，但没有违反法律的规定，就不应承担法律责任，例如正当防卫、紧急避险行为。

（2）行为后果的社会危害性。如果某种行为虽然违反了法律规定，但并没有造成法律规定的后果或者后果非常轻微，也不需要承担法律责任。

（3）违法行为与危害结果之间的因果关系。因果关系是指违法行为与损害事实二者之间存有必然的联系。如果某种损害结果与某人的违法行为之间不存在必然的联系，则该行为人就不必对该项后果承担责任。

（4）行为人主观方面的过错。过错是指行为人实施违法行为时的主观心理态度，它包括两种情况，一种是故意，一种是过失。一般认为，过错是行为人承担法律责任的一个重要条件。如果某项行为虽然在客观上造成了一定的损害后果，但不是出于行为人主观方面的故意或过失，而是由于不可抗力原因造成的，行为人不需承担法律责任。

当然，行为人主观方面的过错并不是所有法律责任的必备要件。在一些特殊的情况下，尤其是在民事法律中，在一些特殊侵权案件中，例如高空危险作业、产品责任、环境污染责任案件中，追究行为人的法律责任并不要求其主观上有过错，而是适用无过错责任原则。

练习与实训　>>>

1. 名词解释题

法律　　　　法的渊源　　　　法的效力　　　　法律规范
法律部门　　法律体系　　　　法律关系　　　　法律责任

2. 选择题

（1）法是统治阶级（　　）的体现。
　　A. 整体意志　　　　　　B. 个别人意志的总和
　　C. 每一个成员的意志　　D. 领导者的意志

（2）甲一日受到舍友乙的侮辱，便想半夜趁乙熟睡之际杀死乙，甲将此想法告诉了丙，丙听完甲的叙述后说，根据刑法的规定，这样会构成故意杀人罪，最高是死刑。甲听后，遂放弃了杀人的想法。下列关于法的规范作用的说法，正确的有（　　）。
　　A. 甲最终放弃了杀人的想法，体现了法的强制作用
　　B. 丙依据刑法对甲进行劝解，体现了法的指引作用和教育作用
　　C. 丙依据刑法对甲进行劝解，体现了法的评价作用
　　D. 该案中，法律对甲没有规范作用。

（3）根据我国的法律规定，下列选项中哪些情况可以形成法律关系？（　　）

A. 刘某因赌博欠吴某某 3 万元
B. 甲某被警方拘留或被处以重罚
C. 何某为急赶回家，将已过有效期限的身份证涂改，机场安检站不予放行登机
D. 任某在医院进行肾移植手术

(4) 下列哪些情况会导致法律责任？（　　）
A. 保安员曲某收 5 元自行车停车费，并不给收据
B. 姜某向报社写信揭露某纪录片造假，报社没有刊登
C. 冯某经公共汽车售票员提醒后仍不给抱小孩的乘客让座，小孩被拥挤受伤
D. 塑胶五金厂要求工人一天至少工作 15 小时，加班费为每小时 1.5 元

(5) 法律部门是对现行法进行的一种分类，划分法律部门的标准包括（　　）。
A. 立法主体　　　B. 立法程序　　　C. 法律的调整对象　　　D. 法律的调整方式

3. 问答题

(1) 法的特征有哪些？
(2) 我国法的渊源有哪些？
(3) 简述法的效力。
(4) 法律关系的构成要素有哪些？
(5) 简述法律责任的种类及追究法律责任的条件。

4. 案例分析题

　　24 岁的詹某与其称为师傅的柳某约定到崇州市南河大桥上游一河堤钓鱼。不知何故，詹某跌进水中，其后赶到河堤旁边的柳某，眼看着詹某在水中挣扎，却没有进行施救。闻声赶到的群众虽然跳入河中进行救助，但詹某最终溺水身亡，后柳某借口回去通知詹某的家属离开现场，实际上却未将此消息告知詹某的父母。当天下午，詹某的父母从他人处得知儿子遇难的噩耗。詹某父母詹少林、徐新玉以柳某为被告向崇州市提起诉讼，状告柳某"见死不救"，要求其赔偿各种经济损失 3 万元。崇州市法院经多次开庭后，最终驳回原告的诉讼请求，判决柳某不承担民事责任，但对其"见死不救"予以道德谴责。案件公开审理后，柳某的行为也受到了社会的强烈谴责。

　　问题：
　　根据本案例，分析在我们的生活中，除了法律之外，还有哪些规则在规范人们的行为，这些规范与法律有什么不同。

5. 实训题

　　甲酒后驾车将人行道上的路人乙撞伤致残，被交管部门吊销驾驶执照，并被移送司法机关追究刑事责任；乙有 80 岁老母丙需要赡养。
　　试分析该案涉及几方面的社会关系？分别由哪些法律调整？请结合生活实际，正确区分不同的社会关系，准确适用不同的法律。

第 2 章

民法基础知识

 学习目标

本章介绍了民法的概念、调整范围及基本原则，重点阐述了民事主体、民事法律行为、代理、民事权利、民事责任、诉讼时效等民法基础知识。通过本章的学习，应达到以下目标：

- ☑ 掌握民法的概念，了解民法的基本原则；
- ☑ 掌握民事主体的相关知识；
- ☑ 掌握民事法律行为的概念、特征、有效条件、无效及可撤销民事行为；
- ☑ 掌握代理的概念和特征、代理权的行使、无权代理；
- ☑ 熟悉民事权利的内容；
- ☑ 掌握民事责任的概念、条件、形式；
- ☑ 掌握诉讼时效的概念、种类、起算、中止和中断。

 技能要求

能够正确判断民事法律行为的效力，正确应用代理制度，运用民法知识解决相关实际法律问题。

2.1 民法概述

2.1.1 民法的概念

民法是调整平等主体的自然人之间、法人之间、自然人和法人之间的财产关系和人身关系的法律规范的总称。

民法的调整范围是平等主体之间的财产关系和人身关系。所谓财产关系，是指人们在产品生产、分配、交换和消费过程中形成的具有经济内容的关系。我国民法只调整一定范围的财产关系,即发生在平等主体之间的财产关系。平等主体间的财产关系包括财产所有关系和财产流转关系。财产所有关系是指因直接占有、使用、收益、处分财产而发生的社会关系。财产流转关系是指因财产的交换而发生的社会关系。所谓人身关系,是指没有直接的财产内容但与人身不可分离的社会关系。人身关系包括人格关系和身份关系两大类。人格关系是指因民事主体的生命、健康、姓名、肖像等方面的利益而发生的社会关系。身份关系是指基于民事主体的一定身份而产生的亲属、监护等社会关系。

2.1.2 民法的基本原则

民法的基本原则是指贯穿于整个民事立法,对各项民事法律制度具有指导作用的基本准则。我国民法的基本原则主要包括以下几个方面。

1. 民事主体地位平等原则

民事主体地位平等是指民事主体享有独立、平等的法律人格,在具体的民事法律关系中互不隶属,地位平等,各自能独立地表达自己的意志,其合法权益平等地受到法律保护。这主要表现为三个方面。第一,公民的民事权利能力一律平等。任何公民,不论其民族、种族、性别、年龄、宗教信仰、职业及文化程度是否存在差异,都平等地享有民事权利、承担民事义务。第二,不同的民事主体参与同一民事关系,适用同一法律,具有平等的地位。第三,民事主体在民事法律关系中必须平等协商,任何一方不得将其意志强加于另一方。

2. 自愿原则

自愿原则是指民事主体在从事民事活动时,以自己的真实意志充分表达自己的意愿,根据自己的意愿设立、变更和终止民事法律关系,任何一方不得强迫对方从事一定的行为。自愿原则与民事主体地位平等原则密切联系。自愿是以民事主体地位平等为前提,只有民事主体地位平等,不同的民事主体才可能在意志上独立,任何一方当事人才能不受他方当事人意志的支配。自愿又是民事主体地位平等的具体体现。

3. 公平原则

公平原则是指民事主体应本着社会公认的公平观念从事民事活动,兼顾他人利益和社会公共利益。司法机关对民事纠纷行使裁判权时,也要体现社会正义及公共道德的要求。

4. 诚实信用原则

诚实信用原则,简称诚信原则,是指民事主体在从事民事活动、行使民事权利和履行民事义务时应当诚实、守信,不得隐瞒事实或进行欺诈,不得损害他人利益。

5. 等价有偿原则

等价有偿原则指民事主体在从事民事活动时,应当按照价值规律的要求进行等价交换,除法律另有规定或合同另有约定外,取得他人的财产利益或得到他人的劳动服务,都应当向对方给付相应的价款或酬金。

2.2 民事主体

民事主体是指参加民事法律关系，享受权利或承担义务的人，即民事法律关系的当事人。这里的"人"包括自然人和法人。

作为民事法律关系主体的自然人和法人，必须具有民事权利能力和民事行为能力。民事权利能力是指法律确认的，民事主体参加民事活动，享有民事权利、承担民事义务的资格。民事行为能力是指法律确认的民事主体通过自己的行为从事民事活动，参加民事法律关系，取得民事权利和承担民事义务的能力。

2.2.1 自然人

自然人是指基于自然规律产生的人。凡具有一国国籍的自然人，称为该国的公民。我国民法上的自然人，不仅包括中国公民，也包括外国公民和无国籍人。这些人在我国境内参加民事活动，具有民事主体地位，但其活动必须遵守我国的法律。

1. 公民的民事权利能力

我国《民法通则》第9条规定："公民从出生时起到死亡时止，具有民事权利能力，依法享有民事权利，承担民事义务。"根据该规定，尚未出生的胎儿不具有民事权利能力，但考虑到胎儿出生后成为民事主体的现实性，其利益应得到法律保护。因此，《中华人民共和国继承法》第28条规定："遗产分割时，应当保留胎儿的继承份额。胎儿出生时是死体的，保留份额按照法定继承办理。"

公民的民事权利能力因公民的死亡而终止。民法上所称的死亡，包括自然死亡和宣告死亡。自然死亡即公民生理机能的绝对终止、生命的终止。宣告死亡是人民法院按照一定的法律条件，通过一定的法律程序，对失踪公民推定死亡的制度。根据我国《民法通则》的规定，公民下落不明满4年，因意外事故下落不明满2年，经利害关系人申请，人民法院可以依法宣告其死亡。公民被宣告死亡后，其民事权利能力终止，其财产成为遗产，继承开始，其婚姻关系终止。如果被宣告死亡的人重新出现，经本人或利害关系人申请，人民法院应当撤销死亡宣告，恢复其民事权利能力。被宣告死亡人可以有权要求返还财产，但如果其配偶已经再婚或再婚后离异、丧偶的，其婚姻关系不能自行恢复。

2. 公民的民事行为能力

公民的民事行为能力与其辨别、控制事务的能力有关。我国《民法通则》根据公民的年龄、智力状态的不同，将公民的民事行为能力分成以下3种。

(1) 完全民事行为能力人。这是指以自己的行为取得民事权利、承担民事义务的人。根据《民法通则》的规定，18周岁以上的自然人为完全民事行为能力人，具有完全民事行为能力。除此之外，已满16周岁不满18周岁的公民，以自己的劳动收入为主要生活来源的，视为完全民事行为能力人。完全民事行为能力人可以独立进行民事活动，不受他人的意志约束。

(2) 限制民事行为能力人。这是指只具有部分民事行为能力的人。《民法通则》规定，

10周岁以上的未成年人,或者不能完全辨认自己行为的精神病人,是限制行为能力人。限制民事行为能力人可以进行与他的年龄、智力及精神健康状况相适应的民事活动;其他民事活动由他的法定代理人代理,或者征得他的法定代理的人同意,否则其进行的民事活动无效。

(3) 无民事行为能力人。这是指不具有独立从事民事活动能力的人。根据《民法通则》规定,不满10周岁的未成年人或者不能辨认自己行为的精神病人,是无民事行为能力人。无民事行为能力人不能独立进行民事活动,必须由他的法定代理人代理民事活动,否则其进行的民事活动无效。但无民事行为能力人和限制民事行为能力人接受奖励、赠与、报酬等纯获利益的行为具有法律效力,不需要其法定代理人代理或经过其同意。

案例 2-1

小明是一名初中一年级的学生,期末考试他取得了优异的成绩,父亲花1 200元钱买了一个文曲星作为奖励。几天后,小明的父亲发现几天来小明一直未将文曲星带回家,经再三追问,小明说有一天放学后他在外玩游戏机输了钱,遂向同学小刚借了200元钱。为了还小刚的钱,小明和小刚商量以200元的价格,将文曲星卖给小刚。小刚也同意并当时拿走了文曲星。小明的父亲认为文曲星对小明的学习帮助很大,遂找到小刚的家长,表示愿意以200元的价格将文曲星赎回。但小刚的家长认为,小明是14岁的中学生,不是小孩,说话应当算数,卖文曲星是他自愿的,谁也没有强迫他,哪有卖出去东西又反悔的,所以不同意退回。为此,双方家长闹得很不愉快,小明和小刚也反目成仇。小明的父亲不知道该怎么办好。

本案中,小明在未征得父母同意的情况下,与同学买卖文曲星的民事活动,因买卖双方都是限制民事行为能力人,不具有独立进行民事活动的民事行为能力,买卖行为又未得到父母的追认,因此该买卖行为应属无效。小明的同学小刚应当将文曲星返还给小明,小明应当将出卖文曲星取得的200元钱返还给小刚。如果小刚的家长拒绝返还,小明的家长可以向人民法院提起诉讼,确认小明与小刚买卖文曲星的行为无效,要求返还文曲星。

2.2.2 法人

1. 法人的概念与构成条件

法人是指具有民事权利能力和民事行为能力,依法独立享有民事权利、承担民事义务的组织。我国《民法通则》将法人分为企业法人、机关法人、事业单位法人和社会团体法人。

根据《民法通则》第37条的规定,法人必须同时具备4个条件,缺一不可。

(1) 依法成立,即法人必须是经国家认可的社会组织。在我国,成立法人主要有两种方式:一是根据法律法规或行政审批而成立;二是经过核准登记而成立。

(2) 有必要的财产和经费。独立的财产是指法人对特定范围内的财产享有所有权或经营管理权,能够按照自己的意志独立支配,同时排斥外界对法人财产的行政干预。

(3) 有自己的名称、组织机构和场所。法人的名称是其区别于其他社会组织的标志符号。经过登记的名称,法人享有专用权。法人的组织机构即办理法人一切事务的组织,被称作法人的机关,由自然人组成。法人的场所是指从事生产经营或社会活动的固定地点。法人的主要办事机构所在地为法人的住所。

(4) 能够独立承担民事责任。法人对自己的民事行为所产生的法律后果承担全部法律责任。除法律有特别规定外,法人的组成人员及其他组织不对法人的债务承担责任。同样,法人也不对除自身债务外的其他债务承担民事责任。

2. 法人的民事权利能力和民事行为能力

法人依法成立后即具有民事权利能力和民事行为能力。法人的民事权利能力和民事行为能力同时产生,同时终止,都始于法人成立,终于法人消灭。而且,二者在范围上也是一致的,都取决于其经营范围。法人的民事行为能力由其机关或工作人员实现。

2.3 民事法律行为

2.3.1 民事法律行为的概念与特征

民事法律行为是指民事主体设立、变更、终止民事权利和民事义务的合法行为。民事法律行为具有引起民事法律关系产生、变更或者消灭的作用,是法律事实中行为的组成部分。民事法律行为具有以下特征。

(1) 民事法律行为以行为人的意思表示为要素。所谓意思表示,是行为人将其期望发生某种法律效果的内心意思以一定方式表现于外部的行为。意思表示是民事法律行为不可或缺的内容,是民事法律行为最基本的要素。

(2) 民事法律行为是以发生一定的法律后果为目的的民事行为。引起民事法律关系的变动,是民事法律行为的目的。

(3) 民事法律行为是一种合法的行为。民事法律行为的内容和形式必须符合法律的规定,才能受到法律的保护。

2.3.2 民事法律行为的形式

民事法律行为可以采用口头形式、书面形式或者其他形式,法律规定采用特定形式的,应当遵照法律的规定。

(1) 口头形式。即行为人用口头语言进行意思表示的形式,如当面交谈、电话联系等方式。凡是法律不要求必须以书面形式进行的法律行为,都可以采用口头形式进行。

(2) 书面形式。即行为人用文字进行意思表示的形式。书面形式包括一般书面形式和特殊书面形式。一般书面形式如书面合同、信件、电报、数据电文等;特殊书面形式指除了用文字进行意思表示外,还必须对书面文件进行公证、鉴证、批准等。

(3) 推定形式。即当事人不直接用口头、书面形式进行意思表示,而是通过实施积极的行为来进行的意思表示。

(4) 默示形式。即当事人以消极的、不作为的方式进行意思表示。一般情况下,默示不能作为民事法律行为的形式,只有在法律做出明确规定的情况下,默示行为才具有法律意义。

2.3.3 民事法律行为的有效条件

民事法律行为只有符合法律规定的条件，才能产生法律效力，受到法律的保护。民事法律行为的有效条件主要包括以下几个方面。

（1）行为人具有相应的民事行为能力。自然人中，完全民事行为能力人可以从事各种民事法律行为；限制民事行为能力人可以从事与其年龄、智力、精神状况相适应的民事法律行为；无民事行为能力人不能独立从事民事法律行为。但限制民事行为能力人、无民事行为能力人实施的纯获法律上利益的行为具有法律效力。法人及其他社会组织应该在法律规定的范围（即经营范围）内从事民事法律行为。

（2）意思表示真实。这是指行为人的外部行为表示与其内心的意思表示是一致的。如果行为人是在受到欺诈或被胁迫的情况下从事民事行为，就不符合民事法律行为的生效要件，有可能是可撤销的民事行为。

（3）不违反法律或社会公共利益。民事法律行为必须具有合法性，违反法律或社会公共利益的民事行为不具有法律效力。

2.3.4 无效民事行为与可撤销的民事行为

1. 无效民事行为

无效民事行为是指因欠缺民事法律行为的有效条件而不产生法律效力的民事行为，其本质是一种法律上当然无效并确定不发生效力的行为。无效的民事行为从行为开始就不具有法律效力，也无法通过补正而生效。

根据《民法通则》的规定，下列民事行为无效。

（1）无民事行为能力人实施的民事行为。

（2）限制民事行为能力人依法不能独立实施的民事行为。

（3）一方以欺诈、胁迫的手段或乘人之危，使对方在违背真实意思的情况下所为的民事行为。

（4）恶意串通，损害国家、集体或者第三人利益的民事行为。

（5）违反法律或社会公共利益的民事行为。

（6）违反国家指令性计划的民事行为。

（7）以合法的形式掩盖非法目的的民事行为。

需要注意的是，根据《中华人民共和国合同法》的规定，限制民事行为能力人签订的合同为效力待定的合同，如果其法定代理人事后追认，该合同具有法律效力。采取欺诈、胁迫手段或乘人之危情况下签订的合同，属于可撤销的合同，可能因权利人行使撤销权而变为无效。

案例 2—2

甲公司与乙酒厂签订一份购销合同，约定甲公司向乙酒厂购买 10 万瓶劣质酒，货款 12 万元，交款提货，并约定乙酒厂须加贴名酒的注册商标，以便甲公司假冒出售。合同履行时，甲公司借口一时资金短缺，只付了 8 万元即提走了全部货物。后乙酒厂多次催要，甲公司拒不付款，并向乙提出解除合同，相互返还货物和货款的要求。乙酒厂不同意，向法院起诉。

本案中，甲公司与乙酒厂之间的合同违反了国家法律和社会公共利益，属于无效合同。甲乙双方对该无效合同的订立都存在故意，应追缴 10 万瓶劣质酒和已收的 8 万元及未付的 4 万元货款，收归国家所有。

2. 可撤销的民事行为

可撤销的民事行为是指欠缺民事法律行为的有效条件，但根据法律的规定，一方当事人可以请求人民法院或仲裁机构予以变更或撤销的民事行为。可撤销的民事行为属于相对无效的民事行为，如果当事人不行使撤销权，该民事行为具有法律效力。

根据《民法通则》的规定，下列行为属于可撤销的民事行为。

（1）重大误解的民事行为。这是指行为人的表示行为与其真实意愿不一致的行为。它表现为行为人对民事行为的重要条件在认识上发生错误，并因此做出错误表示。具体来说，行为人因对行为的性质、对方当事人及标的物的品种、质量、规格和数量等的错误认识，使行为的后果与自己的意思相悖，并造成较大损失的，属于重大误解的民事行为。

（2）显失公平的民事行为。一方当事人利用优势或者利用对方没有经验，致使双方的权利义务明显违反公平和等价有偿的原则的，是显失公平的民事行为。

3. 民事行为被确认无效或被撤销的法律后果

民事行为被确认无效或被撤销后会产生以下法律后果。

（1）返还财产。民事行为被确认无效或被撤销后，如果民事义务尚未履行，则不需要再履行；如果当事人一方或双方已经履行了义务，收受财产一方或双方应将所取得的财产返还给对方。

（2）赔偿损失。民事行为被确认无效或被撤销后，有过错的一方应当赔偿对方因此遭受的损失，双方都有过错的，应当各自承担相应的赔偿责任。

（3）追缴财产。双方恶意串通，实施民事行为损害国家、集体或他人利益的，应当追缴双方取得的财产，收归国家、集体所有或者返还给第三人。

2.4 代　理

2.4.1 代理的概念

代理是指代理人在被授予的代理权范围之内，以被代理人的名义独立与第三人实施民事法律行为，由此产生的法律效果直接归属于被代理人的一种法律制度。在代理法律关系中，以他人名义实施民事法律行为的人，称为代理人；由他人以自己的名义代为民事法律行为，并承担法律后果的人，称为被代理人（或称为本人）；与代理人进行民事法律行为的人，称为第三人。

根据代理的概念，代理具有以下4个法律特征。

(1) 代理人须在被代理人授权的范围内实施民事法律行为。

(2) 代理人必须以被代理人的名义实施民事法律行为。

(3) 代理行为所产生的法律后果直接由被代理人承担。

需要注意的是，不是所有的民事法律行为都可以代理，代理的适用仅限于不具有人身性质的行为。下列行为不得适用代理。

(1) 凡意思表示具有严格的人身性质，必须由表意人亲自做出决定和进行表达的行为，不能由代理人代理，如结婚登记、订立遗嘱、收养子女等行为都必须由本人亲自实施，不得代理。

(2) 具有严格人身性质的债务，不得代为履行，例如根据出版合同和演出合同的约定，必须由撰稿人或表演人亲自完成的行为也不能适用代理制度。

2.4.2 代理权的产生与终止

1. 代理权的产生

根据我国《民法通则》的规定，代理可以分为委托代理、法定代理和指定代理。因此，代理权的产生主要有被代理人的委托授权、法律直接规定和人民法院或有关单位的指定3种。

委托代理是指代理人按照被代理人的委托而进行的代理。委托代理是代理中适用最为广泛的一种形式。被代理人的委托可以基于授权行为发生，也可以依据合伙关系、职务关系等发生。法定代理是基于法律的直接规定而产生的代理。法定代理通常适用于被代理人是无民事行为能力人、限制民事行为能力人的情况。指定代理是根据人民法院或有关单位的指定行为而产生的代理。指定代理通常发生在法定代理关系存在争议的情况。

2. 代理权的终止

代理权的终止，也称为代理权的消灭，是指代理人和被代理人之间的代理关系消灭。由于代理产生的原因不同，其终止的原因也有所不同。

(1) 委托代理的终止。根据《民法通则》的规定，有下列情形之一的，委托代理终止：代理期间届满或者代理事务完成；被代理人取消委托或者代理人辞去委托；代理人死亡；代理人丧失民事行为能力；作为被代理人或代理人的法人终止。

(2) 法定代理或指定代理的终止。有下列情形之一的，法定代理或指定代理终止：被代理人取得或者恢复民事行为能力；被代理人或者代理人死亡；代理人丧失民事行为能力；指定代理的人民法院或者指定单位取消指定；因其他原因引起的被代理人和代理人之间的监护关系消灭。

2.4.3 代理权的行使

1. 代理权行使的一般要求

代理制度设立的目的是为了维护被代理人的利益，代理人行使代理权必须符合被代理人的利益，不得损害被代理人的利益。一般来说，代理人行使代理权应符合以下要求。

(1) 代理人只能在代理权限范围内行使代理权。代理人行使代理权超越授权范围时，其越权部分应属无权代理，只有经过本人事后追认，才可转化为有权代理。

（2）代理人只能为维护被代理人的利益而行使代理权。代理人应从被代理人的利益出发，以善良管理人的标准行使代理权，处理好被代理人的事务，维护被代理人的利益。

（3）代理人一般应当亲自行使代理权，不得擅自转委托。根据我国《民法通则》第68条的规定：委托代理人为被代理人的利益需要转托他人代理的，应当事先取得被代理人的同意。反之，则应当在事后及时告诉被代理人，如果被代理人不同意，则由代理人对自己所转托的人的行为负民事责任，但在紧急情况下，为了保护被代理人的利益而转托他人代理的除外。

2. 代理权滥用的禁止

代理权的滥用是指代理人行使代理权时，违背代理权的设定宗旨和代理权行使的基本要求，做出损害被代理人利益的行为。滥用代理权的情况包括以下几种。

（1）自己代理。即代理他人与自己进行民事活动。在此情形下，代理人同时为代理关系中的代理人和合同的相对人，交易双方的交易行为实际上只有代理人一人全部实施，这既违背代理制度的宗旨，也极易发生代理人损害被代理人利益的行为，应予以禁止。

（2）双方代理。双方代理也称同时代理，即代理人代理双方当事人为同一民事行为。双方代理会导致在代理过程中难以平衡双方当事人的利益，损害被代理人的利益，因此要禁止这种行为。

（3）代理人与第三人恶意串通，损害被代理人利益。此种行为违背了代理的诚信原则，属于违反代理制度宗旨的滥用代理权行为。我国《民法通则》第66条规定，"代理人和第三人恶意串通，损害被代理人利益的，由代理人和第三人负连带责任"，即代理人要和相对人一起赔偿被代理人的损失，承担法律责任。

法律禁止滥用代理权的行为。滥用代理权的行为，视为无效代理，代理人滥用代理权给被代理人及其他人带来损害的，应依法承担相应的赔偿责任。

2.4.5 无权代理

无权代理是指没有代理权却以他人名义实施民事法律行为。根据我国民法对无权代理处理方式的不同，无权代理又可以分为效力待定的无权代理和表见代理两种。

1. 效力待定的无权代理

效力待定的无权代理是指在无权代理行为实施以后，其法律效力处于不确定状态的一种无权代理。效力待定的无权代理包括以下几种形式。

（1）未经授权的代理。

（2）代理权消灭后的代理。

（3）超越代理权限的代理。

效力待定的无权代理是否具有法律效力，取决于被代理人的态度。对于没有代理权、超越代理权或者代理权终止后的行为，如果被代理人进行了追认，无权代理转变为有权代理，其法律后果由被代理人承担；如果被代理人拒绝追认，无权代理就成为绝对无效的代理行为，被代理人对代理人所做的行为不需要承担法律责任。

2. 表见代理

表见代理，又称表现代理，是指行为人虽无代理权，但由于被代理人的原因，使得善意第三人有理由相信行为人有代理权，而与其从事民事法律行为，该民事法律行为的后果直接由被代理人承担。表见代理属于广义的无权代理。

构成表见代理须满足以下条件。

（1）客观上存在使第三人相信无权代理人有代理权的事由，例如代理关系终止后被代理人没有收回授权委托书、无权代理人持有被代理人的证明文件等。

（2）第三人主观上为善意无过失。即第三人并不知道行为人不具有代理权，而且这种疏忽并不是由于第三人的疏忽所致。

（3）无权代理人与第三人之间的民事法律行为具备代理的表面特征和民事法律行为的一般有效要件。

在实践中，产生表见代理的原因一般包括以下几个方面。

（1）被代理人以书面或口头形式直接或间接地对第三人表示无权代理人为自己的代理人，而事实上他并未对该无权代理人真正授权。相对人信赖被代理人的表示而与该无权代理人进行交易行为。

（2）被代理人将有证明代理权存在意义的文件，如介绍信、印章、证明和盖有公章的空白合同交予或出借给他人，使其以代理人的身份进行民事活动。虽然事实上被代理人并没有授予他人代理权，但在客观上足以使第三人相信持有这些文件的人有代理权而与之进行民事行为。

（3）代理证书授权不明和代理人超越代理权限而实施的无权代理。第三人善意无过失地因代理证书的授权不明相信其为有权代理。

（4）代理关系终止后，被代理人未采取必要措施公示代理关系终止的事实，未收回代理人持有的代理证书，使得第三人不知代理关系终止而仍与代理人从事交易。

（5）被代理人知道他人以本人的名义实施民事行为而不做否认表示。

表见代理与有权代理的法律后果是一致的，代理行为的法律后果直接归属于被代理人，被代理人对第三人负责。如果被代理人因该行为遭受损失，可根据代理人的过错程度要求其承担赔偿责任。如果损失因双方的过失发生，按双方过错的性质和程度分别分担损失。第三人可自由选择主张表见代理或主张无权代理，可抛弃享受表见代理效力的地位，承认无权代理人的行为为狭义无权代理，按照无权代理的规定追究无权代理人的责任。

案例 2-3

B 村是 A 县一个较为闭塞的山村，交通十分不便，村民存取款要到近百里的县城银行，非常不方便。为吸收民间资金，也为了给村民提供便利，A 县甲银行与 B 村签订了一份"代办储蓄协议书"，约定甲银行在该村设立"甲银行 A 县 B 村储蓄代办所"（以下简称代办所）。代办所设在村民张某家中，张某为代办员。代办所自 2005 年成立以来至 2011 年，一直在为众多储户办理储蓄存款手续。2012 年 3 月，村民杜某在代办所存了 5 000 元，张某为其办理了储蓄手续，向其开具了甲银行的存折。同年 4 月，杜某到县城办事，到甲银行取款，银行拒绝支付，并告诉杜某，银行已于 2012 年 1 月撤销了代办所，杜某的5 000元被张某个人占有，并未交给银行，银行当然不能支付这笔钱。杜某不同意银行的说法。他认为，银行取消设在张某家的代办所，并没有通知当地村民，自己将5 000元交给张某，就是把钱存进了银行，银行必须支付这笔存款。为此，双方发生了争议。

本案中，甲银行在B村设立代办所，在长达6年的时间里，张某都作为银行的代办员办理储蓄存款手续。后来虽然银行撤销了代办所，取消了张某的代理权，但由于疏忽并没有将这一情况向村民通报，村民不知道张某已无代理权，仍然向张某处存款。张某的行为构成表见代理，即由于银行的原因使得善意的村民相信张某有代理权，把钱存到张某手中，银行在这一事件中存在明显过错，应当对张某的行为后果承担民事责任，向村民杜某支付5 000元存款。

2.5 民事权利

民事权利主要包括财产权和人身权。财产权是指以财产利益为内容，直接体现财产利益的民事权利，如物权、债权等；人身权是指不直接具有财产内容，与主体人身不可分离的权利，包括人格权和身份权。有些民事权利既有财产权性质，又有人身权性质，如知识产权、继承权等。

2.5.1 物权

1. 物权的概念与特征

物权是指权利人依法对特定的物享有直接支配和排他的权利。物权具有以下法律特征。

（1）物权是绝对权。绝对权也称为对世权，是指物权的权利主体是特定的，而义务主体则是不特定的。

（2）物权的客体是特定的独立之物，不包括行为和精神财富。这里所说的物，是指人身之外，为人力所支配，并且有一定使用价值的物质资料，包括生产资料、生活资料，自然物、劳动产品，流通物、限制流通物，有体物及光、热、电、气等无体物。

（3）物权的内容是对物的直接管理和支配。对物的直接支配和管理意味着其权利主体实现其权利仅凭自己的行为即可，无须他人行为的配合。物权的支配性是物权的本质所在。

（4）物权具有独占性和排他性。物权的独占性是指同一物上不能有内容互不相容的两个物权。物权的支配性决定物权具有排除他人干涉的排他性。

（5）物权具有法定性。物权的创设、内容和效力均由法律规定，不允许当事人私自约定。

（6）物权具有追及权和优先性。物权的追及权是指物权的标的物无论辗转落入何人之手，物权人都可以追及其物，向实际占有人主张其权利。物权的优先权是指同一物上有数种权利时，物权具有较其他权利优先行使的效力。

2. 物权的种类

根据不同的划分标准，物权可以分为不同种类，这里只介绍《中华人民共和国物权法》

（以下简称《物权法》）对物权的分类。我国《物权法》规定，物权包括所有权、用益物权和担保物权 3 种。

1）所有权

所有权是所有人依法对自己所有的财产享有的占有、使用、收益和处分的权利。所有权是一种最为完整、最为充分的物权。

（1）所有权的权能。所有权包括 4 项权能，即占有权、使用权、收益权和处分权。所有人可以占有、使用和处分自己的财产，也可以通过使用、处分自己的财产获得收益。

（2）所有权的种类。我国《物权法》规定，所有权包括国家所有权、集体所有权、私人所有权和业主的建筑物区分所有权。

2）用益物权

用益物权是指对他人之物，以物的使用收益为目的而设立的物权。我国《物权法》规定，用益物权包括土地承包经营权、建设用地使用权、宅基地使用权和地役权。

3）担保物权

担保物权是为了保证债的履行而设立的物权。担保物权主要包括抵押权、质权和留置权。有关担保物权的内容，将在第 7 章中加以介绍。

3. 物权的法律保护

物权的法律保护是指国家运用各种法定方法保护物权人对其财产进行管领和支配的权利。在民事法律中，对物权的保护是通过赋予物权人以下权利的方法来实现的。

（1）请求确认物权。

（2）请求排除妨碍。

（3）请求恢复原状。

（4）请求返还原物。

（5）请求赔偿损失。

2.5.2 债权

1. 债权的概念与特征

根据我国《民法通则》的规定，债是按照合同的约定或依照法律的规定，在当事人之间产生的特定的权利义务关系。在债的法律关系中，享有权利的一方是债权人，承担义务的一方是债务人。

债权具有以下法律特征。

（1）债权是相对权。债权的权利主体、义务主体都是特定的人。在债的关系中，债权人只能向负有义务的特定人主张其权利，债务人也只需向享有该权利的特定人承担义务。

（2）债权是请求权。债权人权利的实现必须依靠债务人履行约定的义务，如果债权人不履行债务，债权人的权利就得不到满足。

（3）债权的设立具有任意性。只要不违反法律和社会公共利益，当事人经过自由协商，可以任意设立债权。

2. 债权的发生根据

债权的发生根据是指能够引起债发生的法律事实。一般来说，债的发生原因包括合同、侵权行为、无因管理、不当得利及其他原因。其中，合同、侵权行为是债发生的主要根据。

（1）因合同所生之债。合同是当事人之间设立、变更、终止民事权利义务关系的协议。合同是债发生的最主要根据。有关合同问题，将在第6章进行具体介绍。

（2）侵权行为。侵权行为是指行为人侵犯他人财产权或人身权的行为。侵权行为的受害人可以要求侵权行为人赔偿损失，由此产生的债称为侵权之债。

（3）不当得利。不当得利是指没有合法的根据，使他人受损而自己获得的利益。受害人有权请求不当得利人返还不应得的利益，不当得利人负有返还的义务，当事人之间产生的这种权利义务关系即为不当得利之债。

（4）无因管理。无因管理是指没有法定或约定的义务，为避免他人利益受到损害而管理他人事务的行为。无因管理人有权要求受益人偿还因管理事务所支出的必要费用，受益人有偿还费用的义务，无因管理人和受益人之间的这种权利义务关系称为无因管理之债。

案例2-4

王某承包村里的鱼塘，经过精心饲养，收成看好。就在鱼出塘上市之际，王某不幸溺水而死，他的两个儿子都在外地工作，无力照管鱼塘。王某的同村好友李某便主动担负起照管鱼塘的任务，并组织人员将鱼打捞上市出卖，获得收益4万元。其中，应向村里上缴1万元，李某组织人员打捞出卖鱼所花费劳务费及其他必要费用共计2 000元。事后，李某要求王某的继承人支付2 000元费用，并要求平分所剩2.8万元款项。

本案中，在王某死后其鱼塘无人照管的情况下，李某为了王某的利益，主动为其管理，应认定为无因管理。根据《民法通则》的规定，无因管理人有权要求受益人偿还因管理事务所支出的必要费用，2 000元费用属于无因管理的必要费用，应得到偿付。李某要求平分2.8万元余款的要求没有法律依据，不应得到法律支持。

3. 债权的终止

债权的终止即债权债务关系的消灭。根据《民法通则》的规定，债权终止的原因包括以下几种。

（1）债因履行而消灭。
（2）债因抵销而消灭。
（3）债因提存而消灭。
（4）债因混同而消灭。
（5）债因免除而消灭。

2.5.3 人身权

1. 人身权的概念与特征

人身权是指民事主体依法享有的与其人身不可分离而无直接财产内容的民事权利。人身权具有以下法律特征。

（1）人身权与权利主体的人身紧密联系，不可分离。
（2）人身权没有直接的财产内容，但与权利主体的财产权有密切的联系。

（3）人身权是绝对权和支配权。人身权的权利主体是特定的，义务主体是权利主体之外的任何人。人身权也是一种支配权，它的行使不需要他人配合，权利人可以直接支配。

2. 人身权的种类

人身权包括人格权和身份权两方面。

（1）人格权是指以权利人自身的人身、人格利益为客体的民事权利，包括生命健康权、姓名权、自由权、肖像权、名誉权、名称权、隐私权等。

（2）身份权是指存在于一定身份关系上的权利，包括荣誉权、监护权、配偶权、亲属权等。

2.5.4 知识产权

知识产权是民事主体对自己的智力成果所享有的专有性的权利。知识产权兼有人身权和财产权的双重属性。知识产权主要包括著作权、商标权和专利权。有关商标权和专利权的内容将在第8章中详细介绍，在此不再赘述。

2.6 民事责任

2.6.1 民事责任的概念与特征

1. 民事责任的概念

民事责任是民事主体因违反民事义务或者侵犯他人的民事权利所应承担的法律责任。规定民事责任的目的就是对已经造成的权利损害和财产损失给予恢复和补救。

2. 民事责任的特征

民事责任具有以下特征。

（1）民事责任是民事主体不履行民事义务或者侵犯他人的民事权利时所必须承担的法律后果。

（2）民事责任以财产性责任为主，以非财产性责任为辅。

（3）民事责任具有补偿性。

（4）民事责任具有法律上的强制性。

2.6.2 民事责任的归责原则、构成要件和免责事由

1. 民事责任的归责原则

民事责任的归责原则是指确认民事责任归属时所依据的法律原则。民事责任的归责原则主要有以下3种。

1）过错责任原则

过错责任原则是指民事主体承担民事责任的前提是其在实施损害行为时主观上存在着过错。过错责任原则是我国民法最基本、适用最广泛的归责原则。所谓过错，主要包括两种情况：一种是故意，指行为人明知自己的行为会发生危害社会的结果，并且希望或者放任这种

结果的发生的心理状态；另一种是过失，指行为人应当预见自己的行为可能会发生危害社会的后果，因疏忽大意而没有预见，或虽有预见但轻信可以避免，以致发生了危害后果的心理状态。过错责任原则要求受害人承担举证责任，即"谁主张，谁举证"。受害人只有能够证明加害人有过错才能获得赔偿。但在某些情况下，受害人由于客观条件的限制或自身的不足，难以举证证明加害人主观上有过错。如果适用一般过错责任原则，在此种情况下，受害人则处于十分不利的地位，其合法权益难以得到法律的保护。因此，在过错责任的基础上又产生了过错推定原则，即只要受害人能够证明其所受的损害与加害人存在因果关系，而加害人又不能证明自己没有过错，法律上就推定加害人应当承担民事责任。过错推定原则的适用主要体现在我国《民法通则》的第 126 条，即建筑物及其搁置物、悬挂物致人损害的赔偿责任。

2）无过错责任原则

无过错责任原则，又称客观归责原则或严格责任原则，是指在法律规定的特定领域或行业内，只要损害结果是由行为人的行为造成的，则不论行为人主观上是否存在过错，都可确定其承担民事责任的归责原则。无过错责任原则实行举证责任倒置，由被告就免责事由进行举证，原告只要举出损害事实及损害事实和被告的行为之间有因果关系即可，再由被告就存在的法定免责事由进行举证，如果被告不能证明存在免责事由，则被告应承担民事责任。无过错责任原则的适用范围比较有限，适用于法律有特别规定的情况，一般适用于特殊侵权民事责任中。具体而言，国家机关或者国家机关工作人员在执行职务中的侵权、产品责任、高度危险作业致人损害、污染环境致人损害、地面施工致人损害、饲养动物致人损害等适用无过错责任原则。另外，法人对其法定代表人和其他工作人员的经营活动（包括执行职务）给他人造成的损害，应依无过错责任原则承担责任，不得以其选任或监督无过错而主张免责。《中华人民共和国合同法》规定：当事人一方不履行合同义务或者履行义务不符合约定的，应当承担继续履行、采取补救措施或者赔偿损失等违约责任。也就是说，合同责任也属于无过错责任。

3）公平责任原则

公平责任原则，又称衡平责任原则，是指当事人双方对损害结果均无过错时，根据公平原则在当事人之间合理分担损失的归责原则。公平责任原则能弥补过错责任原则和无过错责任原则的不足，在一定程度上承担起保险和社会保障制度的任务。

2. 民事责任的构成要件

民事责任的构成要件是指民事主体承担民事责任所必须具备的条件。由于民事责任又分为违反合同的民事责任和侵权的民事责任，因此二者的构成要件也有所不同。

1）违反合同民事责任的构成要件

违反合同的民事责任，又称违约责任，是指合同当事人违反合同规定的义务所应该承担的民事责任。根据《中华人民共和国合同法》的规定，只要合同当事人有违约行为，即不履行合同义务或者履行合同义务不符合约定条件的行为，就应当承担责任。关于合同责任，将在合同法一章中详细阐述，在此不再赘述。

2）侵权民事责任的构成要件

侵权民事责任是指行为人实施一定的侵权行为所应当承担的民事责任。侵权责任可以分为一般侵权责任和特殊侵权责任。

(1) 一般侵权责任的构成要件。一般侵权行为的构成要件包括有加害行为、有损害事实的存在、加害行为与损害事实之间有因果关系、行为人主观上有过错 4 个方面。

(2) 特殊侵权责任构成要件。侵权行为、损害事实和因果关系共同组成特殊侵权责任的构成要件。

3. 民事责任的免责事由

民事责任的免责事由是指由于存在法律规定的事由，行为人对其不履行合同或法律规定的义务，造成他人损害不承担民事责任的情况。免予承担民事责任的事由一般包括以下几个方面。

(1) 不可抗力，指当事人不能预见、不能避免、不能克服的客观情况，包括自然灾害和社会事件，如地震、海啸、战争等。

(2) 受害人自身的过错。

(3) 正当防卫，指为了使国家、公共利益及本人或他人的人身、财产和其他权利免受正在进行的不法侵害，而采取的制止不法侵害的行为。

(4) 紧急避险，指为了使国家、公共利益及本人或他人的人身、财产和其他权利免受正在发生的危险，不得已采取的紧急避险行为。

2.6.3 民事责任的承担方式

民事责任的承担方式是指行为人承担民事责任的具体形式。根据《民法通则》的规定，承担民事责任的方式主要有：① 停止侵害；② 排除妨碍；③ 消除危险；④ 返还财产；⑤ 恢复原状；⑥ 修理、重作、更换；⑦ 赔偿损失；⑧ 支付违约金；⑨ 消除影响、恢复名誉；⑩ 赔礼道歉。承担民事责任的方式可以单独适用，也可以合并适用。

2.7 诉讼时效

2.7.1 诉讼时效的概念与特征

1. 诉讼时效的概念

诉讼时效是指权利人在法定的时效期间内不行使权利，当时效期间届满时，即丧失了请求人民法院依诉讼程序强制义务人履行义务之权利的制度。设立诉讼时效制度首先有利于督促权利人及时行使其权利，维护确定化的社会关系；其次，通过督促权利人及时行使其权利，不仅可以提高权利的使用效率，而且能够提高经济资源的利用率；此外，设立诉讼时效制度还有利于法院及时正确地处理民事纠纷，降低诉讼成本。

2. 诉讼时效的特征

诉讼时效具有以下特征。

(1) 诉讼时效属于民事法律事实中的事件，不以当事人的意志为转移。

(2) 诉讼时效产生的法律后果是消灭了权利人的胜诉权，当事人的实体权利并没有丧失。

(3) 诉讼时效具有严格的法律强制性，当事人不得约定排除适用或变更其内容。

2.7.2 诉讼时效的种类

1. 普通诉讼时效

普通诉讼时效，又称一般诉讼时效，是指民法上统一规定的适用于法律没有另外特别规定的各种民事法律关系的诉讼时效。根据我国《民法通则》的规定，普通诉讼时效的期间为 2 年。

2. 特殊诉讼时效

特殊诉讼时效是指由民事基本法或者特别法特别规定的仅适用于法律特殊规定的民事法律关系的诉讼时效。特殊诉讼时效包括以下几种。

（1）短期诉讼时效。诉讼时效期间在 2 年以下的为短期诉讼时效。《民法通则》规定以下几种情况的诉讼时效为 1 年：身体受到伤害要求赔偿的；出售质量不合格的商品未声明；延付或拒付租金的；寄存财物被丢失或者毁损的。

（2）长期诉讼时效。诉讼时效期间在 2 年以上的为长期诉讼时效。例如，《中华人民共和国合同法》规定，因国际货物买卖合同和技术进出口合同争议提起诉讼或者申请仲裁的诉讼时效为 4 年。

（3）最长诉讼时效。最长诉讼时效是指对于各类民事权利予以保护的最长时效期间。根据我国法律的规定，最长诉讼时效的期间是 20 年，从权利被侵害之时起计算，并且不适用时效中止、中断的有关法律规定，但可以适用时效延长的有关规定。

2.7.3 诉讼时效的起算

诉讼时效期间的起算是指确定诉讼时效期间开始的时间点。根据《民法通则》第 137 条的规定，诉讼时效期间从权利人知道或者应当知道权利被侵害时起计算。

案例 2-5

1999 年 12 月 29 日，黄进向朋友张宏生借款 5 万元，并出具借条 1 张，约定借款期限为 1 年。借款之后，黄进全家外出下落不明，未按时偿还借款，张宏生也无法向其催收欠款。直至 2012 年 6 月 1 日，张宏生才诉至法院要求黄进偿还 5 万元本金。开庭审理时，黄进提出，本案的借款时间是 1999 年 12 月 29 日，而张宏生在 2012 年 6 月 1 日才起诉，已经超过诉讼时效。张宏生则认为，黄进一直下落不明，因此他无法催其偿还借款。

法院审理后认为，张宏生在借款期限届满后的 2 年内一直未采取合法有效的手段主张债权，也没有任何导致诉讼时效中止、中断或延长原因的情况，直到 2012 年 6 月 1 日才到法院起诉张宏生，在时间上已经超过了诉讼时效，张宏生以黄进下落不明无法催款的理由不成立。最终，法院判决驳回张宏生的诉讼请求。

2.7.4 诉讼时效的中止、中断和延长

1. 诉讼时效的中止

诉讼时效的中止是指在诉讼时效进行期间，因发生一定的法定事由使权利人不能行使请

求权，暂时停止计算诉讼时效期间，待阻碍时效进行的法定事由消除后，继续进行诉讼时效期间的计算。我国《民法通则》第139条规定："在诉讼时效期间的最后6个月内，因不可抗力或者其他障碍不能行使请求权的，诉讼时效中止，诉讼时效从中止时效的原因消除之日起继续计算。"

2. 诉讼时效的中断

诉讼时效的中断是指在诉讼时效进行期间，因发生一定的法定事由，使已经过的时效期间统归无效，待时效中断的事由消除后，诉讼时效期间重新起算。根据《民法通则》第140条的规定，引起诉讼时效中断的法定事由包括：权利人提起诉讼、权利人在诉讼外直接向对方主张权利及义务人同意履行义务。

3. 诉讼时效的延长

诉讼时效延长是指人民法院查明权利人在诉讼时效期间确有法律规定之正当理由而未行使请求权的，适当延长已完成的诉讼时效期间。诉讼时效的延长是发生在诉讼时效届满之后，而不是在诉讼时效过程中，而且能够引起诉讼时效延长的事由，是由人民法院认定的。延长的期间，也是由人民法院依客观情况予以掌握。

练习与实训　>>>

1. 名词解释题

民法	民事主体	民事权利能力	民事行为能力	代理
无权代理	表见代理	物权	债权	人身权
知识产权	民事责任	诉讼时效		

2. 选择题

（1）甲今年11岁，是当地小有名气的"钢琴演奏家"，周末经常参加演出，平均月收入超过2 000元。某日，一演出公司打电话给甲请其前去演出，甲表示同意，但到期却把此事忘了。以下说法正确的是（　　）。
　　A. 甲可视为完全民事行为能力人　　B. 甲为限制民事行为能力人
　　C. 甲应承担违约责任　　D. 甲的监护人应承担违约责任

（2）甲工厂的有毒废水注入了王某承包的鱼塘，致使一部分鱼死亡，王某可向甲厂提出的承担民事责任的方式包括（　　）。
　　A. 停止侵害　　B. 排除妨碍　　C. 赔偿损失　　D. 恢复原状

（3）甲委托乙前往丙厂采购男装，乙觉得丙生产的女装好，便自作主张以甲的名义向丙订购。丙未问乙的代理权限，便与之订立了买卖合同。对此，下列哪些说法是正确的？（　　）
　　A. 甲有追认权　　B. 丙有催告权　　C. 丙有撤销权　　D. 构成表见代理

（4）1993年1月1日晚张某被人袭击打成重伤。经过长时间的访查，张某于2011年6月30日掌握确凿的证据证明将其打伤的人是李某。这时张某要得到法律保护，应当最晚在

（　　）前向李某提出赔偿请求。
A. 1994年1月1日　　　　　　　　B. 2012年6月30日
C. 2013年1月1日　　　　　　　　D. 2013年6月30日

(5) 甲常为乙制作手工制品，历来都是由乙按数量向甲支付一定的预付款，这次由于数量较大，乙提出要签订书面合同，并将预付款改为定金。由于甲是盲人，乙跟甲讲合同内容与以前的做法完全一样，甲遂在合同上签字。该合同是一种什么性质的民事行为？（　　）
A. 可撤销，因为甲是因重大误解而作出意思表示
B. 可撤销，因为甲是因为受了欺诈而作出意思表示
C. 无效，因为甲所作出的是虚假的意思表示
D. 无效，因为甲是在乙乘人之危的情况下而为的意思表示

3. 问答题

(1) 民法的基本原则有哪些？
(2) 公民的民事行为能力分为哪几种？
(3) 民事法律行为的有效条件包括哪些？无效民事行为包括哪些？
(4) 代理的特征有哪些？
(5) 无权代理的种类及法律后果是什么？
(6) 简述表见代理的构成条件、产生原因及法律后果。
(6) 民事责任的构成条件及承担方式有哪些？

4. 案例分析题

黄某和张某都是某进出口公司员工，二人住同一个宿舍，因工作需要，公司委派黄某去公司设在深圳的办事处工作一年。黄某临行时，将自己的一台36英寸国产彩色电视机委托给张某保管和使用。三个月后，黄某给张某写信，说自己在深圳又买到一台日本产51英寸彩电，家中的一台可以适当价格卖掉。本公司的司机梁某得知此消息后，找到张某，表示想买下这台彩电，但又不愿多出钱。梁对张说，你可以给黄写封信，告诉他彩电的显像管出了毛病，图像不清，要求他降低价格出售。张当时有些犹豫，但考虑到自己同梁关系不错，经常让梁开车给自己拉东西，若不答应他会影响今后的关系，因而就按照梁的意思给黄某写了信。黄某回信说如果真是显像管坏了，可以降低价格卖掉。于是张某就以500元的低价将彩电卖给了梁某。黄某从深圳回来后，知道了买卖彩电的真相，要求梁某返还彩电。梁某答复说，20天前已以1 000元的价格卖与王某。经查，王某买下电视时对以上情况并不知情，1 000元的价格与市价相差无几。

问题：
(1) 张某、梁某买卖彩电的行为属于什么性质的行为？其效力如何？
(2) 黄某可以请求张某、梁某承担什么责任？
(3) 梁某与王某买卖彩电的行为是否有效？为什么？

5. 实训题

　　王先生于 2004 年购买了某开发商的房产一套，产权证上是王先生 6 岁女儿的名字。2011 年，因为孩子上初中，学校离家较远上学不方便，所以王先生想要出售该房屋，但房管局说未成年人不能办理过户。其实，除了房屋出售时无法过户之外，王先生想要就该房屋进行抵押贷款、赠与等行为也都会受到很大限制。

　　试分析以未成年人名义购房行为的法律效力与风险，并结合身边发生的事情说明公民民事行为能力对民事行为效力的影响。

第 3 章 经济法基础知识

 学习目标

本章介绍了经济法的概念和调整对象及经济法产生发展的过程,详细阐释了经济法律关系的概念、构成要素及经济法律关系的产生、变更与终止等内容。通过对本章的学习,应达到以下目标:
- ☑ 掌握经济法的概念和调整对象;
- ☑ 了解经济法的基本原则;
- ☑ 掌握经济法律关系的概念、特征;
- ☑ 掌握经济法律关系的构成要素。

 技能要求

能够运用本章知识和法律规定分析实际案例。

3.1 经济法概述

3.1.1 经济法的概念与调整对象

关于经济法的概念,法学界尚未形成统一的认识。目前,通用的说法认为:经济法是调整国家干预经济活动过程中发生的经济关系的法律规范的总称。

法的调整对象就是法所调整的社会关系。从经济法的概念可以看出,经济法的调整对象是国家干预经济活动过程中所发生的社会关系。其具体包括以下几种关系。

1. 国家在规范市场主体过程中发生的社会关系

这种社会关系是指国家在规范市场主体的组织和行为过程中发生的社会关系。规范市场主体的法律能够使市场主体的设立符合国家产业政策及产业结构调整的需要,从组织上保证市场经济顺利进行。市场主体除了公司、合伙企业、独资企业外，还有非法人团体、分支机构等，这方面的法律有公司法、合伙企业法、个人独资企业法、外商投资企业法等。

2. 国家在市场秩序管理过程中发生的社会关系

这种社会关系是国家在创造公平竞争条件、维护公平竞争秩序过程中与市场主体发生的社会关系。现代经济法的产生就是为了干预经济，就是国家对经济秩序进行干预的法律，主要以反垄断和反不正当竞争法为核心。此外，还有产品质量法、消费者权益保护法等。

3. 国家在宏观经济调控过程中发生的社会关系

这种社会关系的特点是国家对市场经济运行实行宏观调控，使经济各部门运行协调，使整个国家经济运行平稳。这方面的法律有预算法、税法、计划法、产业政策法、金融法、价格法、审计法等。

案例 3-1

在 2007 年 9 月 8 日召开的中国汽车产业发展国际论坛上，财政部有关官员表示，我国税收政策将进一步加大对环保、节能汽车的鼓励力度，一系列税收政策正在研究、制定或完善中，包括对环保、节能汽车实施税收优惠，对环保、节能汽车的进口关键零部件实施关税优惠，限制燃油经济性不佳产品，开征环境税等。在此次论坛上，财政部税政司和关税司领导的主题演讲都传达出一个信号：在促进环保、节能汽车发展方面，政策引导将进一步加强。

税收是调节经济的重要杠杆。国家以税收为手段，通过纳税人、征税对象、税率的确定和具体的征管，可以促进生产发展、技术进步和社会稳定，实现国民经济的快速健康发展。国家税收政策将在汽车领域凸显环保节能的政策导向，有利于引导投资者向环保、节能产品投资，以实现可持续发展。这充分体现了国家运用经济法律对经济关系进行宏观调控的作用。

3.1.2 经济法的基本原则

经济法的基本原则是指贯穿于经济法实践运作全过程之中，作为经济法规则基础的指导思想和原理。

1. 适度干预原则

适度干预原则是经济法的基本原则。它要求国家依法正当地干预经济，发挥对市场的辅助性作用；权衡成本收益，遵循经济法的价值目标谨慎地干预经济。

2. 经济民主原则

经济民主是与经济独裁相对应的概念，是指国家在干预经济的过程中，各经济法主体的经济职权与经济职责、经济权利与经济义务分配协调、恰当，从而充分发挥各经济法主体的积极性与创造性。

3. 社会本位原则

经济法的社会本位原则是指经济法作为国家干预经济的基本法律形式，其以维护社会公共利益为出发点，使国家适度干预社会经济生活。

3.2 经济法律关系

3.2.1 经济法律关系的概念

经济法律关系是指经济关系被经济法律规范确认和调整之后所形成的权利和义务关系。经济法律关系具有以下特征。

（1）经济法律关系的存在以经济关系为前提。
（2）经济法律关系是一种思想社会关系。
（3）经济法律关系是经过经济法调整了的思想社会关系。

3.2.2 经济法律关系的构成要素

经济法律关系的构成要素是指构成经济法律关系必须具备的条件。任何经济法律关系都具有三个基本构成要素，即主体、客体和内容，这三者紧密相连、缺一不可。

1. 经济法律关系的主体

经济法律关系的主体即经济法主体，是指参加经济法律关系，依法享有经济权利、承担经济义务的当事人。经济法律关系的主体是经济法律关系的第一要素。在我国，经济法律关系的主体包括以下几类。

（1）国家机关。
（2）社会组织。社会组织是经济法法律关系的主要主体。
（3）经济组织的内部机构。当经济组织内部机构的关系用经济法律规范来调整时，内部机构就成为经济法律关系的主体。
（4）农户、个体工商户和公民。农户、个体工商户和公民大多参加的是民事法律关系，只有当他们在国家干预经济活动中与国家机关、社会组织发生经济权利和经济义务时，才成为经济法律关系的主体。
（5）国家。在一般情况下，国家不作为经济法律关系的主体出现，只有在特殊情况下才以主体资格出现，如发行公债、以政府名义与外国签订贸易协定等。

2. 经济法律关系的客体

经济法律关系的客体是指经济法主体的权利和义务指向的对象。经济法律关系的客体的种类主要有以下几个。

（1）财物。包括货币、有价证券和一般的物质财富。
（2）经济行为。经济行为具体可分为实现一定的经济任务和指标、完成一定的工作、履行一定的劳务。
（3）智力成果。智力成果主要包括商标、专利、专有技术、经济信息等。

3. 经济法律关系的内容

经济法律关系的内容就是经济法律关系的主体在经济法律关系中所享有的经济权利和承

担的经济义务。

1) 经济权利

经济权利的种类主要有以下几个。

（1）财产所有权。

（2）经济职权。主要包括经济决策权、经济命令权、经营许可权、经营禁止权、经济批准权、经济监督权等。

（3）经营管理权。经营管理权是企业对于国家授予其经营管理的财产享有占有、使用和依法处分的权利。

（4）知识产权。主要包括商标权、专利权。

（5）请求权。请求权的主要内容有请求赔偿权、请求调解权、申请仲裁权、经济诉讼权。

2) 经济义务

经济义务可分为法定义务和约定义务，即法律、法规规定的义务和合同、协议约定的义务。就企业等经济组织而言，经济义务主要有对国家的义务、对消费者的义务、对内部组织和职工的义务及对其他经济法主体的义务等。另外，与经济权利相对应，经济义务主要包括正确行使所有权的义务、经营责任、经济职责和经济债务等。

案例 3-2

近年来，针对部分地区房价上涨较快、住房供应结构性矛盾突出等问题，国务院就加大房地产政策调控力度，引导住房需求，进一步完善有区别的信贷调控政策做了进一步部署，出台了一系列调控措施。2011年1月26日，国务院常务会议再度推出的八条房地产市场调控措施（简称"新国八条"）更是加大了对房地产市场的调控力度，其中限购政策扩大、差别化信贷政策以及二手房交易营业税全额征收这"三板斧"对楼市产生了直接影响。限购政策要求各直辖市、计划单列市、省会城市和房价过高、上涨过快的城市，在一定时期内，要从严制定和执行住房限购措施。差别化住房信贷政策要求对贷款购买第二套住房的家庭，首付款比例不低于60%，贷款利率不低于基准利率的1.1倍。二手房交易营业税全额征收是指对个人购买住房不足5年转手交易的，统一按销售收入全额征税。

在本事件中，国务院为调控房地产市场，出台了新的房贷政策，这些管理措施对于稳定房地产市场具有一定的作用，伴随着这些调控措施的出台，一个新的经济法律关系便随之产生。在这个法律关系中，法律主体是出台政策的国务院，以及在房地产市场上进行交易的市场主体；法律关系的客体是一种经济行为，即国务院通过对房地产市场的宏观调控，从而稳定房地产市场的行为；法律关系的内容则包括权利和义务两个方面，一方面是国务院依照自己的经济职权和新出台的措施对房地产市场进行经济管理的权利，另一方面则是在房地产市场进行交易的主体服从政府的管理规定，依法进行交易的义务。

3.2.3 经济法律关系的发生、变更和终止

1. 经济法律关系发生、变更和终止的概念

经济法律关系的发生是指在特定的经济法主体之间形成一定的经济权利和经济义务关

系。

经济法律关系的变更是指已经形成的经济法律关系通过一定的经济法律事实而引起的变化，包括主体、客体和内容的变化。

经济法律关系的终止是指经济法主体之间的权利和义务的消灭。

2. 经济法律事实

经济法律关系的发生、变更和终止都要基于一定的经济法律事实的出现。经济法律事实是指能够引起经济法关系发生、变更和终止的客观情况。

经济法律事实按照是否与经济法主体的主观意志有联系可以分为法律事件和法律行为两种。

练习与实训

1. 名词解释题

经济法　　　　　　经济法律关系　　　　　　经济法法律关系的主体
经济法律关系的客体　　经济法律关系的内容

2. 选择题

（1）经济法律关系的客体包括（　　）。
　　A. 财物　　　　B. 经济行为　　　　C. 智力成果　　　　D. 经济利益
（2）下列能成为经济法律关系客体的是（　　）。
　　A. 承运人按照托运人的要求运输货物的行为　B. 公司债券
　　C. 日月星辰　　　　　　　　　　　　　　　D. 经济决策、经济命令
（3）经济法律关系是经济关系经过相关的经济法律、法规调整之后所形成的（　　）。
　　A. 经济权利和经济义务　　　　　B. 经济制度和经济规则
　　C. 经济职责与经济职能　　　　　D. 经济权限与政策
（4）下列各项中，可作为经济法律关系主体的是（　　）。
　　A. 全国人大及其常委会　　　　　B. 工商行政管理部门
　　C. 交通运输企业　　　　　　　　D. 公民
（5）经济法律关系按经济法律关系的具体内容分为（　　）。
　　A. 企业组织管理法律关系　　　　B. 宏观经济管理法律关系
　　C. 经济监督法律关系　　　　　　D. 市场管理法律关系

3. 简答题

（1）简述经济法的概念与特征。
（2）简述经济法的产生与发展过程。
（3）简述经济法律关系的构成要素。
（4）简述经济法律关系的发生、变更与终止。

4. 案例分析题

  国债是中央政府以信用形式有偿筹集财政资金的一种方式，是国家信用的重要体现。国债作为政府信用工具，是财政政策与货币政策的协调配合机制，具有弥补财政赤字、筹集建设资金、调整宏观经济运行等多种功能。自1980年国债重启发行后，30几年来我国多次发行国债。2012年11月10日起我国又发行了第十三期储蓄国债（电子式）和第十四期储蓄国债。市民除了在38家银行网点购买外，还可以通过中国工商银行、中国建设银行和交通银行网银购买国债。该次发行的两期国债为固定利率固定期限国债，其中第十三期期限为3年，年利率4.76%，最大发行额为120亿元；第十四期期限为5年，年利率5.32%，最大发行额为80亿元。

  问题：

  分析国债发行中涉及的经济法律关系的主体、客体和内容。

5. 实训题

  经济法与民法在经济发展中都发挥了巨大的作用。经济法是调整国家干预经济活动中形成的社会关系的法律规范的总称。民法是调整市民社会关系的法，是调整作为民事主体的自然人、法人及其他非法人组织之间人身关系和财产关系的法律规范的总称。

  试结合实际分析经济法与民法的差异。

第 2 篇

经济主体法

第 4 章

企业法律制度

 学习目标

本章在介绍企业概念、特征、分类的基础上,详细介绍了我国的个人独资企业法、合伙企业法及外商投资企业法的主要内容。通过本章的学习,应达到以下目标:
- ☑ 了解企业的概念、特征、分类;
- ☑ 掌握关于个人独资企业设立、事务管理、解散、清算等的规定;
- ☑ 掌握关于合伙企业设立、事务管理、法律责任、解散、清算等的规定;
- ☑ 掌握关于外商投资企业设立、事务管理、解散、清算等的规定。

 技能要求

能够办理个人独资企业、合伙企业、外商投资企业的设立事务,正确处理上述企业相关的法律问题。

4.1 企业法律制度概述

4.1.1 企业的概念与分类

1. 企业的概念

企业是指依法成立的,以营利为目的,从事商品生产经营活动的独立核算的经济组织。企业具有以下法律特征。

(1) 企业是一种经济组织。
(2) 企业是以营利为目的从事生产经营活动的经济组织。
(3) 企业是实行独立核算的经济组织。
(4) 企业是依法设立的经济组织。

2. 企业的分类

按照不同的分类标准，企业可以有不同的分类。

（1）按照企业财产所有制的不同，可以将企业分为全民所有制企业、集体所有制企业、私营企业、混合所有制企业。

（2）按照企业组织形式的不同，可以将企业分为公司企业、合伙企业、独资企业等。

（3）按照投资者的身份不同，可以将企业分为内资企业、外商投资企业、外国企业。

（4）按照企业的法律地位不同，可以将企业分为法人企业和非法人企业。

（5）按照企业所属行业的不同，可以将企业分为工业企业、农业企业、商业企业、服务企业等。

4.1.2 我国企业法的体系

企业法是指调整企业在设立、组织形式、管理和运行过程中发生的经济关系的法律规范的总称。我国企业法的体系主要由以下法律、法规组成：《中华人民共和国公司法》（以下简称《公司法》）、《中华人民共和国全民所有制工业企业法》、《中华人民共和国个人独资企业法》（以下简称《个人独资企业法》）、《中华人民共和国合伙企业法》（以下简称《合伙企业法》）、《中华人民共和国乡镇企业法》、《中华人民共和国中外合资经营企业法》（以下简称《中外合资经营企业法》）、《中华人民共和国中外合作经营企业法》（以下简称《中外合作经营企业法》）、《中华人民共和国外资企业法》（以下简称《外资企业法》）、《中华人民共和国中外合资经营企业法实施条例》、《外资企业法实施细则》、《全民所有制工业企业转换经营机制条例》等。

本章主要介绍《个人独资企业法》、《合伙企业法》、《中外合资经营企业法》、《中外合作经营企业法》、《外资企业法》等法律法规的相关内容。

4.2 个人独资企业法

4.2.1 个人独资企业法概述

1. 个人独资企业的概念和特征

个人独资企业是指依照《个人独资企业法》在中国境内设立，由一个自然人投资，财产为投资人个人所有，投资人以其个人财产对企业债务承担无限责任的经营实体。个人独资企业具有以下法律特征。

（1）个人独资企业的投资人是一个自然人。法人或其他经济组织和社会团体不能作为个人独资企业的投资人。

（2）个人独资企业的财产归投资人个人所有。这里的企业财产不仅包括企业成立时投资人投入的初始财产，而且包括企业存续期间积累的财产。

（3）个人独资企业的投资人对企业债务承担无限责任。当企业的资产不足以清偿到期债务时，投资人应以自己个人的全部财产来清偿债务。

（4）个人独资企业的内部机构设置简单，经营管理方式灵活。

（5）个人独资企业不具有法人资格，是非法人企业。个人独资企业虽不具有法人资格，但却是独立的民事主体，可以自己的名义从事民事活动。

2. 个人独资企业法的概念

个人独资企业法有广义和狭义之分。广义的个人独资企业法是指国家关于个人独资企业的各种法律规范的总称。狭义的个人独资企业法是指1999年8月30日第九届中国人大常委会第十一次会议通过的《个人独资企业法》，该法自2000年1月1日起施行。

4.2.2 个人独资企业的设立

1. 设立个人独资企业的条件

根据《个人独资企业法》第8条的规定，设立个人独资企业应当具备下列条件。

（1）投资人为一个自然人，并且只能是中国公民。申请设立个人独资企业的投资人应当具有相应的民事权利能力和民事行为能力。法律、行政法规禁止从事营利性活动的人，例如政府公务员，不得作为投资人申请设立个人独资企业；限制民事行为能力人和无民事行为能力人不得作为投资人申请设立个人独资企业。

（2）有合法的企业名称。个人独资企业的名称中不得使用"有限"、"有限责任"或者"公司"字样。

（3）有投资人申报的出资。由于投资人对个人独资企业的债务承担无限责任，因此《个人独资企业法》对出资的最低数额未做强制性规定。设立个人独资企业可以用货币出资，也可以用实物、土地使用权、知识产权或者其他财产权利出资。采取实物、土地使用权、知识产权或者其他财产权利出资的，应将其折算成货币数额。投资人申报的出资额应当与企业的生产经营规模相适应。投资人可以个人财产出资，也可以家庭共有财产作为个人出资。以家庭共有财产作为个人出资的，投资人应当在设立（变更）登记申请书上予以注明。

（4）有固定的生产经营场所和必要的生产经营条件。

（5）有必要的从业人员。

2. 设立个人独资企业的程序

申请设立个人独资企业，应当由投资人或者其委托的代理人向个人独资企业所在地的登记机关提交设立申请书、投资人身份证明、生产经营场所使用证明等文件。委托代理人申请设立登记时，应当出具投资人的委托书和代理人的合法证明。

个人独资企业不得从事法律、行政法规禁止经营的业务；从事法律、行政法规规定须报经有关部门审批的业务，应当在申请设立登记时提交有关部门的批准文件。个人独资企业设立申请书应当载明下列事项：①企业的名称和住所；②投资人的姓名和居所；③投资人的出资额和出资方式；④经营范围。

登记机关应当在收到设立申请文件之日起15日内，对符合法律规定条件的，予以登记，发给营业执照；对不符合法律规定条件的，不予登记，并应当给予书面答复，说明理由。个人独资企业的营业执照的签发日期为个人独资企业成立的日期。在未领取营业执照前，投资人不得以个人独资企业名义从事经营活动。

4.2.3 个人独资企业的投资人及事务管理

1. 个人独资企业投资人的条件、权利及责任

个人独资企业的投资人是一个具有中国国籍的自然人,但法律、行政法规禁止从事营利性活动的人,不得作为投资人申请设立个人独资企业。根据我国有关法律法规的规定,国家公务员、党政机关领导干部、警官、法官、检察官、商业银行工作人员等,不得作为投资人申请设立个人独资企业。

个人独资企业的投资人对企业财产享有所有权。这里的财产既包括独资企业成立时的出资财产,也包括独资企业经营过程中积累的财产;既包括机器、厂房等有形财产,还包括工业产权、专有技术等无形财产。

个人独资企业投资人的责任是:在一般情况下,个人独资企业的投资人以其个人财产对企业债务承担无限责任。但如果个人独资企业在申请企业设立登记时明确以其家庭财产作为个人出资的,应当依法以家庭共有财产对企业债务承担无限责任。

2. 个人独资企业的事务管理

1) 个人独资企业事务管理的方式

个人独资企业投资人可以自行管理企业事务,也可以委托或者聘用其他具有民事行为能力的人负责企业的事务管理。投资人委托或者聘用他人管理个人独资企业事务,应当与受托人或者被聘用的人签订书面合同,明确委托的具体内容和授予的权利范围。受托人或者被聘用的人员应当履行诚信、勤勉义务,按照与投资人签订的合同负责个人独资企业的事务管理。

投资人对受托人或者被聘用的人员职权的限制,不得对抗善意第三人。

案例 4-1

2011年8月,甲出资15万元设立一个人独资企业,取名为华丽玻璃厂。企业成立后,因业务繁忙,便聘请朋友乙负责事务管理,同时规定,凡乙对外签订标的额超过5万元以上的合同,须经甲同意。11月,乙未经甲同意,以个人独资企业名义与善意第三人丙签订了购入8万元价值货物的合同。12月7日,丙将货物运往玻璃厂,甲拒绝支付货款,理由是乙购买货物的行为超越其职权限制,合同无效。丙则坚持合同有效,双方为此发生争议。

本案中,乙与丙签订的合同有效。《个人独资企业法》规定,投资人对受托人或者聘用的人员职权的限制,不得对抗善意第三人。虽然乙向丙购买货物的行为超越职权,但由于丙是善意第三人,乙向丙购买货物的行为有效,甲应支付货款。

投资人委托或者聘用的管理个人独资企业事务的人员不得有下列行为:① 利用职务上的便利,索取或者收受贿赂;② 利用职务或者工作上的便利侵占企业财产;③ 挪用企业的资金归个人使用或者借贷给他人;④ 擅自将企业资金以个人名义或者以他人名义开立账户储存;⑤ 擅自以企业财产提供担保;⑥ 未经投资人同意,从事与本企业相竞争的业务;⑦ 未经投资人同意,同本企业订立合同或者进行交易;⑧ 未经投资人同意,擅自将企业商标或者其他知识产权转让给他人使用;⑨ 泄露本企业的商业秘密;⑩ 法律、行政法规禁止的其他行为。

2) 个人独资企业事务管理的内容

个人独资企业的事务管理主要包括会计事务管理、用工事务管理和社会保险事务管理。对此,《个人独资企业法》做了如下规定:个人独资企业应当依法设置会计账簿,进行会计核算;个人独资企业招用职工的,应当依法与职工签订劳动合同,保障职工的劳动安全,按时、足额发放职工工资;个人独资企业应当按照国家规定参加社会保险,为职工缴纳社会保险费。

4.2.4 个人独资企业的解散与清算

1. 个人独资企业的解散

个人独资企业有下列情形之一时,应当解散:① 投资人决定解散;② 投资人死亡或者被宣告死亡,无继承人或者继承人决定放弃继承;③ 被依法吊销营业执照;④ 法律、行政法规规定的其他情形。

2. 个人独资企业的清算

个人独资企业解散时,应进行清算。《个人独资企业法》对个人独资企业的清算做了以下规定。

(1) 通知和公告债权人。个人独资企业解散,由投资人自行清算或者由债权人申请人民法院指定清算人进行清算。由投资人自行清算的,应当在清算前15日内书面通知债权人,无法通知的,应当予以公告。债权人应当在接到通知之日起30日内,未接到通知的应当在公告之日起60日内,向投资人申报其债权。

(2) 财产清偿顺序及投资人的持续偿债义务。个人独资企业解散时,财产应当按照下列顺序清偿:① 所欠职工工资和社会保险费用;② 所欠税款;③ 其他债务。

个人独资企业财产不足以清偿债务的,投资人应当以其个人其他财产予以清偿。个人独资企业解散后,原投资人对个人独资企业存续期间的债务仍应承担偿还责任,但债权人在5年内未向债务人提出偿债请求的,该责任消灭。

(3) 清算期间对投资人的要求。清算期间,个人独资企业不得开展与清算目的无关的经营活动。在按前述财产清偿顺序清偿债务前,投资人不得转移、隐匿财产。

(4) 注销登记。个人独资企业清算结束后,投资人或者人民法院指定的清算人应当编制清算报告,并于清算结束之日起15日内向原登记机关申请注销登记。个人独资企业申请注销登记,应当向登记机关提交下列文件:投资人或者清算人签署的注销登记申请书、投资人或者清算人签署的清算报告、国家工商行政管理局规定提交的其他文件。

登记机关应当在收到按规定提交的全部文件之日起15日内,做出核准登记或者不予登记的决定。予以核准的,发给核准通知书;不予核准的,发给企业登记驳回书。经登记机关注销登记,个人独资企业终止。个人独资企业办理注销登记时,应当缴回营业执照。

4.3 合伙企业法

4.3.1 合伙企业法概述

1. 合伙企业的概念

合伙企业是指自然人、法人和其他组织依照《合伙企业法》在中国境内设立的普通合伙企业和有限合伙企业。普通合伙企业由普通合伙人组成,合伙人对合伙企业债务承担无限连带责任。有限合伙企业由普通合伙人和有限合伙人组成,普通合伙人对合伙企业债务承担无限连带责任,有限合伙人以其认缴的出资额为限对合伙企业债务承担责任。

2. 合伙企业法的概念

合伙企业法有广义和狭义之分。广义的合伙企业法是指国家立法机关或者其他权力机关依法制定的、调整合伙企业合伙关系的法律规范的总称。狭义的合伙企业法是指由国家最高立法机关依法制定的、规范合伙企业合伙关系的专门法律,即《中华人民共和国合伙企业法》。该法于1997年2月23日由第八届全国人民代表大会常务委员会第24次会议通过,2006年8月27日第十届全国人民代表大会常务委员会第23次会议修订,修订后的合伙企业法自2007年6月1日起实施。

4.3.2 普通合伙企业

1. 普通合伙企业的概念与特征

普通合伙企业由普通合伙人组成,合伙人对合伙企业债务承担无限连带责任的营利性组织。普通合伙企业具有以下法律特征。

(1) 由普通合伙人组成。普通合伙人是指在合伙企业中对合伙企业的债务依法承担无限连带责任的自然人、法人和其他组织。《合伙企业法》规定,国有独资公司、国有企业、上市公司及公益性的事业单位、社会团体不得成为普通合伙人。

(2) 合伙人对合伙企业债务依法承担无限连带责任,但法律另有规定的除外。承担无限责任是指合伙人不仅要以自己的投资对债权人承担清偿责任,而且在其出资不足以清偿时还要以自己所有的财产对债权人承担责任。承担连带责任是指每个合伙人对于合伙债务都负有全部清偿的义务,不论其在合伙协议中约定承担的比例如何。而合伙的债权人也有权向合伙人中的任何一人或数人要求其清偿债务的一部分或全部。当某一合伙人偿还合伙企业的债务超过其所应承担的数额时,有权向其他合伙人追偿。

2. 普通合伙企业的设立

1) 设立普通合伙企业的条件

根据《合伙企业法》第14条的规定,设立普通合伙企业应当具备下列条件。

(1) 有两个以上的合伙人。合伙人为自然人的,应当具有完全民事行为能力。法律、行政法规规定禁止从事营利性活动的人,不得成为合伙企业的合伙人,如国家公务员、警察、法官、检察官不得成为合伙企业的合伙人。国有独资公司、国有企业及公益性的事业单位、社会团体不得成为普通合伙人。

（2）有书面合伙协议。合伙协议是指明确合伙人之间权利义务关系的合同。合伙协议应当载明下列事项：合伙企业的名称和主要经营场所的地点；合伙目的和合伙经营范围；合伙人的姓名或者名称、住所；合伙人的出资方式、数额和缴付期限；利润分配、亏损分担方式；合伙事务的执行；入伙与退伙；争议解决办法；合伙企业的解散与清算；违约责任。协议经全体合伙人签名、盖章后生效。合伙人按照合伙协议享有权利，履行义务。修改或者补充合伙协议，应当经全体合伙人一致同意；但是，合伙协议另有约定的除外。合伙协议未约定或者约定不明确的事项，由合伙人协商决定；协商不成的，依照《合伙企业法》和其他有关法律、行政法规的规定处理。

（3）有合伙人认缴或者实际缴付的出资。合伙人可以用货币、实物、知识产权、土地使用权或者其他财产权利出资，也可以用劳务出资。合伙人以实物、知识产权、土地使用权或者其他财产权利出资，需要评估作价的，可以由全体合伙人协商确定，也可以由全体合伙人委托法定评估机构评估。合伙人以劳务出资的，其评估办法由全体合伙人协商确定，并在合伙协议中载明。合伙人应当按照合伙协议约定的出资方式、数额和缴付期限，履行出资义务。

以非货币财产出资的，依照法律、行政法规的规定，需要办理财产权转移手续的，应当依法办理。

（4）有合伙企业的名称和生产经营场所。合伙企业名称中应当标明"普通合伙"字样。

（5）法律、行政法规规定的其他条件。

2）设立普通合伙企业的程序

申请设立普通合伙企业，应当向企业登记机关提交登记申请书、合伙协议书、合伙人身份证明等文件。普通合伙企业的经营范围中有属于法律、行政法规规定在登记前须经批准的项目的，该项经营业务应当依法经过批准，并在登记时提交批准文件。

申请人提交的登记申请材料齐全、符合法定形式，企业登记机关能够当场登记的，应予当场登记，发给营业执照。除上述规定情形外，企业登记机关应当自受理申请之日起20日内做出是否登记的决定。予以登记的，发给营业执照；不予登记的，应当给予书面答复，并说明理由。

普通合伙企业的营业执照签发日期为合伙企业成立的日期。合伙企业领取营业执照前，合伙人不得以合伙企业名义从事合伙业务。

3. 普通合伙企业的财产

（1）普通合伙企业财产的构成。合伙企业的财产包括以下三个部分：一是合伙人的出资；二是以合伙企业名义取得的收益；三是合伙企业依法取得的其他财产，例如合法接受赠与的财产。

（2）普通合伙企业财产的使用和管理。合伙人在合伙企业清算前，不得请求分割合伙企业的财产；但是，法律另有规定的除外。合伙人在合伙企业清算前私自转移或者处分合伙企业财产的，合伙企业不得以此对抗善意第三人。

（3）普通合伙企业财产的转让。除合伙协议另有约定外，合伙人向合伙人以外的人转让其在合伙企业中的全部或者部分财产份额时，须经其他合伙人一致同意。合伙人之间转让在合伙企业中的全部或者部分财产份额时，应当通知其他合伙人。合伙人向合伙人以外的人转让其在合伙企业中的财产份额的，在同等条件下，其他合伙人有优先购买权；但是，合伙协议另有约定的除外。合伙人以外的人依法受让合伙人在合伙企业中的财产份额的，经修改合伙协议即成为合伙企业的合伙人，依照《合伙企业法》和修改后的合伙协议享有权利并履行义务。

合伙人以其在合伙企业中的财产份额出质的，须经其他合伙人一致同意；未经其他合伙人一致同意，其行为无效，由此给善意第三人造成损失的，由行为人依法承担赔偿责任。

4. 普通合伙企业事务的执行

1) 普通合伙企业事务执行的方式

（1）全体合伙人共同执行合伙企业事务。这是合伙事务执行的基本形式。在这种形式中，各个合伙人都直接参与经营，处理合伙企业的事务。

（2）委托一名或者数名合伙人执行合伙事务。按照合伙协议约定或者全体合伙人的决定，可以委托一名或者数名合伙人执行合伙事务。委托一名或者数名合伙人执行合伙企业事务的，其他合伙人不再执行合伙企业事务。不参加执行事务的合伙人有权监督执行事务的合伙人，检查其执行合伙事务的情况。执行事务的合伙人应当向其他不参加执行事务的合伙人报告事务执行情况及合伙企业的经营状况和财务状况，其执行合伙企业事务所产生的收益归全体合伙人，所产生的亏损或者民事责任由全体合伙人承担。被委托执行合伙企业事务的合伙人不按照合伙协议或者全体合伙人的决定执行事务的，其他合伙人可以决定撤销该委托。

合伙企业对合伙人执行合伙事务及对外代表合伙企业权利的限制，不得对抗善意第三人。

除合伙协议另有约定外，合伙企业的下列事务必须经全体合伙人一致同意：改变合伙企业的名称；改变合伙企业的经营范围、主要经营场所的地点；处分合伙企业的不动产；转让或者处分合伙企业的知识产权和其他财产权利；以合伙企业名义为他人提供担保；聘任合伙人以外的人担任合伙企业的经营管理人员。

2) 普通合伙人在执行合伙事务中的权利和义务

合伙企业法对于合伙人权利的规定主要包括：① 合伙事务的执行权，即各合伙人都有平均地参与企业事务执行的权利；② 对执行企业事务的监督权，即无论合伙人本身参与事务执行与否，他都拥有对他人执行合伙事务情况的监督权；③ 企业经营状况的知情权，即合伙人有权随时了解企业的经营状况，为了解合伙企业的经营状况和财务状况，"有权查阅账簿"，包括各种往来账册和财务报表等资料；④ 重大事项的表决权，即企业的有关重要事项必须经过全体合伙人讨论，一致同意方可决定；⑤ 利润分配权，即依据协议规定的方式和比例享受合伙企业盈利分配的权利，但合伙人不得协议将企业利润分配给部分合伙人，也不得要求部分合伙人承担企业的全部亏损。

合伙人的义务主要包括以下3个方面：① 不得与本企业相竞争，即合伙人在本企业以外从事经营活动的，不得与本企业相竞争；② 不得擅自与本企业进行交易，合伙人因从事经营业务的需要与本合伙企业发生交易的，应事先征得其他合伙人的同意；③ 不得从事损害本企业利益的活动。

5. 普通合伙企业的损益分配

普通合伙企业的利润分配、亏损分担，应按照合伙协议的约定办理；合伙协议未约定或者约定不明确的,由合伙人协商决定;协商不成的,由合伙人按照实缴出资比例分配、分担;无法确定出资比例的,由合伙人平均分配、分担。合伙协议不得约定将全部利润分配给部分合伙人或者由部分合伙人承担全部亏损。

6. 普通合伙企业的债务清偿

普通合伙企业对其债务,应先以其全部财产进行清偿。普通合伙企业不能清偿到期债务的,合伙人承担无限连带责任。合伙人由于承担无限连带责任,清偿数额超过其亏损分担比例的,有权向其他合伙人追偿。

合伙人发生与合伙企业无关的债务,相关债权人不得以其债权抵销其对合伙企业的债务,也不得代位行使合伙人在合伙企业中的权利。

合伙人的自有财产不足清偿其与合伙企业无关的债务的,该合伙人可以以其从合伙企业中分取的收益用于清偿;债权人也可以依法请求人民法院强制执行该合伙人在合伙企业中的财产份额用于清偿。人民法院强制执行合伙人的财产份额时,应当通知全体合伙人,其他合伙人有优先购买权;其他合伙人未购买,又不同意将该财产份额转让给他人的,依照法律规定为该合伙人办理退伙结算,或者办理削减该合伙人相应财产份额的结算。

7. 普通合伙企业的入伙、退伙

1) 入伙

入伙是指普通合伙企业成立以后,合伙人以外的第三人加入合伙企业,取得合伙人资格的行为。《合伙企业法》关于入伙主要做了以下规定。

(1) 入伙的条件和程序。新合伙人入伙,除合伙协议另有约定外,应当经全体合伙人一致同意,并依法订立书面入伙协议。订立入伙协议时,原合伙人应当向新合伙人如实告知原合伙企业的经营状况和财务状况。

(2) 新合伙人的权利和责任。入伙的新合伙人与原合伙人享有同等权利,承担同等责任。入伙协议另有约定的,从其约定。新合伙人对入伙前合伙企业的债务承担无限连带责任。

2) 退伙

退伙就是合伙人退出合伙企业,不再具有合伙人的资格。退伙一般包括自愿退伙和法定退伙两种情况。

(1) 自愿退伙。自愿退伙是指合伙人按照自己的意愿而退出合伙。自愿退伙又分为协议退伙和通知退伙两种情况。第一种情况为合伙协议约定合伙企业的经营期限的,如果有下列情形之一,合伙人可以退伙:合伙协议约定的退伙事由出现;经全体合伙人同意退伙;发生合伙人难以继续参加合伙企业的事由;其他合伙人严重违反合伙协议约定的义务。第二种情况为合伙协议未约定合伙企业的经营期限的,合伙人在不给合伙企业事务造成不利影响的情况下,可以退伙,但应当提前30日通知其他合伙人。

(2) 法定退伙。法定退伙是指根据法律规定的原因而出现的退伙。法定退伙又分为当然退伙和除名退伙两种情况。

关于当然退伙,《合伙企业法》第48条规定,合伙人有下列情形之一的,当然退伙:作为合伙人的自然人死亡或者被依法宣告死亡;个人丧失偿债能力;作为合伙人的法人或者其他组织依法被吊销营业执照、责令关闭撤销,或者被宣告破产;法律规定或者合伙协议约定合伙人必须具有相关资格而丧失该资格；合伙人在合伙企业中的全部财产份额被人民法院强制执行。

合伙人被依法认定为无民事行为能力人或者限制民事行为能力人的，经其他合伙人一致同意，可以依法转为有限合伙人，普通合伙企业依法转为有限合伙企业。其他合伙人未能一致同意的，该无民事行为能力或者限制民事行为能力的合伙人退伙。

合伙人死亡或者被依法宣告死亡的，对该合伙人在合伙企业中的财产份额享有合法继承权的继承人，按照合伙协议的约定或者经全体合伙人一致同意，从继承开始之日起，取得该合伙企业的合伙人资格。

有下列情形之一的，合伙企业应当向合伙人的继承人退还被继承合伙人的财产份额：继承人不愿意成为合伙人；法律规定或者合伙协议约定合伙人必须具有相关资格，而该继承人未取得该资格；合伙协议约定不能成为合伙人的其他情形。

合伙人的继承人为无民事行为能力人或者限制民事行为能力人的，经全体合伙人一致同意，可以依法成为有限合伙人，普通合伙企业依法转为有限合伙企业。全体合伙人未能一致同意的，合伙企业应当将被继承合伙人的财产份额退还该继承人。

有关除名退伙的规定主要体现在《合伙企业法》第49条，合伙人有下列情形之一的，经其他合伙人一致同意，可以决议将其除名：未履行出资义务；因故意或者重大过失给合伙企业造成损失；执行合伙企业事务有不正当行为；合伙协议约定的其他事由。

对合伙人的除名决议应当书面通知被除名人。被除名人接到除名通知之日，除名生效，被除名人退伙。被除名人对除名决议有异议的，可以自接到除名通知之日起30日内，向人民法院起诉。

3）退伙的法律后果

合伙人退伙，其他合伙人应当与该退伙人按照退伙时的合伙企业财产状况进行结算，退还退伙人的财产份额。退伙人对给合伙企业造成的损失负有赔偿责任的，相应扣减其应当赔偿的数额。

退伙时有未了结的合伙企业事务的，待该事务了结后进行结算。

退伙人在合伙企业中财产份额的退还办法由合伙协议约定或者由全体合伙人决定，可以退还货币，也可以退还实物。

退伙人对基于其退伙前的原因发生的合伙企业债务，承担无限连带责任。

合伙人退伙时，合伙企业财产少于合伙企业债务的，退伙人应当依照法律规定分担亏损。

案例4-2

赵某、钱某、孙某三人于2010年4月达成合伙协议，共同设立一家合伙企业。其中，赵某出资8万元，钱某出资5万元，孙某出资7万元。三人约定按出资比例分享盈利、分摊亏损。2011年1月，赵某退伙。年终结算，合伙企业亏损严重。钱某、孙某决定解散合伙企业，双方各分得价值3万元的商品，但对合伙企业债务未做清偿。2012年初，债权人佳和公司获悉合伙企业解散的消息，要求赵某清偿合伙企业2010年12月所欠货款10万元。赵某认为自己早已退出合伙企业，对合伙债务不应负责。佳和公司找到钱某，钱某认为其只能按照协议承担债务的相应比例。佳和公司又找孙某，孙某认为还债三人都有份，别人不还，我也不还。为此，佳和公司向人民法院起诉。

根据《合伙企业法》的规定，合伙企业解散必须进行清算。在还清合伙企业债务之前，不得分配财产。据此，钱某、孙某在解散合伙企业时，未经清算就分走的价值6万元的合伙企业财产应当退还，用于清偿合伙企业所欠佳和公司的10万元债务。对合伙企业财产不足清偿的4万元债务，赵某、钱某、孙某作为合伙人均应承担无限连带责任，即每个人均应承担全部清偿责任。赵某虽已退伙，但该项债务发生在其退伙之前，根据法律规定，退伙人对其退伙前发生的债务也要承担无限连带责任。在合伙人内部，由赵某、钱某和孙某三人按照合伙协议约定，依其出资比例分担责任。合伙人对超过承担自己份额的清偿部分，有权向其他未足额清偿的合伙人追偿。

8. 特殊的普通合伙企业

特殊的普通合伙企业是普通合伙企业的一种特殊类型，由两个或两个以上普通合伙人组成，当一个合伙人或者数个合伙人在执业活动中因故意或者重大过失造成合伙企业债务时，应当承担无限责任或者无限连带责任，其他合伙人以其在合伙企业中的财产份额为限承担责任。合伙人在执业活动中非因故意或者重大过失造成的合伙企业债务及合伙企业的其他债务，由全体合伙人承担无限连带责任。

《合伙企业法》对特殊的普通合伙企业的适用范围做了明确规定：以专业知识和专门技能为客户提供有偿服务的专业服务机构，可以设立为特殊的普通合伙企业。特殊的普通合伙企业名称中应当标明"特殊普通合伙"字样。

4.3.3 有限合伙企业

1. 有限合伙企业的概念与特征

有限合伙企业是对合伙企业债务承担无限责任的普通合伙人与承担有限责任的有限合伙人共同组成的合伙。有限合伙企业具有以下特征。

（1）在有限合伙企业中，有限合伙人不执行合伙事务，由普通合伙人从事具体的经营管理。

（2）在有限合伙企业中，有限合伙人以其各自的出资额为限承担有限责任，普通合伙人之间承担无限连带责任。

2. 有限合伙企业的设立

设立有限合伙企业，应符合以下条件。

（1）有限合伙企业由2个以上50个以下合伙人设立，法律另有规定的除外。有限合伙企业至少应当有1个普通合伙人。国有独资公司、国有企业及公益性的事业单位、社会团体不得成为有限合伙企业的普通合伙人。

（2）有限合伙企业名称中应当标明"有限合伙"字样，不得使用"有限公司"、"有限责任公司"等字样。

（3）有限合伙企业的合伙协议除符合普通合伙协议要求外，还应当载明下列事项：普通合伙人和有限合伙人的姓名或者名称、住所；执行事务合伙人应具备的条件和选择程序；执行事务合伙人的权限与违约处理办法；执行事务合伙人的除名条件和更换程序；有限合人入伙、退伙的条件、程序及相关责任；有限合伙人和普通合伙人相互转变的程序。

（4）有限合伙人可以用货币、实物、知识产权、土地使用权或者其他财产权利作价出资，但有限合伙人不得以劳务出资。

有限合伙人应当按照合伙协议的约定按期足额缴纳出资；未按期足额缴纳的，应当承担补缴义务，并对其他合伙人承担违约责任。有限合伙企业登记事项中应当载明有限合伙人的姓名或者名称及认缴的出资数额。

2. 有限合伙企业事务的执行

有限合伙企业由普通合伙人执行合伙事务。执行事务合伙人可以要求在合伙协议中确定执行事务的报酬及报酬提取方式。

有限合伙人不执行合伙事务，不得对外代表有限合伙企业。有限合伙人的下列行为，不视为执行合伙事务：参与决定普通合伙人入伙、退伙；对企业的经营管理提出建议；参与选择承办有限合伙企业审计业务的会计师事务所；获取经审计的有限合伙企业财务会计报告；对涉及自身利益的情况，查阅有限合伙企业财务会计账簿等财务资料；在有限合伙企业中的利益受到侵害时，向有责任的合伙人主张权利或者提起诉讼；执行事务合伙人怠于行使权利时，督促其行使权利或者为了本企业的利益以自己的名义提起诉讼；依法为本企业提供担保。

3. 有限合伙人的权利及与第三人的关系

除合伙协议另有约定外，有限合伙人可以同本有限合伙企业进行交易；有限合伙人可以自营或者同他人合作经营与本有限合伙企业相竞争的业务；有限合伙人可以将其在有限合伙企业中的财产份额出质。

有限合伙人可以按照合伙协议的约定向合伙人以外的人转让其在有限合伙企业中的财产份额，但应当提前 30 日通知其他合伙人。

有限合伙人的自有财产不足清偿其与合伙企业无关的债务的，该合伙人可以以其从有限合伙企业中分取的收益用于清偿；债权人也可以依法请求人民法院强制执行该合伙人在有限合伙企业中的财产份额用于清偿。人民法院强制执行有限合伙人的财产份额时，应当通知全体合伙人。在同等条件下，其他合伙人有优先购买权。

第三人有理由相信有限合伙人为普通合伙人并与其交易的，该有限合伙人对该笔交易承担与普通合伙人同样的责任。

有限合伙人未经授权以有限合伙企业名义与他人进行交易，给有限合伙企业或者其他合伙人造成损失的，该有限合伙人应当承担赔偿责任。

4. 有限合伙人的入伙与退伙

新入伙的有限合伙人对入伙前有限合伙企业的债务，以其认缴的出资额为限承担责任。

《合伙企业法》第 78 条规定，有限合伙人有以下情形之一的，当然退伙：作为合伙人的自然人死亡或者被依法宣告死亡；作为合伙人的法人或者其他组织依法被吊销营业执照、责令关闭撤销，或者被宣告破产；法律规定或者合伙协议约定合伙人必须具有相关资格而丧失该资格；合伙人在合伙企业中的全部财产份额被人民法院强制执行。

作为有限合伙人的自然人在有限合伙企业存续期间丧失民事行为能力的，其他合伙人不得因此要求其退伙。

作为有限合伙人的自然人死亡、被依法宣告死亡或者作为有限合伙人的法人及其他组织终止时，其继承人或者权利承受人可以依法取得该有限合伙人在有限合伙企业中的资格。

有限合伙人退伙后，对基于其退伙前的原因发生的有限合伙企业债务，以其退伙时从有限合伙企业中取回的财产承担责任。

5. 有限合伙人与普通合伙人的资格转换

除合伙协议另有约定外，普通合伙人转变为有限合伙人，或者有限合伙人转变为普通合伙人，应当经全体合伙人一致同意。

有限合伙人转变为普通合伙人的，对其作为有限合伙人期间有限合伙企业发生的债务承担无限连带责任。

普通合伙人转变为有限合伙人的，对其作为普通合伙人期间合伙企业发生的债务承担无限连带责任。

案例 4-3

2012年5月，王某、田某、周某、吴某准备共同投资设立一个有限合伙企业。合伙协议约定了以下事项。

（1）王某以现金8万元出资，田某以机器设备房屋作价5万元出资，周某以劳务作价3万元出资，另外以专利权作价4万元出资，吴某以现金12万元出资。

（2）吴某为普通合伙人，王某、田某、周某均为有限合伙人。

（3）各合伙人按相同比例分配盈利、分担亏损。

（4）合伙企业的事务由周某和吴某执行，王某和田某不执行合伙企业事务，也不对外代表合伙企业。

（5）普通合伙人向合伙人以外的人转让财产份额的，不需要经过其他合伙人同意。

（6）合伙企业名称为"天天乐水果配送合伙企业"。

对于该合伙协议的内容是否合法，4个人不能确定，遂去请教律师。

律师对4个人签订的合伙协议内容一一进行了点评。

（1）周某以劳务作价出资的做法不符合规定。《合伙企业法》规定，有限合伙人不得以劳务出资。周某为该合伙企业的有限合伙人，因此不得以劳务作为出资。

（2）合伙企业的事务由周某和吴某执行的做法不符合规定。根据规定，有限合伙人不执行合伙企业事务，不得对外代表合伙企业。由于周某为该合伙企业的有限合伙人，因此其执行合伙企业事务、对外代表合伙企业的做法是不符合规定的。

（3）合伙人转让出资的约定符合法律规定。根据《合伙企业法》规定，除合伙协议另有约定外，普通合伙人向合伙人以外的人转让其在合伙企业中的全部或者部分财产份额时，须经其他合伙人一致同意。按照该规定，只要合伙协议中约定了转让的方式，那么就可以按照合伙协议的约定来处理。

（4）合伙企业名称不符合规定。根据规定，有限合伙企业名称中应当标明"有限合伙"字样。该企业名称中并没有标明"有限合伙"，因此是不符合规定的。其名称应该为"天天乐水果配送有限合伙企业"。

(5）各合伙人按照相同比例分配盈利、分担亏损的约定符合规定。根据规定，合伙企业的利润分配、亏损分担，按照合伙协议的约定办理。因此，有限合伙企业合伙协议有约定的，可以按照约定来处理。

听了律师的分析，4个人对合伙企业的有关法律问题更清楚了，并按照律师的建议重新修改了合伙企业协议，顺利注册了一家有限合伙企业。

4.3.4　合伙企业的解散与清算

1. 合伙企业的解散

合伙企业的解散是指合伙企业的终止。根据《合伙企业法》第85条规定，合伙企业有下列情形之一的，应当解散：① 合伙期限届满，合伙人决定不再经营；② 合伙协议约定的解散事由出现；③ 全体合伙人决定解散；④ 合伙人已不具备法定人数满30天；⑤ 合伙协议约定的合伙目的已经实现或者无法实现；⑥ 依法被吊销营业执照、责令关闭或者被撤销；⑦ 法律、行政法规规定的其他原因。

2. 合伙企业的清算

合伙企业解散，应当由清算人进行清算。

1）清算人的确定

清算人由全体合伙人担任；经全体合伙人过半数同意，可以自合伙企业解散事由出现后15日内指定一个或者数个合伙人，或者委托第三人担任清算人。自合伙企业解散事由出现之日起15日内未确定清算人的，合伙人或者其他利害关系人可以申请人民法院指定清算人。

2）清算人的职责

清算人在清算期间执行下列事务：清理合伙企业财产，分别编制资产负债表和财产清单；处理与清算有关的合伙企业未了结事务；清缴所欠税款；清理债权、债务；处理合伙企业清偿债务后的剩余财产；代表合伙企业参加诉讼或者仲裁活动。

清算人自被确定之日起10日内将合伙企业解散事项通知债权人，并于60日内在报纸上公告。债权人应当自接到通知书之日起30日内，未接到通知书的自公告之日起45日内，向清算人申报债权。债权人申报债权，应当说明债权的有关事项，并提供证明材料。清算人应当对债权进行登记。

清算期间，合伙企业存续，但不得开展与清算无关的经营活动。

3）债务清偿

合伙企业财产在支付清算费用和职工工资、社会保险费用、法定补偿金及缴纳所欠税款、清偿债务后的剩余财产，依照法律的规定进行分配。

清算结束，清算人应当编制清算报告，经全体合伙人签名、盖章后，在15日内向企业登记机关报送清算报告，申请办理合伙企业注销登记。

合伙企业注销后，原普通合伙人对合伙企业存续期间的债务仍应承担无限连带责任。

合伙企业不能清偿到期债务的，债权人可以依法向人民法院提出破产清算申请，也可以要求普通合伙人清偿。

合伙企业依法被宣告破产的，普通合伙人对合伙企业债务仍应承担无限连带责任。

4.4 外商投资企业法

4.4.1 外商投资企业法概述

1. 外商投资企业的概念与特征

外商投资企业是指外国投资者经中国政府批准，依照法定条件和程序，在中国境内投资设立的企业。外商投资企业具有以下特征。

（1）外商投资企业是外国投资者直接投资设立的企业。外国投资者包括外国的公司、企业，其他经济组织或者个人。

（2）外商投资企业是外商私人投资举办的企业，即以公司、企业和其他经济组织或者个人的名义进行的投资，而不是外国政府或者国际组织的援助，具有民间技术合作的色彩。

（3）外商投资企业是依照中国的法律、法规，在中国境内设立的企业，是具有中国国籍的企业，必须遵守中国的法律。

2. 外商投资企业的种类

外商投资企业按照不同的分类标准，可有多种分类方法。我国外商投资企业的种类包括中外合资经营企业、中外合作经营企业和外资企业3种类型。

3. 外商投资企业法的概念

外商投资企业法是指调整外商投资企业在设立、变更、终止和经营管理过程中产生的经济关系的法律规范的总和。为创造良好的投资环境，鼓励外商来华投资，我国相继制定了一系列调整外商投资企业关系的法律、法规及规章，主要包括《中华人民共和国中外合资经营企业法》（以下简称《中外合资经营企业法》）、《中华人民共和国中外合作经营企业法》、《中华人民共和国外资企业法》、《中华人民共和国中外合资经营企业法实施条例》、《中华人民共和国中外合作经营企业法实施细则》、《中华人民共和国外资企业法实施细则》、《国务院鼓励外商投资的规定》、《中外合资经营企业合营各方出资的若干规定》、《指导外商投资方向规定》等。

4.4.2 中外合资经营企业法

1. 中外合资经营企业的概念及特征

中外合资经营企业是指中国合营者与外国合营者依照中国法律的规定，在中国境内共同投资、共同经营，并按投资比例分享利润、分担风险及亏损的企业。中外合资经营企业具有以下特征。

（1）中外合资经营企业是中外合营者共同举办的合营企业。其中，外国合营者包括外国的公司、企业和其他经济组织或个人，中国合营者包括中国的公司、企业或其他经济组织。

（2）中外合资经营企业是股权式企业，其组织形式为有限责任公司。中外合资经营企业的合营各方按投资比例分享利润、分担风险及亏损。

(3) 中外合资经营企业是依照中国法律,在中国境内设立的中国法人。中外合资经营企业的一切活动都必须遵守中国法律,并受中国法律的保护。

2. 中外合资经营企业的设立

1) 设立中外合资经营企业的条件

在中国境内设立的合营企业,应能促进中国经济的发展和科学技术水平的提高,有利于社会主义现代化建设。申请设立中外合资经营企业应符合下列一项或数项要求:① 采用先进的技术设备和科学的管理方法,能增加产品品种,提高产品质量和产量,节约能源和原材料;② 有利于企业技术改造,能做到投资少、见效快、收益大;③ 能扩大产品出口,增加外汇收入;④ 能培训技术人员和经营管理人员。

申请设立中外合资经营企业有下列情况之一的,不予批准:① 有损中国主权的;② 违反中国法律的;③ 不符合中国国民经济发展要求的;④ 造成环境污染的;⑤ 签订的协议、合同、章程显属不公平,损害合营一方权益的。

2) 设立中外合资经营企业的程序

(1) 设立合营企业的申请和审批。设立中外合资经营企业,首先由中国合营者向企业主管部门呈报拟与外国合营者设立合营企业的项目建议书和初步可行性研究报告,经主管部门审查同意并转报审批机构批准后,合营各方才能进行以可行性研究为中心的各项工作,在此基础上商议签订合营企业协议、合同、章程的事宜。合营企业合同正式签字后,由中国合营者代表合营双方按中方隶属关系上报主管部门,经主管部门审查同意并转报审批机构进行审批。审批机构在接到申请文件之日起 3 个月内决定是否批准。合营企业经审批机构批准后,发给批准证书。

(2) 设立合营企业的登记。合营企业申请者应当自收到批准证书之日起 1 个月内,按照国家有关规定,向工商行政管理机关办理登记手续。合营企业的营业执照签发日期即为该合营企业的成立日期。

3. 中外合资经营企业的资本

1) 投资总额与注册资本

合营企业的投资总额是指按照合营企业合同、章程规定的生产规模需要投入的基本建设资金和生产流动资金的总和,由注册资本和借入资本两个部分构成。

合营企业的注册资本是指为设立合营企业在工商行政管理机关登记注册的资本总额,它应是合营各方根据合营企业合同和章程的规定所认缴的出资额之和。合营企业的注册资本也就是它的自有资本。合营企业在合营期内不得减少其注册资本。因投资总额和生产规模等发生变化,确需减少的,须经审批机构批准。另外,合营企业的注册资本还应符合《中华人民共和国公司法》规定的有限责任公司的注册资本的最低限额规定。

合营企业的借入资本是指以合营企业名义借入的资金。企业借入资本在投资总额中所占比例过多,可能会影响企业的偿债能力,损害债权人的利益。因此,合营企业注册资本与企业借款之间应保持适当的比例关系。1987 年 3 月 1 日,国家工商行政管理局发布了《关于中外合资经营企业注册资本与投资总额比例的暂行规定》,规定合营企业的注册资本与投资总额的比例应遵守以下规定:① 合营企业投资总额在 300 万美元以下(含 300 万美元)的,其注册资本至少应占投资总额的 7/10;② 合营企业投资总额在 300 万美元以上至 1 000 万美元（含 1 000 万美元）的，其注册资本至少应占投资总额的 1/2，其中投资总额在 420 万美元以下的，注册资本不得低于 210 万美元；③ 合营企业投资总额在 1 000 万美元以上至 3 000 万美元（含 3 000 万美元）的，其注册资本至少应占投资总额的 2/5，其中投资总额在 1 250 万美元以下的，注册资本不得低于 500 万美元；合营企业投资总额在 3 000 万美元以上的，其注册资本至少应占投资总额的 1/3，其中投资总额在 3 600 万美元以下的，注册资本不得低于 1 200 万美元。

合营企业如遇特殊情况，不能执行此规定的，由国务院对外经济贸易主管部门会同国家工商行政管理局批准。合营企业增加投资的，其增加的注册资本与增加的投资额的比例，应按上述规定执行。

2) 合营各方的出资比例、出资方式与出资期限

我国《中外合资经营企业法》第 4 条规定："在合营企业的注册资本中，外国合营者的投资比例一般不低于 25%。"

合营各方可以以现金、实物、工业产权等进行投资。外国合营者作为投资的技术和设备，必须是适合我国需要的先进技术和设备。中国合营者一般可以以提供场地使用权作为投资。

合营企业任何一方不得用以合营企业名义取得的贷款、租赁的设备或者其他财产及合营者以外的他人财产作为自己的出资，也不得以合营企业的财产和权益或合营他方的财产和权益为其出资担保。

合营各方应当在合营合同中订明出资期限，并且应当按照合营合同规定的期限缴清各自的出资。合营合同中规定一次缴清出资的，合营各方应当从营业执照签发之日起 6 个月内缴清；合营合同中规定分期缴付出资的，合营各方的第一期出资不得低于各自认缴出资额的 15%，并且应当自营业执照签发之日起 3 个月内缴清。合营各方未能在前述规定期限内缴付出资的，视为合营企业自动解散，合营企业批准证书自动失效。合营企业应当向工商行政管理机关办理注销登记手续，缴纳营业执照；不办理注销登记手续和缴纳营业执照的，由工商行政管理机关吊销其营业执照，并予以公告。

案例 4-4

2012 年 5 月青岛一电视机厂欲引进先进技术，与日本一家电视机厂协商，达成了建立中外合资经营企业的协议。该协议主要内容包括：双方投资总额为 600 万美元，其中注册资本为 200 万美元；中方以货币、厂房、机器设备、土地使用权出资，出资额为 160 万美元；日方以生产电视机的专利技术作价 40 万美元作为出资；以中方名义向银行贷款 300 万美元，作为合资企业的流动资金，并约定由中方所在地的财政局作担保人；在合营期间，经双方协商同意可减少企业注册资本；双方同意选择适用日本法律。审批机构指出该合营协议存在问题，要求双方修改。

本案中，中日双方企业达成的合营协议存在以下问题。

（1）注册资本与投资总额的比例不符合法律要求。根据《关于中外合资经营企业注册资本与投资总额比例的暂行规定》，投资总额在 300 万美元以上 1 000 万美元以下的，其注册资本至少应占投资总额的 1/2。因此，该合营企业的注册资本至少应为 300 万美元。

(2) 日方以生产电视机的专利技术作价 40 万美元作为出资，占注册资本额的 20%，不符合法律规定的外国合营者的投资比例一般不低于注册资本的 25% 的规定。

(3) 不能以中方名义向银行贷款作为合营企业的流动资金。合营企业的流动资金只能以合营企业的名义贷款。

(4) 根据《中华人民共和国担保法》的规定，国家机关不能为企业贷款提供担保。因此，财政局的担保是违法的。

(5) 协议规定的经双方同意可减少注册资本是错误的。《中外合资经营企业法》规定，合营企业在经营期间不得减少注册资本。

(6) 协议选择日本法律是错误的。中外合资经营企业是中国法人，适用中国的法律。

4. 中外合资经营企业的组织机构

1）董事会

合营企业设董事会，董事会是合营企业的最高权力机构，决定合营企业的重大问题。董事会人数组成由合营企业各方协商，在合同、章程中确定，并由合营各方委派和撤换。董事长和副董事长由合营各方协商确定或由董事会选举产生。中外合营者的一方担任董事长的，由他方担任副董事长。董事长是合营企业的法定代表人。

董事会的职权是按照合营企业章程的规定，讨论决定合营企业的一切重大问题：企业发展规划、生产经营活动方案、收支预算、利润分配、劳动工资计划、停业，以及总经理、副总经理、总工程师、总会计师、审计师的任命或聘请及其职权和待遇等。

2）经营管理机构

经营管理机构负责企业的日常经营管理工作。经营管理机构设总经理一人，副总经理若干人。副总经理协助总经理工作。总经理的职责主要有：执行董事会的各项决议；组织领导合营企业的日常经营管理工作；在董事会授权范围内，代表合营企业对外进行各项经营业务；任免下属人员，行使董事会授予的其他职权。

5. 中外合资经营企业的利润分配

合营企业获得的毛利润（税前利润）按国家税法规定缴纳企业所得税后，扣除企业章程规定的储备基金、职工奖励及福利基金、企业发展基金，净利润根据合营各方注册资本的比例进行分配。外国合营者分得的利润用于在中国境内再投资时，可申请归还已缴纳的部分所得税。

6. 中外合资经营企业的解散与清算

1）合营企业的解散

合营企业的解散分为自动解散和强制解散。

合营企业因下列原因的出现，自动解散。

(1) 合营期限届满。合营企业的合营期限是根据不同行业和项目的具体情况，由合营各方协商确定的。一般项目为 10～30 年，特殊的大型项目可以为 50 年或经批准为 50 年以上。如果合营期限届满，合营双方又未申请延长的，合营企业应解散。

(2) 合营企业发生严重亏损，无力继续经营。

(3) 合营一方不履行合营企业协议、合同、章程规定的义务，致使企业无法经营。

(4) 因自然灾害、战争等不可抗力遭受严重损失,无法继续经营。
(5) 合营企业未达到其经营目的,同时又无发展前途的,可以解散。
(6) 合营企业合同、章程规定的其他解散原因已经出现,合营企业可以解散。
合营企业因下列原因的出现,强制解散。
(1) 企业破产。
(2) 主管机关发出解散命令,如企业的经营有违法行为或企业成立后长期不营业,主管机关可以强行解散企业。

2) 合营企业的清算

合营企业的清算是指合营企业解散时,清算企业财产关系,终结企业法律关系的程序。合营企业宣告解散时,董事会应提出清算的程序、原则和清算委员会人选,报企业主管部门审核并监督清算。

清算委员会的成员一般应在合营企业的董事中选任。董事不能担任或不适合担任清算委员会成员时,合营企业可聘请在中国注册的会计师、律师担任。审批机关认为必要时,可以派人进行监督。

清算委员会的任务是对合营企业的财产、债权、债务进行全面清查,编制资产负债表和财产目录,提出财产作价和计算依据,制定清算方案,提请董事会会议通过后执行。清算期间,清算委员会代表企业起诉和应诉。

合营企业以其全部资产对其债务承担责任。企业现存财产优先支付清算费用后用于清偿债务。清偿债务后的剩余财产按照合营各方的出资比例进行分配,但合营企业协议、合同、章程另有规定的除外。

合营企业的清算工作结束后,由清算委员会提出清算结束报告提请董事会会议通过后,报告原审批机关,并向原登记主管机关办理注销登记手续,缴销营业执照。

4.4.3 中外合作经营企业法

1. 中外合作经营企业的概念及特征

中外合作经营企业是指中国合作者与外国合作者依照中华人民共和国法律的规定,在中国境内共同举办的,按合作企业合同的约定分配收益或者产品、分担风险和亏损的企业。中外合作经营企业具有以下特征:

(1) 中外合作经营企业是中外合作者共同举办的合作企业。中国合作者包括中国的企业或者其他经济组织,外国合作者包括外国的企业和其他经济组织或者个人。中国的自然人不能成为中外合作经营企业的投资主体。

(2) 中外合作经营企业是依照中国法律,在中国境内设立的中国企业。中外合作经营企业可以是法人型企业,也可以是非法人型企业。合作企业必须遵守中国的法律、法规,同时合作企业和中外合作者的合法权益受中国法律的保护。

(3) 中外合作经营企业是契约式企业。中外双方合作者的权利、义务由当事人在合作企业合同中自由约定。

2. 中外合作经营企业的设立

1) 设立中外合作经营企业的条件

设立中外合作经营企业应当符合国家的发展政策和产业政策,遵守国家关于指导外商投资方向的规定。国家鼓励举办产品出口的或者技术先进的生产型合作企业。申请设立合作企业，有下列情形之一的，不予批准：损害国家主权或者社会公共利益；危害国家安全；对环境造成污染损害；违反国家法律、行政法规或者国家产业政策的其他情形。

2）设立中外合作经营企业的程序

申请设立合作企业，应当将中外合作者签订的协议、合同、章程等文件报国务院对外经济贸易主管部门或者国务院授权的部门审查批准。审查批准机关应当自接到申请之日起45天内决定批准或者不批准。

设立合作企业的申请经批准后，应当自接到批准证书之日起30天内向工商行政管理机关申请登记，领取营业执照。合作企业的营业执照签发日期为该企业的成立日期。

3. 中外合作经营企业的投资、合作条件

合作各方向合作企业的投资或者提供的合作条件可以是货币、实物、工业产权、专有技术和土地使用权等。在依法取得中国法人资格的合作企业中，外国投资者的投资一般不得低于合作企业注册资本的25%。不具有法人资格的合作企业各方的投资或者提供的合作条件，为合作各方分别所有，经约定也可以共有，或者部分分别所有、部分共有。

合作各方应当以其自有的财产或者财产权利作为投资或者合作条件，对该投资或者合作条件不得设置抵押权或者其他形式的担保。

合作各方缴纳投资或者提供合作条件后，应当由中国注册会计师验证并出具验资证明，合作企业据此发给合作各方出资证明书。出资证明书应当抄报审查批准机关及工商行政管理机关。

4. 中外合作经营企业的组织形式和组织机构

1）合作企业的组织形式

合作企业包括依法取得中国法人资格的合作企业和不具有法人资格的合作企业。

合作企业依法取得法人资格的，其组织形式为有限责任公司。除合作企业合同另有约定外，合作各方以其投资或者提供的合作条件为限对合作企业承担责任。合作企业以全部资产对合作企业的债务承担责任。

不具有法人资格的合作企业的合作各方的关系是一种合伙关系。合伙的债务由合伙人按照出资比例或者协议的约定，以各自的财产承担清偿责任。合伙人对合伙的债务承担连带责任，法律另有规定的除外。偿还合伙债务超过自己应当承担数额的合伙人，有权向其他合伙人追偿。

2）合作企业的组织机构

合作企业的组织机构可以是董事会，或者是联合管理机构、委托管理机构。

董事会一般由具有法人资格的合作企业设立，是合作企业的权力机构。中外合作者一方担任董事长的，副董事长由他方担任。

联合管理机构由不具有法人资格的合作企业的合作各方委派的代表组成，代表合作各方共同管理合作企业。

委托管理机构是指由合作企业委托合作一方或非合作的第三方进行管理而设立的组织机构。委托管理必须经董事会或者联合管理委员会一致同意，并应当与被委托人签订委托经营或管理合同。委托管理机构是合作企业的执行机构，而非权力机构。

5. 中外合作经营企业收益的分配及风险、亏损的承担

中外合作者依照合作企业合同的约定，分配收益或者产品。合作企业收益的分配可以采取多种形式，既可以是按利润分成，也可以是按产品分成，还可以是按双方协议的其他形式分配。

中外合作者在合作企业合同中约定的合作期限届满时，合作企业的全部固定资产无偿归中国合作者所有的，外国合作者在合作期限内可以先行回收其投资。

中外合作者依合作企业合同的约定，承担风险和亏损。法人型合作企业以企业的所有财产对外承担有限责任，中外合作者以各自的投资或者提供的合作条件对外承担责任。非法人型合作企业，以中外合作者各自所有的或者经营管理的财产对外承担责任，合作各方负连带责任。

案例 4-5

上海某环保企业（以下简称上海企业）与德国某公司（以下简称德国公司）协商成立一家生产环保设备的中外合作经营企业。双方在合作企业合同中约定：合作期限为6年；合作企业注册资本总额拟订为300万美元；德国公司出资额占注册资本总额的60%，上海企业出资额占注册资本总额的40%；德国公司除以机器设备、工业产权折合130美元出资外，还由合作企业作担保向中国的外资金融机构贷款50万美元作为其出资；上海企业以货币、厂房、厂地使用权作价120万美元作为出资，其中该厂房为上海企业所有，但已抵押给中国工商银行；合作企业的税后利润以各占50%的方式分配；德国公司在合作企业正式投产后的头5年先行回收投资；在合作期限届满时，合作企业的全部固定资产归中国合作者所有，但上海企业应按其残余价值的30%给予德国公司适当的补偿。

本案中，上海企业与德国公司的合作企业合同存在不合法的地方，应予以修改。

（1）双方约定的出资方式有违反规定之处。根据法律规定，合作企业的任何一方都不得由合作企业为其出资作担保，故德国公司由合作企业作担保向中国的外资金融机构贷款50万美元作为其出资，违反法律规定。

（2）上海企业以作为抵押物的厂房投资不符合规定。根据《中外合资经营企业法》的规定，中外合资者以实物作价投资，必须是自己所有且未设立任何担保物权的财产。本案中，上海企业的厂房在作为投资前已经抵押给他人，故不能作为其出资。

（3）合作期限届满时，上海企业应按固定资产残余价值的30%给予德国公司适当的补偿不符合规定。因为，根据规定，凡是外方合作者在合作期限内先行回收投资的，应约定在合作期限届满时，合作企业的全部固定资产无偿归中国合作者所有。

6. 中外合作经营企业的解散

《中外合作经营企业法》第48条规定，合作企业因下列情形之一出现时解散：① 合作期限届满；② 合作企业发生严重亏损，或者因不可抗力遭受严重损失，无力继续经营；③ 中外合作者一方或者数方不履行合作企业合同、章程规定的义务，致使合作企业无法继续经营；④ 合作企业合同、章程中规定的其他解散原因已经出现；⑤ 合作企业违反法律、行政法规，被依法责令关闭。

合作企业终止时，应当依法对企业资产和债权、债务进行清算。中外合作者应当依照合作企业合同的约定确定合作企业财产的归属。合作企业终止还应向工商行政管理机关和税务机关办理注销登记手续。

4.4.4 外资企业法

1. 外资企业的概念和特征

外资企业是指依照中华人民共和国法律的规定，在中国境内设立的，全部资本由外国投资者投资的企业。外国投资者可以是外国的企业和其他经济组织，也可以是外国的个人。外资企业具有以下法律特征。

（1）外资企业是依照中国法律在中国境内设立的企业，外资企业具有中国国籍，符合法人条件的依法取得中国法人资格。

（2）外资企业的全部资本均由外国投资者投入。

（3）外资企业是独立的经济实体。外资企业一般是独立核算、自负盈亏、独立承担民事责任的法人或其他经济组织，因此不包括外国的企业和其他经济组织在中国境内的分支机构。

2. 外资企业的设立

1）设立外资企业的条件

根据《外资企业法》及其实施细则的规定，设立外资企业应符合以下条件：必须有利于中国国民经济的发展，能够取得显著的经济效益。国家鼓励外资企业采用先进技术和设备，从事新产品开发，实现产品升级换代，节约能源和原材料，并鼓励举办产品出口的外资企业。

申请设立外资企业，有下列情况之一的，不予批准：有损中国主权或者社会公共利益的；危及中国国家安全的；违反中国法律、法规的；不符合中国国民经济发展要求的；可能造成环境污染的。

2）设立外资企业的程序

外资企业设立的程序一般有申请、审批和登记3个阶段。其具体步骤如下。

（1）外国投资者在提出设立外资企业的申请前，应当就下列事项向拟设立外资企业所在地的县级或者县级以上地方人民政府提交报告。报告的内容包括：设立外资企业的宗旨；经营范围、规模；生产产品；使用的技术设备；用地面积及要求；需要用水、电、煤、煤气或者其他能源的条件及数量；对公共设施的要求等。县级或者县级以上地方人民政府应当在收到外国投资者提交的报告之日起30天内以书面形式答复外国投资者。

（2）外国投资者设立外资企业，应当通过拟设立外资企业所在地的县级或者县级以上地方人民政府向审批机关提出申请，并报送下列文件：设立外资企业申请书、可行性研究报告、外资企业章程、外资企业法定代表人（或者董事会人选）名单、外国投资者的法律证明文件和资信证明文件、拟设立外资企业所在地的县级或者县级以上地方人民政府的书面答复、需要进口的物资清单、其他需要报送的文件。

（3）审批机关应当在收到申请设立外资企业的全部文件之日起90天内决定批准或者不批准。审批机关如果发现上述文件不齐备或者有不当之处，可以要求限期补报或者修改。

(4)设立外资企业的申请经审批机关批准后,外国投资者应当在收到批准证书之日起30天内向工商行政管理机关申请登记,领取营业执照。外资企业的营业执照签发日期为该企业的成立日期。

3. 外资企业的注册资本与出资

1)外资企业的注册资本

外资企业的注册资本是指外资企业在工商行政管理机关登记的资本总额,即外国投资者认缴的全部出资额。外资企业的投资总额是指开办外资企业所需资金的总额,即按其生产规模需要投入的基本建设资金和生产流动资金的总和。外资企业的注册资本要与其经营规模相适应,注册资本与投资总额的比例应当符合我国的有关规定。

外资企业在经营期内不得减少其注册资本。但是,因投资总额和生产经营规模等发生变化,确需减少的,须经审批机关批准。外资企业注册资本的增加、转让,须经审批机关批准,并向工商行政管理机关办理变更登记手续。外资企业将其财产或者权益对外抵押、转让,须经审批机关批准并向工商行政管理机关备案。

2)外资企业的出资

外国投资者可以用可自由兑换的外币出资,也可以用机器设备、工业产权、专有技术等作价出资。经审批机关批准,外国投资者也可以用其从中国境内举办的其他外商投资企业获得的人民币利润出资。

外国投资者以机器设备作价出资的,该机器设备应当是外资企业生产所必需的设备。该机器设备的作价不得高于同类机器设备当时的国际市场正常价格。外国投资者以工业产权、专有技术作价出资的,该工业产权、专有技术应当为外国投资者所有。该工业产权、专有技术的作价应当与国际上通常的作价原则相一致,其作价金额不得超过外资企业注册资本的20%。

外国投资者缴付出资的期限应当在设立外资企业申请书和外资企业章程中载明。外国投资者可以分期缴付出资,但最后一期出资应当在营业执照签发之日起3年内缴清。其中,第一期出资不得少于外国投资者认缴出资额的15%,并应当在外资企业营业执照签发之日起90天内缴清。外国投资者未能在规定的期限内缴付第一期出资的,外资企业批准证书即自动失效,外资企业应当向工商行政管理机关办理注销登记手续,缴销营业执照;不办理注销登记手续和缴销营业执照的,由工商行政管理机关吊销其营业执照,并予以公告。第一期出资后的其他各期的出资,外国投资者应当如期缴付。无正当理由逾期30天不出资的,外资企业批准证书也自动失效,外资企业应当依法办理注销登记手续,缴销营业执照。

外国投资者缴付每期出资后,外资企业应当聘请中国的注册会计师验证,并出具验资报告,报审批机关和工商行政管理机关备案。

4. 外资企业的组织形式

根据《外资企业法实施细则》的规定,外资企业的组织形式为有限责任公司,经批准也可以采取其他责任形式。

外资企业的形式为有限责任公司的,外国投资者对企业的责任以其认缴的出资额为限。外资企业以其全部资产对其债务承担责任。外资企业为其他责任形式的,外国投资者对企业的责任适用中国法律、法规的规定。

5. 外资企业的期限、终止与清算

1) 外资企业的期限

外资企业的经营期限，根据不同行业和企业的具体情况，由外国投资者在设立外资企业的申请书中拟订，经审批机关批准。外资企业的经营期限从其营业执照签发之日起计算。

外资企业经营期满需要延长经营期限的，应当在距经营期满180天前向审批机关报送延长经营期限的申请书。审批机关应当在收到申请书之日起30天内决定批准或者不批准。外资企业经批准延长经营期限的，应当自收到批准延长期限文件之日起30天内，向工商行政管理机关办理变更登记手续。

2) 外资企业的终止与清算

外资企业有下列情形之一的，应予以终止：① 经营期限届满；② 经营不善，严重亏损，外国投资者决定解散；③ 因自然灾害、战争等不可抗力而遭受严重损失，无法继续经营；④ 破产；⑤ 违反中国法律、法规，危害社会公共利益被依法撤销；⑥ 外资企业章程规定的其他解散事由已经出现。

外资企业终止后，应当依法对企业的财产和债权、债务进行清算。外资企业在清算结束之前，外国投资者不得将该企业的资金汇出或者携出中国境外，不得自行处理企业的财产。外资企业清算结束，其资产净额和剩余财产超过注册资本的部分视同利润，应当依照中国税法缴纳所得税。

外资企业清算结束，应当向工商行政管理机关办理注销登记手续，缴销营业执照。

练习与实训 >>>

1. 名词解释题

外商投资企业　　中外合资经营企业　　中外合作经营企业　　外资企业

2. 选择题

(1) 某个人独资企业的投资人甲聘用乙作为企业经理，下列所述乙的哪些行为是法律禁止的？（　　）

　A. 乙将企业的50万元资金借给自己的同学丙

　B. 某日，甲出差在外，甲的好友丁来求助该企业为其贷款提供担保，乙认为丁是甲的好友，未经向甲请示就以企业财产为丁提供了担保

　C. 乙认为企业获取的一项专利一直未能实施给企业造成了损失，遂说服甲同意将其转让给戊，后来戊实施该专利，获利颇丰

　D. 乙将企业资金20万元用于个人炒股，在股市上获利后，立即归还给企业

(2) 张某于2008年3月成立一家个人独资企业。同年5月，该企业与甲公司签订一份买卖合同。根据合同，该企业应于同年8月支付给甲公司货款15万元，后该企业一直未支付该款项。2009年1月该企业解散。2011年5月，甲公司起诉张某，要求张某偿还上述15万元债务。下列表述哪些是错误的？（　　）

A. 因该企业已经解散，甲公司的债权已经消灭
B. 甲公司可以要求张某以其个人财产承担15万元的债务
C. 甲公司请求张某偿还债务已超过诉讼时效，其请求不能得到支持
D. 甲公司请求张某偿还债务的期限应于2011年1月届满

(3) 甲、乙、丙三个自然人订立一份普通合伙协议。该协议的下列哪一项内容不符合《合伙企业法》的规定？（　　）
A. 甲的出资为现金12万元和劳务作价5 000元
B. 乙的出资为现金8 000元，于合伙企业成立后半年内缴付
C. 丙的出资为作价9万元的汽车一辆，不办理过户，丙保留对该车的处分权
D. 合伙企业的经营期限，于合伙企业成立满半年时再协商确定

(4) 甲、乙、丙、丁为某合伙企业的合伙人。现有如下情况：① 甲死亡，戊为其继承人；② 乙因吸毒，已耗尽家财；③ 丙在执行事务中有贪污企业财产的行为。依法律规定，下列判断正确的是（　　）。
A. 甲当然退伙
B. 在乙退伙后，经丙、丁同意，戊可以成为合伙人
C. 戊若成为合伙人，丁、戊可劝丙退伙，但无权将其除名
D. 在乙退伙后，戊若成为合伙人，可以和丁一起决定将丙除名

(5) 赵欲加入钱、孙、李的合伙企业。在以下哪些情况下，赵不能被认为已成为新合伙人？（　　）
A. 钱、孙在入伙协议书上签字；莫依据李从国外发回的传真委托代为在该协议书上签字
B. 钱、孙、李口头表示同意，未签订书面协议
C. 钱、孙在入伙协议书上签字；李出差未归，仅在电话中表示同意
D. 钱、孙表示同意，李未置可否

3. 问答题

（1）个人独资企业的特征有哪些？
（2）个人独资企业设立的条件有哪些？
（3）合伙企业的特征有哪些？
（4）设立普通合伙企业的条件有哪些？
（5）外商投资企业的特征有哪些？
（6）中外合资经营企业的特征有哪些？
（7）设立中外合资经营企业的条件有哪些？
（8）中外合作经营企业的特征有哪些？中外合作经营企业的设立条件、程序有哪些？
（9）外资企业的特征有哪些？外资企业的设立条件有哪些？外资企业的注册资本与出资有哪些规定？

4. 案例分析题

案例1

2012年10月，甲、乙、丙、丁4人设立了某合伙企业，4人订立了书面合伙协议。协

议中约定，甲、乙是普通合伙人，丙、丁是有限合伙人。甲、乙、丙每人出资10万元人民币，经其他3人同意，丁以劳务作价10万元，但在协议中没有明确利润分配比例及风险分担比例。合伙协议还约定了由丁执行合伙企业事务，对外代表合伙企业；甲、乙和丙不再执行合伙企业事务。

合伙企业经营期间，由于丙个人欠债被债权人起诉至人民法院并被强制执行其在合伙企业中的财产，丙退出合伙企业。

合伙企业由于经营管理不善，已造成巨额债务。债权人起诉至法院，法院在审理中发现合伙企业财产只有30万元，而债务高达100万元。

问题：
（1）甲、乙、丙、丁的出资方式是否符合《合伙企业法》的规定？为什么？
（2）合伙协议约定："丁执行合伙企业事务，对外代表合伙企业；甲、乙和丙不再执行合伙企业事务。"这样的约定是否合法？为什么？
（3）合伙企业的100万元债务应如何清偿？
（4）对于合伙企业中没有明确利润分配比例及风险分担比例的问题，应任何处理？
（5）丙认为自己已经退伙，不应承担合伙企业财产不能清偿的那一部分债务，他的理由是否成立？为什么？

案例 2

中国A公司与日本B商人共同出资设立一个中外合资企业，双方经协商拟订了合资企业合同，主要内容包括以下几个方面。

（1）合资企业投资总额为1 200万美元，注册资本为500万美元。其中，中方出资额为300万美元，外方出资额为200万美元。

（2）中方以货币、厂房、厂地使用权作价出资，其中该厂房为中方合营者所有，但已抵押给中国建设银行；外方以外币、设备、专有技术作价出资，其中专有技术是外方从该国某公司以许可证协议方式取得的专有技术使用权。

（3）为了保证外方投资收益，外方可以该合营企业的财产和权益为其出资担保。

（4）合营各方采用分期缴付出资的方式。在营业执照签发之日起2个月内，合营各方缴清各自认缴出资额的20%，最后一期出资在营业执照签发之日起3年内缴清。

（5）设立董事会，董事长由中方担任，副董事长由外方担任并兼任总经理，总经理为法定代表人。

（6）经双方同意，如在合营期间双方发生合资企业合同争议，可选择适用第三国的法律解决争议。

问题：
分析说明上述各项条款的内容是否符合我国有关法律、法规的规定，并说明理由。

5. 实训题

任课教师提供一个涉及合伙、入伙事项的背景资料，由学生起草合伙协议、入伙协议，熟悉合伙协议的内容。

第 5 章

公 司 法

 学习目标

本章介绍了公司的概念、特征、种类，重点阐述了有限责任公司和股份有限责任公司的设立、组织机构、资本制度及合并、分立与解散等内容。通过本章的学习，应达到以下目标：
- ☑ 了解公司的概念、特征、种类；
- ☑ 掌握有限责任公司的设立条件、程序和组织机构；
- ☑ 掌握股份有限公司的设立条件、程序和组织机构，并熟悉股份公司的资本制度；
- ☑ 熟悉公司合并、分立、解散的有关规定。

 技能要求

1. 熟悉有限公司、股份公司设立的条件、程序，能够办理公司设立事宜。
2. 熟悉公司组织机构，具备基本的公司管理能力。

5.1 公司法概述

5.1.1 公司的概念与特征

公司是指依照公司法的规定设立的以营利为目的的企业法人。公司具有以下法律特征。

（1）公司具有法人性。公司是法人的典型形态，法人性特征是公司区别于合伙企业的主要特征。

（2）公司具有营利性。

（3）公司具有社团性。公司具有社团性（也称为联合性）是指公司应为人的结合，是由一定数量的成员，包括自然人和法人，基于一定的目的而共同组织的具有法人资格的团体。与基于一定数量的财产而成立的财团法人相区别，公司是以其成员为基础而成立的人的集合体。

5.1.2 公司的分类

根据不同的分类方法，可以将公司分为不同的种类。

1. 无限责任公司、有限责任公司、股份有限责任公司和两合公司

根据公司及公司股东对公司所负债务责任的不同，公司分为无限责任公司、有限责任公司、股份有限责任公司和两合公司。我国公司法只确认了其中的两种公司形态，即有限责任公司和股份有限责任公司。

（1）无限责任公司。无限责任公司是指由两个或两个以上的股东共同出资，全体股东对公司债务承担无限连带责任的公司。其特征是设立条件程序比较简单，易于成立；股东有权直接参加管理；股东对公司的债务负无限连带责任。

（2）两合公司。两合公司是由承担有限责任的股东和承担无限责任的股东联合组织成立的公司，其中承担无限责任的股东对公司债务负无限连带责任，投资风险较大，但他们享有代表和管理公司的权力；只承担有限责任的股东仅以其出资额为限对公司债务负责，风险较小，但他们无权代表和管理公司。

（3）有限责任公司。有限责任公司是指股东仅以其出资额为限对公司债务承担责任的公司。有限责任公司股东人数较少；股东可以直接参加公司的管理；公司不发行股票，股本也不分为均等份额；股东以其出资额为限对公司债务承担有限责任；公司具有封闭性，公司的账目一般不对外公开。

（4）股份有限责任公司。股份有限责任公司是指公司资本划分为均等份额，股东以其所认购的股份为限对公司债务承担有限责任的公司。股份有限责任公司的股东人数很多，一般在立法上没有上限规定；公司的资本分为均等股份，表现形式为股票，股票一般可自由转让；股东一般不参加公司的管理，而是选举董事会来经营管理公司事务；股东以其所持有的股份为限对公司债务负责；公司具有公开性，其账目及重大事务应向公众公开。

2. 人合公司、资合公司及人合兼资合公司

这种分类的标准是依据公司信用基础的不同，是一种学理上的分类。

（1）人合公司。人合公司是指公司的经营活动着重于股东个人条件的公司。人合公司的信用基础在于股东个人的信用，而不在于公司资本的多少，因为对此类公司的债务，股东须负无限的清偿责任。此外，此类公司的股东注重相互的信任和了解，股东多为亲朋好友，因此人合公司大都具有家族性特点。无限责任公司是典型的人合公司。

（2）资合公司。资合公司是指公司的经营活动着重于公司资本数额的公司。资合公司的信用基础在于公司的资本，而不在于股东个人的信用，因为此类公司的股东承担有限责任，公司的股东之间也无需了解，任何人都可以成为公司的股东。股份有限责任公司是典型的资合公司。

（3）人合兼资合公司。人合兼资合公司是指公司的经营活动既着重于公司资本数额，又注重股东个人的信用的公司，即兼具人合性和资合性的公司。两合公司和股份两合公司属于这种类型。

3. 封闭式公司和开放式公司

这种分类是根据公司资本筹集方式及出资方式的不同而划分的。

（1）封闭式公司。封闭式公司也称为不上市公司或不公开公司，是指公司资本全部由设立该公司的股东所拥有，不能对外发行股份，股东的出资不能自由转让的公司。有限责任公司属于封闭式公司。

（2）开放式公司。开放式公司也称为上市公司或公开公司，是指可以公开招股，股票可以在股票市场公开进行交易的公司。股份有限责任公司属于开放式公司。

4. 母公司和子公司

这是按照公司之间的相互控制与依附关系划分的。

（1）母公司。母公司也称为控股公司，当一个公司拥有另一个公司的股份并已达到控股程度时，该公司即为母公司。

（2）子公司。凡公司一定比例以上的股份被另一公司所拥有，并因此受到该公司控制的公司即为子公司。

母公司与子公司之间的关系是控制与依附的关系，二者具有密切的联系，但就法律地位而言，子公司与母公司均为独立的法人，各有自己的名称和章程，各自以其名义独立对外进行经营活动。在财产责任上，母公司和子公司也各自以其财产对各自的债务负责，互不连带。

5. 总公司和分公司

这是按照公司分支机构的设置和管辖进行划分的。

（1）总公司是依法首先设立的管辖全部组织的总机构。

（2）分公司是指受总公司管辖的分支机构。

总公司具有法人资格，分公司一般没有法人资格，分公司可以有自己的名称，但没有自己独立的财产，其实际占有、使用的财产由总公司掌握并统一核算；分公司的业务活动，如经营方针、财产配置及调度、人事安排、财务核算等完全由总公司掌握，分公司活动的后果也由总公司承担。

案例 5-1

A 有限责任公司投资设立 B 有限责任公司，为其控股子公司，又设立 C 分公司。甲厂分别与 B、C 签订买卖合同，向它们供货，价款各为 60 万元。但 B、C 收货后迟迟不付款，甲久催未果，遂以 A 公司为被告向法院起诉。

本案包括两种情况，A 公司承担的法律责任有所不同。第一，对 B 与甲订立的合同，A 公司不承担责任。B 虽然是 A 公司投资设立的子公司，但具有独立的法人资格，子公司与母公司民事责任相互独立，B 拖欠的货款应由其独立承担法律责任。第二，对 C 与甲订立的合同，A 公司承担法律责任。C 公司作为 A 公司的分公司，虽然可以进行经营活动，但不具有企业法人资格，无独立的财产，无独立的民事责任能力，所以，根据《中华人民共和国公司法》的规定，C 分公司的民事责任应当由总公司即 A 公司来承担。

5.1.3 公司法

1. 公司法的概念与特征

公司法是调整公司在设立、组织、活动和解散过程中发生的社会关系的法律规范的总称。公司法具有以下法律特征。

(1) 公司法是组织法与活动法相结合的法律。公司法以调整公司的组织关系为主要内容，规定公司的设立条件、程序、组织机构及公司组织的变更、终止的条件和程序；同时，公司法也调整部分与公司组织关系密切联系的内部活动关系。其中，组织法是第一位的，活动法是第二位的。

(2) 公司法是实体法与程序法相结合的法律。公司法主要是实体法，侧重规定股东及公司机关权利义务、股东与公司财产责任的划分等内容；在侧重实体规定的同时，公司法还对取得实体权利义务所必须履行的程序做出了规定，因此又具有程序法的因素。

(3) 公司法是强制性规范与任意性规范相结合的法律。公司法作为组织法，多为强制性规范，具有鲜明的国家干预性；在突出强制性规范的同时，公司法也有一些任意性的规范，体现了股东和公司的意愿。

2. 我国的公司立法

1993年12月29日，第八届全国人大常委会第五次会议审议通过了《中华人民共和国公司法》（以下简称《公司法》），自1994年7月1日起施行，标志着我国公司法律制度的正式形成。随着社会经济的不断发展，1993年《公司法》的一些内容不能适应新形势的需要，为了进一步完善公司立法，2005年10月27日，第十届全国人大常委会第十八次会议正式通过了新修订的《公司法》，该法自2006年1月1日起施行。

5.2 有限责任公司

5.2.1 有限责任公司的概念与特征

1. 有限责任公司的概念

有限责任公司是依照《公司法》设立的，股东以其出资额为限对公司承担责任，公司以其全部财产对公司债务承担责任的企业法人。

2. 有限责任公司的特征

(1) 股东人数的限制性。我国《公司法》规定，有限责任公司股东人数为1人以上，50人以下。

(2) 股东责任的有限性。有限责任公司的股东承担的是有限责任，即仅以其出资额为限对公司负责，公司的债权人不得直接向股东主张债权或要求股东个人清偿公司债务。

(3) 公司具有封闭性。封闭性主要体现在3个方面：① 不允许发行股票；② 不要求公布财务状况；③ 不要求公布重大事项。

(4) 公司组织的简便性。有限责任公司的设立程序简便，只有发起设立，而不采用募集设立方式；同时，有限责任公司的组织机构也比较简单、灵活，可以不设立董事会和监事会，只设立董事和监事即可。

(5) 人合性与资合性的统一。与无限责任公司相比，有限责任公司股东不能以信用出资，具有资合性；与股份有限责任公司相比，有限责任公司股东出资转让受到限制，而且不公开募集资本，股东之间的关系相对密切，具有一定的人合性。

5.2.2 有限责任公司的设立

1. 设立有限责任公司的条件

(1) 股东符合法定人数。我国《公司法》规定，有限责任公司由50个以下股东出资设立。

(2) 股东出资达到法定资本最低额。我国《公司法》规定：有限责任公司注册资本的最低限额为人民币3万元。法律、行政法规对有限责任公司注册资本的最低限额有较高规定的，从其规定。

股东可以用货币出资，也可以用实物、知识产权、土地使用权等可以用货币估价并可以依法转让的非货币财产作价出资。全体股东的货币出资金额不得低于有限责任公司注册资本的30%。以非货币财产出资的，应当评估作价，核实财产，不得高估或者低估作价。

股东以货币出资的，应当将货币出资足额存入有限责任公司在银行开设的账户；以非货币财产出资的，应当依法办理其财产权的转移手续。

股东应当按期足额缴纳公司章程中规定的各自所认缴的出资额。公司全体股东的首次出资额不得低于注册资本的20%，也不得低于法定的注册资本最低限额，其余部分由股东自公司成立之日起两年内缴足。其中，投资公司可以在5年内缴足。

股东不按照上述规定缴纳出资的，除应当向公司足额缴纳外，还应当向已按期足额缴纳出资的股东承担违约责任。

股东缴纳出资后，必须经依法设立的验资机构验资并出具证明。

(3) 股东共同制定公司章程。公司章程是公司经营活动的准则，设立公司必须依法制定公司章程，股东应当在公司章程上签名、盖章。有限责任公司的章程应当载明下列事项：① 公司的名称和住所；② 公司的经营范围；③ 公司的注册资本；④ 股东的姓名或者名称；⑤ 股东的出资方式、出资额和出资时间；⑥ 公司的机构及其产生办法、职权、议事规则；⑦ 公司的法定代表人；⑧ 股东会会议认为需要规定的其他事项。

(4) 有公司名称，建立符合有限责任公司要求的组织机构。设立有限责任公司，必须在公司名称中标明"有限责任公司"或者"有限公司"字样。

公司组织机构是公司正常运转的保证。根据《公司法》的规定，有限责任公司应当设立股东会、董事会、监事会和经理等机构。

(5) 有公司住所。公司的住所为公司主要办事机构所在地。确定公司住所的意义包括：① 确定诉讼管辖；② 确定诉讼文书收受的处所；③ 确定债务履行地；④ 确定公司登记管辖。

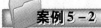

案例 5-2

　　甲、乙、丙三人计划设立了一家生产服装的有限责任公司，并由甲制定了公司章程。公司章程规定：公司注册资本为人民币50万元；甲以劳务作为出资，作价人民币5万元；乙以商品房一幢作为出资，作价人民币20万元，另出现金人民币5万；丙以所掌握的客户来源作价人民币20万元；由甲为董事长，乙、丙为副董事长；不设股东会、监事，董事会为最高权力机关，公司盈利平均分配。由甲作为代表向公司登记机关申请设立登记。

　　本案中，公司设立行为违反了《公司法》的规定，公司不能成立。第一，《公司法》第23条规定：设立有限责任公司，应由股东共同制定公司章程，因此公司章程应由三人共同制定。第二，《公司法》第27条规定：股东可以用货币出资，也可以用实物、知识产权、土地使用权等可以用货币估价并可以依法转让的非货币财产作价出资，但是法律、行政法规规定不得作为出资的财产除外。全体股东的货币出资金额不得低于有限责任公司注册资本的30%。《公司登记管理条例》规定：股东不得以劳务、信用、自然人姓名、商誉、特许经营权或者设定担保的财产等作价出资。本案中公司注册资本为50万元，货币出资仅为人民币5万元，不足注册资本的30%，违反法律规定。另外，甲以劳务作为出资，也不符合规定。第三，公司必须设股东会、监事，股东会为最高权力机构。

2. 设立有限责任公司的程序

　　（1）发起人发起。有限责任公司的设立只能采用发起设立的方式。发起人既可以是自然人，也可以是法人。自然人必须具有完全的民事行为能力，法人作为发起人也应符合法律规定。发起人为数人时，应订立发起人协议或制作发起人会议决议，以明确在设立公司过程中发起人之间的相互关系及公司设立无效时的责任归属。

　　（2）订立公司章程。《公司法》规定，设立公司必须订立章程，将要设立的公司的基本情况及各方面的权利义务加以明确规定。有限责任公司章程需由全体股东共同制定。

　　（3）审批。审批并不是设立所有有限责任公司都要经过的程序，只有法律、行政法规规定设立公司必须报经批准的，才应当在公司登记前依法办理批准手续。

　　（4）履行出资义务。有限责任公司的章程订立后，股东即应履行出资义务。股东的出资方式可以是货币、实物、工业产权、非专利技术及土地使用权等。

　　（5）申请设立登记。股东的出资经检验合格后，由全体股东所指定的代表或者其共同委托的代理人向公司登记机关申请设立登记，并提交相关的法律文件，包括设立登记申请书、公司章程、验资证明、股东的法人资格证明或自然人的身份证明等文件，法律、行政法规规定设立时必须经过审批的还应提交有关审批文件。公司登记机关对于公司设立登记的申请应进行审查，符合法定条件时予以登记并发给营业执照。公司营业执照的签发日期为公司的成立日期。

5.2.3　有限责任公司的组织机构

1. 股东会

1）股东

股东是指向公司出资并对公司享有权利和承担义务的人。

股东的权利主要包括：① 表决权，即自己出席或委托代理人出席股东会并根据出资比例行使表决权；② 选举权，即选举和被选举为公司董事会成员、监事会成员的权利；③ 转让出资的权利，即股东可以按照公司法及公司章程的规定转让出资；④ 知情权与监督权，即股东有权查阅公司章程、股东会会议记录和会计报告，监督公司的经营状况；⑤ 收益权，即股东按其出资或所持股份取得股利，行使盈余分配请求权；⑥ 剩余资产分配请求权，即在公司终止后股东有权分得公司的剩余资产；⑦ 公司章程规定的其他权利。

股东的义务主要包括：① 出资义务，股东认缴出资后，就负有缴纳出资的义务，如果股东认缴了出资后，无正当理由不履行缴纳出资的义务，就必须承担相应的责任，因此给公司造成经济损失的，应当赔偿；② 以其认缴的出资额对公司债务承担有限责任；③ 遵守公司章程的义务。

2) 股东会

股东会是有限责任公司的权力机构，由全体股东组成，负责决定公司的重大事项。

（1）股东会的职权。《公司法》第38条规定，股东会行使下列职权：决定公司的经营方针和投资计划；选举和更换非由职工代表担任的董事、监事，决定有关董事、监事的报酬事项；审议批准董事会的报告；审议批准监事会或者监事的报告；审议批准公司的年度财务预算方案、决算方案；审议批准公司的利润分配方案和弥补亏损方案；对公司增加或者减少注册资本做出决议；对发行公司债券做出决议；对公司合并、分立、解散、清算或者变更公司形式做出决议；修改公司章程；公司章程规定的其他职权。

（2）股东会会议。股东会会议分为定期会议和临时会议。

定期会议又称为股东常会、普通会议。定期会议应当依照公司章程的规定按时召开，一般是一年召开一次，或一个业务年度召开一次。

临时会议，也称为特别会议，一般上是在必要时因股东、董事等提议而召开。根据《公司法》第40条的规定，代表1/10以上表决权的股东，1/3以上的董事，监事会或者不设监事会的公司的监事提议召开临时会议的，应当召开临时会议。

股东会的决议，根据其议事方式和表决程序的不同，一般可以分为普通决议与特别决议两种。普通决议是就公司的一般事项所做的决议，需要代表1/2以上表决权的股东通过。特别决议是就公司特别重大的事项所做的决议，需要代表2/3以上表决权的股东通过。根据我国《公司法》第44条的规定，应通过特别决议而决定的事项有：公司注册资本的增加或减少；公司的分立、合并；变更公司形式；公司解散；修改章程。

2. 董事会

董事会是由股东会选举产生的行使公司经营管理权的执行机关。董事会是股东会的常设性执行机构，对外有权代表公司，对内有权执行公司业务。董事会的成员为3人至13人，设董事长一人，并可以设副董事长。董事长、副董事长的产生办法由公司章程规定。

1) 董事会的职权

按照我国《公司法》第47条的规定，董事会对股东会负责，行使下列职权：召集股东会会议，并向股东会报告工作；执行股东会的决议；决定公司的经营计划和投资方案；制订公司的年度财务预算方案、决算方案；制订公司的利润分配方案和弥补亏损方案；制订公司增加或者减少注册资本及发行公司债券的方案；制订公司合并、分立、解散或者变更公司形式的方案；决定公司内部管理机构的设置；决定聘任或者解聘公司经理及其报酬事项，并根据经理的提名决定聘任或者解聘公司副经理、财务负责人及其报酬事项；制定公司的基本管理制度；公司章程规定的其他职权。

2）董事会会议

董事会会议可以分为定期会议与临时会议两种。定期会议依章程的规定按时召开，通常半年至少一次，临时会议仅在必要时召开。

3. 监事会

监事会是公司的内部监督机构，行使对经营管理者的监督权。我国《公司法》规定，经营规模较大的有限责任公司设立监事会，其成员不得少于3人。股东人数较少或者规模较小的有限责任公司，可以设1～2名监事，不设监事会。

1）监事会的组成

关于监事会的人员与组成，我国《公司法》规定，监事会应当包括股东代表和适当比例的公司职工代表，其中职工代表的比例不得低于1/3，具体比例由公司章程规定。监事会中的职工代表由公司职工通过职工代表大会、职工大会或者其他形式民主选举产生。董事、高级管理人员不得兼任监事。

2）监事会的职权

我国《公司法》规定，监事会、不设监事会的公司的监事行使下列职权：检查公司财务；对董事、高级管理人员执行公司职务的行为进行监督，对违反法律、行政法规、公司章程或者股东会决议的董事、高级管理人员提出罢免的建议；当董事、高级管理人员的行为损害公司的利益时，要求董事、高级管理人员予以纠正；提议召开临时股东会会议，在董事会不履行本法规定的召集和主持股东会会议职责时召集和主持股东会会议；向股东会会议提出提案；依照法律规定，对董事、高级管理人员提起诉讼；公司章程规定的其他职权。

3）监事会会议

监事会每年度至少召开一次会议，监事也可以提议召开临时监事会会议。监事会的议事方式和表决程序，除《公司法》有规定的外，由公司章程规定。监事会决议应当经半数以上监事通过。

4. 经理

经理是有限责任公司的辅助业务执行机关，负责公司日常经营管理工作。经理由董事会聘任或解聘，对董事会负责。股东人数较少、规模较小的公司，执行董事可以兼任公司经理。经理列席董事会会议。

经理行使下列职权：主持公司的生产经营管理工作，组织实施董事会决议；组织实施公司年度经营计划和投资方案；拟订公司内部管理机构设置方案；拟订公司的基本管理制度；制定公司的具体规章；提请聘任或者解聘公司副经理、财务负责人；决定聘任或者解聘除应由董事会决定聘任或者解聘以外的负责管理人员；董事会授予的其他职权。

5.2.4 有限责任公司的股权转让

1. 股东之间转让股权

《公司法》规定，有限责任公司的股东之间可以相互转让其全部或者部分股权，即股东之间可以自由地相互转让其全部或者部分出资，也不需要股东会表决通过。

2. 股东向股东以外第三人转让股权

《公司法》第72条第2款规定，股东向股东以外的人转让股权，应当经其他股东过半数同意，股东应就其股权转让事项书面通知其他股东征求同意，其他股东在接到书面通知之日起满30日未答复的，视为同意转让，其他股东半数以上不同意转让的，不同意的股东应当购买该转让的股权；不购买的，视为同意转让。

经股东同意转让的股权，在同等条件下，其他股东有优先购买权。两个以上股东主张行使优先购买权的，协商确定各自的购买比例；协商不成的，按照转让时各自的出资比例行使优先购买权。

3. 因股权的强制执行引起的股权转让

股权的强制执行是股权转让的一种形式，它是指人民法院依照民事诉讼法等法律规定的执行程序，依据债权人的申请，在强制执行生效的法律文书时，以拍卖、变卖或其他方式，转让有限责任公司股东的股权的一种强制性转让措施。《公司法》第73条规定，人民法院依照法律规定的强制执行程序转让股东的股权时，应当通知公司及全体股东，其他股东在同等条件下有优先购买权。其他股东自人民法院通知之日起满20日不行使优先购买权的，视为放弃优先购买权。

4. 异议股东行使回购请求权引起的股权转让

所谓异议股东行使回购请求权，是指当股东会议决议事项与股东有重大利害关系时，对股东会决议投反对票的股东有权请求收购其股权，亦即退股。

《公司法》第75条规定，有下列情形之一的，对股东会该项决议投反对票的股东可以请求公司按照合理的价格收购其股权：① 公司连续五年不向股东分配利润，而公司该五年连续盈利，并且符合本法规定的分配利润条件的；② 公司合并、分立、转让主要财产的；③ 公司章程规定的营业期限届满或者章程规定的其他解散事由出现，股东会会议通过决议修改章程使公司存续的。

自股东会会议决议通过之日起60日内，股东与公司不能达成股权收购协议的，股东可以自股东会会议决议通过之日起90日内向人民法院提起诉讼。

5. 股东资格的继承取得引起的股权法定转让

公民死亡后其遗产依法由其继承人继承，股东的出资作为股东的个人合法财产，在自然人股东死亡后，也应由其继承人依法继承。因此，《公司法》第76条规定，自然人股东死亡后，其合法继承人可以继承股东资格，成为公司的股东。

案例 5-3

某有限责任公司的股东甲、乙都想转让其股份，甲直接将其股份转让给了同为该有限责任公司股东的丙，乙准备将其股份转让给该有限责任公司股东以外的丁。该有限责任公司的另一股东戊得知后也很想以同样的价格购买乙的股份，但乙以其已同丁达成协议为由拒绝了戊的要求。

本案中，甲向丙转让股份是有效的，根据我国《公司法》规定，股东之间相互转让股份，无需经过股东会同意，只要通知其他股东即可。乙向丁转让股份无效，因为《公司法》规定，股东向股东以外的人转让其出资时，必须经全体股东过半数同意。乙向丁转让股份未经过此法定程序。戊能以同样的价格得到乙的股份。根据我国《公司法》规定，经股东同意转让的出资，在同等条件下，其他股东对该出资有优先购买权。戊可以行使优先购买权，购买乙的股份。

5.2.5 一人有限责任公司的特别规定

一人有限责任公司是指只有一个自然人股东或者一个法人股东的有限责任公司。

由于一人有限责任公司的特殊性，《公司法》对于一人有限责任公司做出了一些特别规定。

(1) 关于注册资本最低限额的规定。一人有限责任公司的注册资本最低限额为人民币10万元。股东应当一次足额缴纳公司章程规定的出资额。

(2) 关于自然人股东投资限制的规定。一个自然人只能投资设立一个一人有限责任公司。该一人有限责任公司不能投资设立新的一人有限责任公司。

(3) 关于公司登记中披露投资主体的特别规定。一人有限责任公司应当在公司登记中注明自然人独资或者法人独资，并在公司营业执照中载明。这一特殊规定的目的在于，使与一人有限责任公司进行交易的第三人清楚地知道该公司的股东是自然人还是法人，以此来判断公司的信用状况。

(4) 关于公司章程制定的特别规定。公司章程是公司设立的必要条件之一，一人有限公司虽然只有一个股东，但也要制定公司章程。一人有限责任公司的章程由股东制定。

(5) 关于一人有限责任公司资格否认制度的规定。一人有限责任公司的股东不能证明公司财产独立于股东自己的财产的，应当对公司债务承担连带责任。

5.2.6 国有独资公司的特别规定

1. 国有独资公司的概念与特征

国有独资公司是指国家单独出资、由国务院或者地方人民政府授权本级人民政府国有资产监督管理机构履行出资人职责的有限责任公司。

国有独资公司具有以下特征。

(1) 全部资本由国家投入。公司的财产权源于国家对投资财产的所有权。国有独资公司是一种国有企业。

(2) 股东只有一个。作为国有独资公司的股东，国家授权投资的机构是唯一的投资主体和利益主体。

(3) 公司投资者承担有限责任。虽然国有独资企业的投资者是国家，但国家仅以其投入公司的特定财产金额为限对公司的债务负责。

(4) 性质上属于有限责任公司。国有独资公司按有限公司的形式组成，除投资者和股东人数与一般公司不同外，其他如公司设立、组织机构、生产经营制度、财务会计制度等均与有限责任公司的一般规定与特征相同或相近。

2. 国有独资公司的组织管理

国有独资公司不设股东会，由国有资产监督管理机构行使股东会职权。国有资产监督管理机构可以授权公司董事会行使股东会的部分职权，决定公司的重大事项，但公司的合并、分立、解散、增加或者减少注册资本和发行公司债券，必须由国有资产监督管理机构决定。其中，重要的国有独资公司合并、分立、解散、申请破产的，应当由国有资产监督管理机构审核后，报本级人民政府批准。

国有独资公司设董事会，董事会成员由国有资产监督管理机构委派。但是，董事会成员中的职工代表由公司职工代表大会选举产生。

董事会设董事长一人，可以设副董事长。董事长、副董事长由国有资产监督管理机构从董事会成员中指定。

国有独资公司设经理，由董事会聘任或者解聘。经国有资产监督管理机构同意，董事会成员可以兼任经理。国有独资公司经理的职权与有限责任公司经理的职权基本相同。

国有独资公司的董事长、副董事长、董事、高级管理人员，未经国有资产监督管理机构同意，不得在其他有限责任公司、股份有限公司或者其他经济组织兼职。

国有独资公司设监事会，其成员不得少于5人，其中职工代表的比例不得低于1/3，具体比例由公司章程规定。

监事会成员由国有资产监督管理机构委派。但是，监事会成员中的职工代表由公司职工代表大会选举产生。监事会主席由国有资产监督管理机构从监事会成员中指定。

监事会依照法律规定行使职权。

5.3 股份有限责任公司

5.3.1 股份有限责任公司的概念与特征

1. 股份有限责任公司的概念

股份有限责任公司是指全部资本分为均等份额，股东以其所持股份为限对公司承担责任，公司以其全部资产对公司债务承担责任的公司。

2. 股份有限责任公司的特征

股份有限责任公司具有以下法律特征。

（1）股东人数的广泛性。世界各国公司法对股东数额均仅规定最低限额，没有规定最高限额。我国《公司法》规定，股份有限责任公司的股东为2人以上。

（2）股东责任的有限性。股份有限责任公司的股东承担的是有限责任，即仅以其所认购的股份为限对公司负责，公司的债权人也不得直接向股东主张债权或要求股东个人清偿公司债务。

（3）公司股份的均等性。股份有限责任公司的全部资本分成均等的股份，股份是构成公司资本的最小单位，也是计算股东权利义务的基本单位。

（4）股份有限责任公司是最典型的资合公司。股份有限责任公司的信用基础在于其资本，与公司成员的信用无关，股东只能以货币、实物、知识产权等出资，不能以信用或劳务出资。同时，股份有限责任公司的股份可以自由转让，股东的频繁变动对公司的存续及经营并无影响。

(5) 股份有限责任公司具有公开性。由于股份有限责任公司是向社会广泛募集资本，因此公司必须向社会公开其账目，以使社会公众了解公司的经营状况，进而决定是否应向公司投资等事项。

5.3.2 股份有限责任公司的设立

1. 设立股份有限责任公司的条件

设立股份有限责任公司应符合以下条件。

(1) 发起人符合法定人数。发起人是订立发起人协议，提出公司设立申请，认购公司股份，筹备公司成立，并对公司设立承担责任的人。自然人和法人均可以作为股份公司的发起人，但自然人发起人必须具有完全民事行为能力。法人作为发起人，则应是法律上不受特别限制的法人。

我国《公司法》规定，设立股份有限责任公司，应当有 2 人以上 200 人以下为发起人，其中须有半数以上的发起人在中国境内有住所。

发起人应当承担下列责任：① 公司不能成立时，对设立行为所产生的债务和费用负连带责任；② 公司不能成立时，对认股人已缴纳的股款，负有返还股款并加算银行同期存款利息的连带责任；③ 在公司设立过程中，由于发起人的过失致使公司利益受到损害的，应当对公司承担赔偿责任；④ 公司成立后，发起人未按照公司章程的规定缴足出资的，应当补缴，其他发起人承担连带责任；⑤ 公司成立后，发现作为设立公司出资的非货币财产的实际价额显著低于公司章程所定价额的，应当由交付该出资的发起人补足其差额，其他发起人承担连带责任。

(2) 发起人认购和募集的股本达到法定资本最低限额。我国《公司法》规定，股份有限公司注册资本的最低限额为人民币 500 万元。法律、行政法规对股份有限公司注册资本的最低限额有较高规定的，从其规定。

股份有限公司采取发起方式设立的，注册资本为在公司登记机关登记的全体发起人认购的股本总额。公司全体发起人的首次出资额不得低于注册资本的 20%，其余部分由发起人自公司成立之日起 2 年内缴足。其中，投资公司可以在 5 年内缴足。在缴足前，不得向他人募集股份。

股份有限公司采取募集方式设立的，注册资本为在公司登记机关登记的实收股本总额。

(3) 股份的发行、筹办事项符合法律规定。
(4) 发起人制订公司章程，采用募集方式设立的须经创立大会通过。
(5) 有公司名称，并建立符合股份有限公司要求的组织机构。
(6) 有公司住所。

2. 设立股份有限责任公司的程序

股份有限责任公司的设立可以采取发起设立和募集设立两种方式。发起设立是指由发起人认购公司应发行的全部股份而设立公司。募集设立是指由发起人认购公司应发行股份的一部分，其余股份向社会公开募集或者向特定对象募集而设立公司。由于股份公司的设立所需的注册资本过高，所以一般说来，募集方式是目前较为普遍采用的方式。

1）发起设立

（1）订立发起人协议。发起人协议是发起人之间以书面形式达成的共同设立公司、各自承担一定设立义务的合同，其仅规范发起阶段发起人之间的权利义务关系。发起人协议的主要内容一般包括：发起人的基本情况和拟设立的公司的基本情况，如发起人及其法定代表人的姓名、住所、国籍、职务及将要设立的公司的名称、住所和经营范围等；公司的设立方式；资本总额及发行的股份总数、注册资本、每一发起人认购股份的数额；出资方式、期限、每股的金额等；发起人的权利义务及内部的职责分工；协议生效和终止时间、所附条件及协议适用法律、纠纷解决办法等。发起人协议应由各发起人签字或盖章。

（2）订立公司章程。订立公司章程是设立股份有限责任公司的必经程序，是进行其他设立活动的基础。在发起设立方式下，章程须经全体发起人同意后生效。

（3）认足股份。以发起方式设立股份有限公司的，发起人应当以书面形式认足公司章程规定发行的股份。

（4）缴纳股款。

（5）建立公司机构。发起人首次缴纳出资后，应当选举董事会和监事会。

（6）申请设立登记。

2）募集设立

（1）订立发起人协议。

（2）订立公司章程。

（3）认购股份。根据《公司法》第85条的规定，发起人认购的股份不得少于公司股份总数的35%，法律、行政法规另有规定的，从其规定。

募集设立的发起人必须一次缴清股款或交付其他非货币出资，不允许分期缴纳。在募集设立中，只有发起人可以用法定的非货币财产出资，其余属于社会公众的认购只能用货币缴纳股款。

（4）办理公开募集申请及批准手续。根据《中华人民共和国证券法》（以下简称《证券法》）第12条规定，设立股份有限公司公开发行股票，应向国务院证券监督管理机构报送募股申请和下列文件：公司章程；发起人协议；发起人姓名或者名称；发起人认购的股份数、出资种类及验资证明；招股说明书；代收股款银行的名称及地址；承销机构名称及有关的协议。依照《证券法》规定聘请保荐人的，还应当报送保荐人出具的发行保荐书。法律、行政法规规定设立公司必须报经批准的，还应当提交相应的批准文件。

国务院证券监督管理机构对符合条件的募股申请，予以批准；对不符合条件的，不予批准。未经国务院证券管理机构批准，发起人不得向社会公开募集股份。

（5）公告和招募股份。发起人在募股申请得到主管机关批准后，即可向社会公告其招股说明书，邀请公众认购股份，同时制作认股书供认股人填写。

（6）缴纳股款。认股人应在规定期限内向代收股款的银行缴纳股款，股款一旦缴纳，即成为公司资产，不得抽回。股款缴足后，必须经法定的验资机关验资并出具证明。

（7）召开创立大会。根据《公司法》第90条的规定，发起人应当在缴足股款、验资证明出具之后的30内主持召开公司创立大会。凡是认购发行的股份并缴足了股款的人，都有权参与创立大会，行使决策权，表达自己的意思。发起人应当在创立大会召开15日前将会议日期通知各认股人或者予以公告。创立大会应有代表股份总数过半数的认股人出席，方可举行。

创立大会行使下列职权：审议发起人关于公司筹办情况的报告；通过公司章程；选举董事会成员；选举监事会成员；对公司的设立费用进行审核；对发起人用于抵作股款的财产的作价进行审核；发生不可抗力或者经营条件发生重大变化直接影响公司设立的，可以做出不设立公司的决议。

创立大会对上述所列事项做出决议，必须经出席会议的认股人所持表决权过半数通过。

（8）申请设立登记。董事会应于创立大会结束后 30 日内，向公司登记机关报送有关文件，申请设立登记。以募集方式设立股份有限公司公开发行股票的，还应当向公司登记机关报送国务院证券监督管理机构的核准文件。

公司登记机关自收到股份有限公司设立申请之日起 30 日内，做出是否予以登记的决定。对符合条件的，予以登记，发给营业执照；对不符合法定条件的，不予登记。

公司营业执照的签发日期为公司的成立日期。公司成立后，应当进行公告，还应当将募集股份的情况报国务院证券管理部门备案。

5.3.3 股份有限责任公司的股份

1. 股份的概念与特征

股份是股份有限责任公司资本构成的最小单位，公司的全部资本分为均等的股份，全部股份的总和构成公司资本总额。

股份具有以下特征。

（1）股份具有平等性。股份所代表的资本额一律相等，股份所表示的权利义务也一律平等。同次发行的同种类股份，其发行条件及发行价格均相同。

（2）股份具有不可分性。股份是资本构成的最小单位，不可再分。但股份的不可分性并不排除某一股份为数人所共有。当股份为数人所共有时，股权一般应由共有人推定一人行使。共有人对股份利益的分享，不是对股份本身的分割。

（3）股份表现为有价证券，可以自由转让。股份以股票为表现形式，股票是股份的证券形式。除法律对特定股份的转让有限制性规定外，股份可以自由转让和流通。

2. 股份的表现形式——股票

股票是股份有限责任公司签发的证明股东所持股份的凭证，是股份的外在表现形式。股票具有以下特征。

（1）股票是一种有价证券。股票作为一种有价证券，代表着股东的财产权，拥有股票就拥有股权，股票的转让即为股权的转让。

（2）股票是一种证权证券。股票是证明股权的证权证券。所谓证权证券，是指证券所代表的权利原已存在，证券只是起一种权利证书的作用。股票是股东权的表现形式，但股东权的产生并不是股票的制作，而是由于股东向公司出资而持有公司的股份。因此，股票仅仅是股东权存在的证明及股东行使权利的凭证。

（3）股票是要式证券。要式证券是指证券的制作及记载事项必须严格按法律规定进行，否则将导致证券的无效。各国公司法对股票的形式、内容一般都进行严格规定。

（4）股票是一种流通证券。股票可以在市场上流通，是一种典型的流通证券。股票流通的方式有两种：一种是上市交易，即到证券交易所挂牌交易；另一种是柜台交易。

3. 股份的种类

根据不同的标准，股份可以分成不同的种类。

（1）普通股与优先股，这是根据股东的权限划分的。普通股是公司股份中最基本的一类，普通股的股东在获得股息红利及公司解散时分得剩余资产的顺序后于优先股股东，但是对公司的重大问题有表决权。优先股是指在某些方面比普通股拥有优先权利的股份。优先股股东享有以下优先权：优先分得股息；在公司解散时可优先分得剩余资产。但是，优先股股东一般没有表决权。

（2）记名股与无记名股，这是根据股东是否被记名划分的。凡记载股东姓名的股份称为记名股，未记载股东姓名的股份称为无记名股。

（3）有票面金额股与无票面金额股，这是根据股票上是否标明股份的价值划分的。凡在股票上标明其价值的股份称为有票面金额股，未标明价值的股份称为无票面金额股。一些国家不允许发行无票面金额股。

4. 股份的发行

1）股份发行的原则

股份的发行，实行公平、公正的原则，同种类的每一股份应当具有同等权利。同次发行的同种类股票，每股的发行条件和价格应当相同；任何单位或者个人所认购的股份，每股应当支付相同的价额。

2）股份发行的方式与条件

股份的发行分为设立发行和新股发行两种方式。设立发行是指为使公司成立以募集到法定资本数额为目的的股份发行。新股发行是指在公司成立后，以增加公司资本或公司资本募足为目的的新股发行。

设立发行和新股发行的条件有所不同。

设立股份有限公司申请公开发行股票，应当符合下列条件：① 其生产经营符合国家产业政策；② 其发行的普通股限于一种，同股同权；③ 发起人认购的股本数额不少于公司拟发行的股本总额的35%；④ 在公司拟发行的股本总额中，发起人认购的部分不少于人民币3 000万元，但是国家另有规定的除外；⑤ 向社会公众发行的部分不少于公司拟发行的股本总额的25%，其中公司职工认购的股本数额不得超过拟向社会公众发行的股本总额的10%；公司拟发行的股本总额超过人民币4亿元的，证监会按照规定可以酌情降低向社会公众发行的部分的比例，但是最低不少于公司拟发行的股本总额的10%；⑥ 发起人在近3年内没有重大违法行为；⑦ 证券委规定的其他条件。

股份有限公司公开发行新股，应当符合下列条件：① 具备健全且运行良好的组织机构；② 具有持续盈利能力，财务状况良好；③ 最近3年财务会计文件无虚假记载，无其他重大违法行为；④ 经国务院批准的国务院证券监督管理机构规定的其他条件。

5. 股份的转让

股份转让是指通过转移股票所有权而转移股东权利的法律行为。由于股份采用股票形式，所以股份的转让也表现为股票的转让。

1) 股份转让的原则与限制

各国公司法对股份的转让大都采取自由转让的原则,以便股东及时转移风险,同时也方便潜在的投资者加入公司。但由于股份的转让可能影响到公司财产的稳定,某一部分股东对股份的处分也有可能损害另一部分股东的利益,因此,为了保护公司和股东的利益,各国公司法都对股份的转让做了必要的限制。

我国公司法在规定股份有限责任公司的股东持有的股份可以依法转让的同时,对股份的转让做了以下限制。

(1) 发起人持有的本公司股份,自公司成立之日起 1 年内不得转让。公司公开发行股份前已发行的股份,自公司股票在证券交易所上市交易之日起 1 年内不得转让。

(2) 公司董事、监事、高级管理人员应当向公司申报所持有的本公司的股份及其变动情况,在任职期间每年转让的股份不得超过其所持有本公司股份总数的 25%;所持本公司股份自公司股票上市交易之日起 1 年内不得转让。上述人员离职后半年内,不得转让其所持有的本公司股份。公司章程可以对公司董事、监事、高级管理人员转让其所持有的本公司股份做出其他限制性规定。

(3) 公司不得收购本公司股份。但是,有下列情形之一的除外:减少公司注册资本;与持有本公司股份的其他公司合并;将股份奖励给本公司职工;股东因对股东大会做出的公司合并、分立决议持异议,要求公司收购其股份的。

(4) 公司不得接受本公司的股票作为质押权的标的。

2) 股份转让的方式

股份的转让方式因股票种类的不同而有所差异。记名股票一般采取背书的方式进行转让,即由股票持有人在股票背面批注签章将股票转让给他人,另外还须由公司将受让人的姓名或名称记载于股东名册,否则不得以其转让对抗公司。无记名股票的转让采取交付的方式,由股东将股票交付给受让人即发生转让的效力。

6. 上市公司

1) 上市公司的概念

上市公司是指其股票在证券交易所上市交易的股份有限公司。

2) 股票上市交易的条件

根据《证券法》第 50 条的规定,股份有限公司申请股票上市,应当符合下列条件。

(1) 股票经国务院证券监督管理机构核准已公开发行。

(2) 公司股本总额不少于人民币 3 000 万元。

(3) 公开发行的股份达到公司股份总数的 25% 以上;公司股本总额超过人民币 4 亿元的,公开发行股份的比例为 10% 以上。

(4) 公司最近 3 年无重大违法行为,财务会计报告无虚假记载。

3) 股票上市交易的程序

股份有限责任公司申请其股票上市交易,应当报国务院或国务院授权证券管理部门批准,并依法报送有关文件。国务院或国务院授权证券管理部门对符合法定条件的股票上市申请予以批准,对不符合法定条件的不予批准。

股票上市交易申请被批准后,上市公司必须依照法律、行政法规的规定,公开其财务状况、经营情况及重大诉讼,在每会计年度内半年公布一次财务会计报告。上市公司的股票,应依照有关法律、行政法规及证券交易所交易规则上市交易。

4）股票上市交易的暂停与终止

《证券法》第55条规定，上市公司有下列情形之一的，由证券交易所决定暂停其股票上市交易：① 公司股本总额、股权分布等发生变化不再具备上市条件；② 公司不按照规定公开其财务状况，或者对财务会计报告做虚假记载，可能误导投资者；③ 公司有重大违法行为；④ 公司最近3年连续亏损；⑤ 证券交易所上市规则规定的其他情形。

《证券法》第56条规定，上市公司有下列情形之一的，由证券交易所决定终止其股票上市交易：① 公司股本总额、股权分布等发生变化不再具备上市条件，在证券交易所规定的期限内仍不能达到上市条件；② 公司不按照规定公开其财务状况，或者对财务会计报告做虚假记载，且拒绝纠正；③ 公司最近3年连续亏损，在其后一个年度内未能恢复盈利；④ 公司解散或者被宣告破产；⑤ 证券交易所上市规则规定的其他情形。

5.3.4 股份有限责任公司的组织机构

股份有限责任公司的组织机构包括股东大会、董事会、监事会和经理，这些机构的组成、职权等与有限公司组织机构的规定大体相同。

1. 股东大会

股份有限公司股东大会由全体股东组成。股东大会是公司的权力机构。

1）股东大会的职权

股份有限公司股东大会的职权与有限责任公司股东会的职权相同。

2）股东大会的会议召集

股东大会应当每年召开一次年会。有下列情形之一的，应当在2个月内召开临时股东大会：① 董事人数不足《公司法》规定的人数或者公司章程所定人数的2/3时；② 公司未弥补的亏损达实收股本总额的1/3时；③ 单独或者合计持有公司10%以上股份的股东请求时；④ 董事会认为必要时；⑤ 监事会提议召开时；⑥ 公司章程规定的其他情形。

股东大会会议由董事会召集，董事长主持；董事长不能履行职务或者不履行职务的，由副董事长主持；副董事长不能履行职务或者不履行职务的，由半数以上董事共同推举一名董事主持。

董事会不能履行或者不履行召集股东大会会议职责的，监事会应当及时召集和主持；监事会不召集和主持的，连续90日以上单独或者合计持有公司10%以上股份的股东可以自行召集和主持。

召开股东大会会议，应当将会议召开的时间、地点和审议的事项于会议召开20日前通知各股东；临时股东大会应当于会议召开15日前通知各股东；发行无记名股票的，应当于会议召开30日前公告会议召开的时间、地点和审议事项。

单独或者合计持有公司3%以上股份的股东，可以在股东大会召开10日前提出临时提案并书面提交董事会；董事会应当在收到提案后2日内通知其他股东，并将该临时提案提交股东大会审议。临时提案的内容应当属于股东大会的职权范围，并有明确议题和具体决议事项。

股东大会不得对通知中未列明的事项做出决议。

《公司法》和公司章程规定公司转让、受让重大资产或者对外提供担保等事项必须经股东大会做出决议的,董事会应当及时召集股东大会会议,由股东大会就上述事项进行表决。

3) 股东大会的议事规则

股东出席股东大会会议,所持每一股份有一表决权。但是,公司持有的本公司股份没有表决权。

股东大会做出决议,必须经出席会议的股东所持表决权过半数通过。但是,股东大会作出修改公司章程、增加或者减少注册资本的决议,以及公司合并、分立、解散或者变更公司形式的决议,必须经出席会议的股东所持表决权的 2/3 以上通过。

股东大会选举董事、监事,可以依照公司章程的规定或者股东大会的决议,实行累积投票制。所谓称累积投票制,是指股东大会选举董事或者监事时,每一股份拥有与应选董事或者监事人数相同的表决权,股东拥有的表决权可以集中使用。

股东可以委托代理人出席股东大会会议,代理人应当向公司提交股东授权委托书,并在授权范围内行使表决权。

2. 董事会

1) 董事会的组成及职权

股份有限公司设董事会,其成员为 5~19 人。

董事会成员中可以有公司职工代表。董事会中的职工代表由公司职工通过职工代表大会、职工大会或者其他形式民主选举产生。董事会设董事长一人,可以设副董事长。董事长和副董事长由董事会以全体董事的过半数选举产生。

股份有限公司董事会的职权与有限责任公司董事会的职权相同。

2) 董事会会议

董事会会议分为定期会议和临时会议。定期会议是在规定的时间召开的会议,董事会每年度至少召开两次会议,每次会议应当于会议召开 10 日前通知全体董事和监事。

临时会议是根据具有法定资格的人的提议召开的会议。代表 1/10 以上表决权的股东、1/3 以上的董事或者监事会,可以提议召开董事会临时会议。董事长应当自接到提议后 10 日内召集和主持董事会会议。

董事会会议应有过半数的董事出席方可举行。董事会做出决议,必须经全体董事的过半数通过。董事会决议的表决实行一人一票。

董事会会议应由董事本人出席;董事因故不能出席,可以书面委托其他董事代为出席,委托书中应载明授权范围。

董事应当对董事会的决议承担责任。董事会的决议违反法律、行政法规或者公司章程、股东大会决议,致使公司遭受严重损失的,参与决议的董事对公司负赔偿责任。但经证明在表决时曾表明异议并记载于会议记录的,该董事可以免除责任。

3. 监事会

1) 监事会的组成及职权

股份有限公司设监事会,其成员不得少于 3 人。监事会应当包括股东代表和适当比例的公司职工代表,其中职工代表的比例不得低于 1/3,具体比例由公司章程规定。监事会中的职工代表由公司职工通过职工代表大会、职工大会或者其他形式民主选举产生。

监事会设主席一人,可以设副主席。监事会主席和副主席由全体监事过半数选举产生。

监事会的职权适用有限责任公司监事会职权的规定。

2）监事会会议

监事会每6个月至少召开一次会议。监事可以提议召开临时监事会会议。

监事会主席召集和主持监事会会议；监事会主席不能履行职务或者不履行职务的，由监事会副主席召集和主持监事会会议；监事会副主席不能履行职务或者不履行职务的，由半数以上监事共同推举一名监事召集和主持监事会会议。

监事会的议事方式和表决程序，除《公司法》有规定之外，由公司章程规定。

监事会决议应当经半数以上监事通过。

4. 经理

股份有限公司设经理，由董事会决定聘任或者解聘。

《公司法》关于有限责任公司经理职权的规定，适用于股份有限公司的经理。

公司董事会可以决定由董事会成员兼任经理。

5. 公司董事、监事、高级管理人员的任职资格和义务

公司董事、监事、高级管理人员均为公司业务的执行权人和监督权人，因此有必要明确规定他们的任职资格及义务。

1）公司董事、监事、高级管理人员的任职资格

我国《公司法》规定了公司董事、监事、高级管理人员任职资格的消极条件。有下列情形之一的，不得担任公司的董事、监事、高级管理人员：① 无民事行为能力或者限制民事行为能力；② 因贪污、贿赂、侵占财产、挪用财产或者破坏社会主义市场经济秩序，被判处刑罚，执行期满未逾5年，或者因犯罪被剥夺政治权利，执行期满未逾5年；③ 担任破产清算的公司、企业的董事或者厂长、经理，对该公司、企业的破产负有个人责任的，自该公司、企业破产清算完结之日起未逾3年；④ 担任因违法被吊销营业执照、责令关闭的公司、企业的法定代表人，并负有个人责任的，自该公司、企业被吊销营业执照之日起未逾3年；⑤ 个人所负数额较大的债务到期未清偿。

除此之外，国家公务员不能兼任公司的董事、监事、高级管理人员。

2）公司董事、监事、高级管理人员的义务

（1）忠实义务。即董事、监事对公司负有忠实履行其职务的义务，也就是禁止背信弃义和自我交易，不得使自身利益与公司利益发生冲突。《公司法》第149条规定，董事、高级管理人员不得有下列行为：挪用公司资金；将公司资金以其个人名义或者以其他个人名义开立账户存储；违反公司章程的规定，未经股东会、股东大会或者董事会同意，将公司资金借贷给他人或者以公司财产为他人提供担保；违反公司章程的规定或者未经股东会、股东大会同意，与本公司订立合同或者进行交易；未经股东会或者股东大会同意，利用职务便利为自己或者他人谋取属于公司的商业机会，自营或者为他人经营与所任职公司同类的业务；接受他人与公司交易的佣金归为己有；擅自披露公司秘密；违反对公司忠实义务的其他行为。

董事、高级管理人员违反上述规定所得的收入应当归公司所有。

（2）注意义务。也称为善管义务和勤勉义务。这一义务要求董事、监事像普通谨慎人或善良管理人在相似的情况下给予合理的注意一样，机智谨慎、克尽勤勉地管理公司事务。

董事、监事、高级管理人员执行公司职务时违反法律、行政法规或者公司章程的规定，

给公司造成损失的,应当承担赔偿责任。

董事、高级管理人员违反法律、行政法规或者公司章程的规定,损害股东利益的,股东可以向人民法院提起诉讼。

案例 5-4

A饮料股份有限公司的董事刘某和另外两人合伙开办了一个饮料厂,生产的饮料与A公司饮料的包装、口味、生产方法等都相差无几。刘某另办饮料厂一事被A公司董事会察觉,董事会经研究决定罢免刘某的职务,向法院起诉,要求刘某赔偿其行为给A公司造成的损失。

本案中,刘某的行为违反了《公司法》有关公司董事、高级管理人员忠实义务的规定。《公司法》第149条规定,董事、高级管理人员不得有以下行为:未经股东会或者股东大会同意,利用职务便利为自己或者他人谋取属于公司的商业机会,自营或者为他人经营与所任职公司同类的业务,因此给公司造成损失的,应当承担赔偿责任。但A公司董事会的行为是错误的,A公司罢免公司董事职务,必须召开股东大会表决,而不应由董事会决定。另外,A公司应以公司的名义向法院起诉,请求刘某赔偿损失。

5.4 公司债券

5.4.1 公司债券的概念与种类

1. 公司债券的概念

公司债券是指公司依照法定程序发行、约定在一定期限还本付息的有价证券。

公司债券具有以下特征。

(1) 公司债券是一种有价证券,它代表着一定量的财产权利,持有者可凭其直接取得一定量的利息收入。

(2) 公司债券是流通证券,可以因转让、抵押而流转。

(3) 公司债券的债权人具有公众性,属于不特定的多数人。

2. 公司债券的种类

按照不同的分类方法,公司债券可以分为不同的种类。我国《公司法》规定的公司债券有以下几种。

(1) 记名公司债券与无记名公司债券。记名公司债券是指公司债券上记载债权人姓名或者名称的债券;无记名公司债券是指公司债券上不记载债权人姓名或者名称的债券。

(2) 可转换公司债券与不可转换公司债券。可转换公司债券是指在一定条件下可转换为公司股票的债券;不可转换公司债券是指不能转换为公司股票的债券。

可转换公司债券的持有人对转换股票或者不转换股票有选择权。可转换公司债券利率一般低于普通公司债券利率。

5.4.2 公司债券的发行

符合法律规定条件的股份有限责任公司、有限责任公司,可以发行公司债券。上市公司可以发行可转换公司债券。

1. 公司债券发行的条件

《公司法》规定,公开发行公司债券,应当符合下列条件。

(1) 股份有限公司的净资产不低于人民币 3 000 万元,有限责任公司的净资产不低于人民币 6 000 万元。

(2) 累计债券余额不超过公司净资产的 40%。

(3) 最近三年平均可分配利润足以支付公司债券一年的利息。

(4) 筹集的资金投向符合国家产业政策。

(5) 债券的利率不超过国务院限定的利率水平。

(6) 国务院规定的其他条件。

公开发行公司债券筹集的资金,必须用于核准的用途,不得用于弥补亏损和非生产性支出。

有下列情形之一的,不得再次公开发行公司债券。

(1) 前一次公开发行的公司债券尚未募足。

(2) 对已公开发行的公司债券或者其他债务有违约或者延迟支付本息的事实,仍处于继续状态。

(3) 违反法律规定,改变公开发行公司债券所募资金的用途。

2. 公司债券发行的程序

(1) 股东大会或股东会做出决议。股份有限责任公司、有限责任公司发行公司债券,要由董事会制订方案,股东大会或股东会审议做出决议;国有独资公司发行公司债券,由国有资产监督管理机构做出决定。

(2) 提出申请。公司有关机构做出发行债券的决议或决定后,应向国务院授权的部门或者国务院证券监督管理机构报请批准,并提交下列文件:① 公司营业执照;② 公司章程;③ 公司债券募集办法;④ 资产评估报告和验资报告;⑤ 国务院授权的部门或者国务院证券监督管理机构规定的其他文件。

(3) 核准。国务院证券管理部门对发行公司债券的申请进行审查,对符合法定条件的予以核准。

(4) 公告债券募集办法。发行公司债券的申请经国务院授权的部门核准后,应当公告公司债券募集办法。公司债券募集办法中应当载明下列主要事项:① 公司名称;② 债券募集资金的用途;③ 债券总额和债券的票面金额;④ 债券利率的确定方式;⑤ 还本付息的期限和方式;⑥ 债券担保情况;⑦ 债券的发行价格、发行的起止日期;⑧ 公司净资产额;⑨ 已发行的尚未到期的公司债券总额;⑩ 公司债券的承销机构。

(5) 发行债券。公司募集公告发出后,公司应在规定的期限内募集债款,同时制作公司债券。债券上应载明公司名称、债券票面金额、利率、偿还期限等事项,并由法定代表人签名,公司盖章。

5.4.3 公司债券的转让

公司债券可以转让,转让应当在依法设立的证券交易所或者在国务院批准的其他证券交易场所进行。证券在证券交易所上市交易,应当采用公开的集中交易方式或者国务院证券监督管理机构批准的其他方式,并按照证券交易所的交易规则转让。

公司债券的转让价格由转让人与受让人约定。对于记名公司债券,由债券持有人以背书方式或者法律、行政法规规定的其他方式转让;转让后由公司将受让人的姓名或者名称及住所记载于公司债券存根簿。

5.5 公司的财务会计

5.5.1 公司财务会计的基本要求

(1) 公司应当依照法律、行政法规和国务院财政部门的规定建立本公司的财务、会计制度。

(2) 公司应当在每一会计年度终了时编制财务会计报告,并依法经会计师事务所审计。财务会计报告应当依照法律、行政法规和国务院财政部门的规定制作。财务会计报告的内容主要包括资产负债表、损益表、财务状况变动表、财务情况说明书、利润分配表等财务报表及附属明细表。

有限责任公司应当依照公司章程规定的期限将财务会计报告送交各股东。股份有限公司的财务会计报告应当在召开股东大会年会的 20 日前置备于本公司,供股东查阅;公开发行股票的股份有限公司必须公告其财务会计报告。

(3) 公司除法定的会计账簿外,不得另立会计账簿。对公司资产,不得以任何个人名义开立账户存储。

(4) 公司聘用、解聘承办公司审计业务的会计师事务所,应依照公司章程的规定,由股东会、股东大会或者董事会决定。公司股东会、股东大会或者董事会就解聘会计师事务所进行表决时,应当允许会计师事务所陈述意见。

公司应当向聘用的会计师事务所提供真实、完整的会计凭证、会计账簿、财务会计报告及其他会计资料,不得拒绝、隐匿、谎报。

5.5.2 公司利润的分配

1. 公司利润分配方案的提出与批准

公司利润是指公司在一定时期内(1 年)生产经营的财务成果,包括营业利润、投资净收益和营业外收支净额。

公司当年税后利润分配方案由董事会制订,董事会依据《公司法》有关公司当年税后利润分配的规定,结合本公司当年盈余和上年度有无亏损的情况,制订出当年的税后利润分配方案,提交股东会或股东大会审议。股东会或股东大会对董事会提出的当年税后分配方案进行审议,须经出席会议的股东所持表决权的半数以上通过。经股东会或股东大会审议批准后的当年税后分配方案,交由董事会负责执行。

2. 公司税后利润分配的原则和顺序

公司利润分配的基本原则是"无盈不分,无利不分;多盈多分,少盈少分"。

根据我国《公司法》的规定,公司税后利润分配的顺序如下。

(1)弥补亏损。公司上一年度有亏损,且公司的法定公积金又不足以弥补上一年度亏损时,应先用公司的当年利润弥补亏损。

(2)提取法定公积金。公司当年利润在弥补亏损后,如果有剩余,应提取利润的10%列入法定公积金。公司法定公积金累积金额为公司注册资本的50%以上的,可不再提取。

(3)提取任意公积金。公司可以通过公司章程、股东会决议提取任意公积金。

(4)向股东分配股利。公司弥补亏损和提取公积金后所余税后利润,可以依法分配给股东。有限责任公司股东按照实缴的出资比例分取红利,但是全体股东约定不按照出资比例分取红利或者不按照出资比例优先认缴出资的除外。股份有限公司按照股东持有的股份比例分配,但股份有限公司章程规定不按持股比例分配的除外。

股东会、股东大会或者董事会违反上述规定,在公司弥补亏损和提取法定公积金之前向股东分配利润的,股东必须将违反规定分配的利润退还公司。

3. 公积金制度

公积金又称准备金,是公司根据法律或公司章程规定提留备用,不作为股利分配的部分所得或收益。

根据是否依法强制提取,公积金可分为法定公积金和任意公积金。

(1)法定公积金。法定公积金是指依照法律规定强制提取的公积金。法定公积金也称为强制公积金,其提取的比例和数额由法律直接规定,公司必须遵守,不得以公司章程或股东会议加以变通。

法定公积金按其来源不同,还可分为法定盈余公积金和法定资本公积金。法定盈余公积金是指在公司弥补亏损后,按法定比例在税后利润中提取的公积金。《公司法》规定,法定盈余为税后利润的10%。法定资本公积金是指由公司资本或资产及其他原因所形成的公积金。法定资本公积金主要来源于股票发行的溢价收入、接受赠与、资产增值、因合并而接受其他公司资产净额等。其中,股票发行溢价是上市公司最常见、最主要的资本公积金来源。

公司的公积金用于弥补公司的亏损、扩大公司生产经营或者转为增加公司资本。但是,资本公积金不得用于弥补公司的亏损。法定公积金转为资本时,所留存的该项公积金不得少于转增前公司注册资本的25%。

(2)任意公积金。任意公积金,也叫任意盈余公积金,是指根据公司章程或股东会决议于法定公积金外自由提取的公积金。《公司法》规定,公司从税后利润中提取法定公积金后,经股东会或者股东大会决议,还可以从税后利润中提取任意公积金。任意公积金由公司自行决定提取与否及提取多少,其用途可以由公司自行决定,没有法定限制。

5.6 公司的合并、分立、解散与清算

5.6.1 公司的合并

公司的合并是指两个以上的公司合并为一个公司的行为。

1. 公司合并的形式

公司的合并有两种方式：一是新设合并，即将现存的公司解散，成立一家新的公司；二是吸收合并，即将一个或一个以上的公司予以解散，而转归一家现存的公司。

我国《公司法》规定，公司合并可以采取吸收合并或者新设合并。一个公司吸收其他公司为吸收合并，被吸收的公司解散。两个以上公司合并设立一个新的公司为新设合并，合并各方解散。

2. 公司合并的程序

根据《公司法》第174条的规定，公司合并应当由合并各方签订合并协议，并编制资产负债表及财产清单。公司应当自作出合并决议之日起10日内通知债权人，并于30日内在报纸上公告。债权人自接到通知书之日起30日内，未接到通知书的自公告之日起45日内，可以要求公司清偿债务或者提供相应的担保。

合并协议经各公司股东会批准后，应当依法向公司登记机关办理变更登记。存续公司应进行变更登记，新设公司进行设立登记注册，被解散的公司应进行解散登记。

3. 公司合并的法律后果

公司合并后，主要产生以下法律后果。

（1）公司的消灭、变更和新设。在新设合并中，参与合并的公司均消灭，在此基础上产生一个新的公司，新设公司应办理设立登记。在吸收合并中，只有一个公司继续存在，其余公司消灭，存续的公司应办理变更登记。

（2）权利义务的概括转移。因合并而消灭的公司，合并各方的债权、债务应当由合并后存续的公司或者新设的公司承继。

（3）股东资格的当然承继。合并前公司的股东继续成为合并后存续公司或新设公司的股东。原来股东的股份按合并协议的规定转换为合并后公司的股份。

5.6.2 公司的分立

公司的分立是指一个公司分为两个以上的公司。

1. 公司分立的形式

公司分立可以采取存续分立和解散分立两种形式。存续分立是指一个公司分离成两个以上公司，原公司继续存在并设立一个以上新的公司。解散分立是指一个公司分解为两个以上公司，原公司解散并设立两个以上新的公司。

2. 公司分立的程序

公司分立的程序与公司合并的程序基本一样。公司分立要签订分立协议，清理财产、债

务，办理变更登记手续。《公司法》第176条规定，公司分立，其财产做相应的分割，应当编制资产负债表及财产清单。公司应当自作出分立决议之日起10日内通知债权人，并于30日内在报纸上公告。

3. 公司分立的法律后果

《公司法》第177条规定，公司分立前的债务由分立后的公司承担连带责任。但是，公司在分立前与债权人就债务清偿达成的书面协议另有约定的除外。

5.6.3 公司的解散与清算

1. 公司的解散

公司的解散是指公司资格的消灭。《公司法》第181条规定，公司因下列原因解散：① 公司章程规定的营业期限届满或者公司章程规定的其他解散事由出现；② 股东会或者股东大会决议解散；③ 因公司合并或者分立需要解散；④ 依法被吊销营业执照、责令关闭或者被撤销；⑤ 公司经营管理发生严重困难，继续存续会使股东利益受到重大损失，通过其他途径不能解决的，持有公司全部股东表决权10%以上的股东，可以请求人民法院解散公司。

2. 公司的清算

公司的清算是指公司解散时对其财产进行清理的过程。公司解散后，应指定清算人对公司的债权、债务和公司财产进行清理。

1）清算组的组成

《公司法》规定，公司解散的，应当在解散事由出现之日起15日内成立清算组，开始清算。有限责任公司的清算组由股东组成，股份有限公司的清算组由董事或者股东大会确定的人员组成。逾期不成立清算组进行清算的，债权人可以申请人民法院指定有关人员组成清算组进行清算。人民法院应当受理该申请，并及时组织清算组进行清算。

2）清算组的职权

清算组在清算期间行使下列职权：① 清理公司财产，分别编制资产负债表和财产清单；② 通知、公告债权人；③ 处理与清算有关的公司未了结的业务；④ 清缴所欠税款及清算过程中产生的税款；⑤ 清理债权、债务；⑥ 处理公司清偿债务后的剩余财产；⑦ 代表公司参与民事诉讼活动。

3）清算的程序

（1）登记、申报债权。清算组应当自成立之日起10日内通知债权人，并于60日内在报纸上公告。债权人应当自接到通知书之日起30日内，未接到通知书的自公告之日起45日内，向清算组申报其债权。债权人申报债权，应当说明债权的有关事项，并提供证明材料。清算组应当对债权进行登记。在申报债权期间，清算组不得对债权人进行清偿。

（2）清理公司财产，制定清算方案。清算组在清理公司财产、编制资产负债表和财产清单后，应当制定清算方案，并报股东会、股东大会或者人民法院确认。

（3）清偿公司债务。公司财产在分别支付清算费用、职工工资、社会保险费用和法定补偿金，缴纳所欠税款，清偿公司债务后的剩余财产，有限责任公司按照股东的出资比例分配，股份有限公司按照股东持有的股份比例分配。

清算期间，公司存续，但不得开展与清算无关的经营活动。公司财产在未依照上述规定清偿前,不得分配给股东。

(4) 注销公司登记并公告。公司清算结束后,清算组应当制作清算报告,报股东会、股东大会或者人民法院确认,并报送公司登记机关,申请注销公司登记,公告公司终止。

练习与实训

1. 名词解释题

公司　　公司法　　有限责任公司　　股份有限责任公司
股票　　债券　　公积金

2. 选择题

(1) 甲公司欲单独出资设立一家子公司,下列说法正确的是(　　)。
　　A. 子公司的名称中应当体现甲公司的名称字样
　　B. 子公司的营业地可不同于甲公司的营业地
　　C. 甲公司对子公司的注册资本必须在子公司成立时一次足额缴清
　　D. 子公司的组织形式只能是有限责任公司

(2) 根据公司法律制度的规定,下列人员中,可以担任有限责任公司监事的是(　　)。
　　A. 公司董事　　B. 公司股东　　C. 公司财务负责人　　D. 公司副经理

(3) 股份有限公司发生下列情形时,应当召开临时股东大会的有(　　)。
　　A. 董事人数不足公司章程所定人数的 1/2 时
　　B. 公司未弥补的亏损达到实收股本总额的 1/3 时
　　C. 持有公司股份 5% 的股东请求时
　　D. 监事会提议召开时

(4) 甲、乙、丙、丁拟设立一家商贸公司,就设立事宜分工负责,其中丙负责租赁公司运营所需仓库。因公司尚未成立,丙为方便签订合同,遂以自己名义与戊签订仓库租赁合同。关于该租金债务及其责任,下列哪些表述是正确的?(　　)
　　A. 无论商贸公司是否成立,戊均可请求丙承担清偿责任
　　B. 商贸公司成立后,如其使用该仓库,戊可请求其承担清偿责任
　　C. 商贸公司成立后,戊即可请求商贸公司承担清偿责任
　　D. 商贸公司成立后,戊即可请求丙和商贸公司承担连带清偿责任

(5) 甲公司欠乙公司货款 100 万元、丙公司货款 50 万元。2012 年 9 月,甲公司与丁公司达成意向,拟由丁公司兼并甲公司。乙公司原欠丁公司租金 80 万元。下列哪些表述是正确的?(　　)
　　A. 甲公司与丁公司合并后,两个公司的法人主体资格同时归于消灭
　　B. 甲公司与丁公司合并后,丁公司可以向乙公司主张债务抵销
　　C. 甲公司与丁公司合并时,丙公司可以要求甲公司或丁公司提供履行债务的担保
　　D. 甲公司与丁公司合并时,应当分别由甲公司和丁公司的董事会作出合并决议

3. 简答题

（1）简述公司的特征。
（2）简述有限责任公司设立的条件与程序。
（3）简述股份有限责任公司设立的条件与程序。
（4）简述有限责任公司的组织机构。
（5）简述公司董事、监事、高级管理人员的任职资格和义务。
（6）简述公司发行债券的条件及程序。
（7）简述公司合并、分立的形式、程序及法律后果。
（8）简述公司解散的原因。

4. 案例分析题

甲、乙、丙、丁决定共同投资设立红光汽车修理有限责任公司（以下简称为红光公司）。公司的注册资本为400万元，甲以房屋出资，作价100万元；乙以土地使用权出资，作价100万元；丙以现金100万元出资；丁以设备出资，作价100万元。上述股东在公司成立时实际缴纳现金100万元。

红光公司于2012年1月10日经过工商局注册登记并领取了营业执照。在公司成立后一周内，丙将自己出资的100万元抽回60万。而且，公司成立后发现，甲用以出资的房屋已经出售给刘某并在红光公司成立之前已经办理了产权过户手续。丁作为出资的设备经过重新评估价值仅为30万元。

红光公司的章程规定，未经公司股东会同意，不得出售公司经营性财产并不得进行非经营性支出。现在公司在经营过程中，出现3下列情况：①经过公司董事会同意，红光公司董事长王某将自己使用多年的一辆轿车按照现在新车的价格出售给红光公司，该笔交易使得红光公司损失25万元；②红光公司董事会将公司一处办公用房出售给某公司；③红光公司向当地工商银行贷款500万元；④乙想退出红光公司，准备将自己的股权转让给陈某，但是遭到其他股东的一致反对。

问题：
（1）股东在红光公司设立时的出资是否符合《公司法》的规定？为什么？
（2）红光公司成立后，对丁的出资瑕疵行为，应当如何处理？
（3）红光公司成立后，刘某能否要求红光公司返还甲出资的房屋？为什么？
（4）王某将自己的私人汽车转让给红光公司是否符合法律规定？为什么？
（5）现假设红光公司资不抵债，不能清偿银行贷款，银行的债权应当如何实现？红光公司的股东各应承担哪些责任？
（6）乙转让其股权需要满足哪些条件？

5. 实训题

任课教师提供设立有限责任公司相关法律文件的清单，由学生模拟准备有限责任公司设立登记的法律文件，熟悉有限责任公司设立的法律条件及公司设立登记的程序。

第3篇

经济主体行为法

第6章 合同法

 学习目标

本章介绍了合同的概念、特征,重点阐述了合同订立、合同效力、合同的变更和转让、合同履行、合同终止和违约责任等方面的法律内容。通过本章的学习,应达到以下目标:

- ☑ 熟悉合同订立的程序;
- ☑ 掌握合同效力的规定,包括合同生效条件、无效合同、可撤销合同、效力待定合同;
- ☑ 掌握合同履行的规则;
- ☑ 掌握合同变更、转让的规定;
- ☑ 掌握合同保全的方式;
- ☑ 掌握合同终止的情形;
- ☑ 掌握承担违约责任的条件、形式及免责情形。

 技能要求

1. 能够正确签订合同。
2. 能够正确审查合同。
3. 能够控制合同风险。

6.1 合同法概述

6.1.1 合同的概念与特征

1. 合同的概念

根据我国《民法通则》的规定,"合同是平等主体的自然人、法人、其他组织之间设立、变更终止民事权利义务关系的协议。婚姻、收养、监护等有关身份关系的协议，适用其他法律的规定"。简言之，合同是当事人设立、变更、终止民事权利义务关系的协议。

2. 合同的特征

作为一种平等主体之间的协议，合同具有以下特征。

（1）合同是两个或两个以上当事人的法律行为。

（2）合同是以设立、变更和终止民事权利义务关系为内容的协议。

（3）合同是当事人在平等自愿且意思一致的基础上成立的协议。

6.1.2 合同的分类

根据不同的标准，合同可以划分成不同的种类。

1. 有名合同与无名合同

这是根据合同的名称是否为法律所规定来划分的。有名合同是指法律上赋予一定名称，并以专门规范加以调整的合同。无名合同是指法律上没有确定的名称，也没有对其做出特别规范的合同。我国《合同法》中列出的买卖合同、租赁合同、运输合同等15种合同都是有名合同，《合同法》没有明文规定的合同，都是无名合同。在法律适用上，有名合同直接适用《合同法》总则和分则的规定；无名合同一般只适用《合同法》总则的规定，如果总则中没有明确规定的，可以参照适用《合同法》分则或者其他法律最相类似的规定。

2. 单务合同与双务合同

这是根据双方当事人权利义务的分担方式不同来划分的。双务合同是指双方当事人互相负有对待给付义务的合同。单务合同是指仅有一方负有对待给付义务的合同。大部分合同都是双务合同，只有少数几类合同属于单务合同，例如赠与合同、借用合同。

3. 有偿合同与无偿合同

这是根据合同双方当事人权利的取得是否付出相应代价来划分的。有偿合同是指合同一方依据合同获得某种利益，必须向对方支付相应代价的合同。无偿合同是指合同一方依据合同获得某种利益，不必向对方支付相应代价的合同。在经济生活中，常见的是有偿合同，如买卖合同、租赁合同、借贷合同等。无偿合同比较少，主要有赠与合同、借用合同。

4. 诺成合同与实践合同

这是根据合同的成立是否需要交付标的物为要件来划分的。诺成合同是指不需要交付标的物，只要当事人意思表示一致即可成立的合同；实践合同是指合同的成立除了双方当事人意思表示一致外，还需交付标的物才能成立的合同。买卖合同、租赁合同、承揽合同等大多数合同都属于诺成合同。一般认为，只有借用、保管等少数合同属于实践合同。

5. 要式合同与不要式合同

这是按照合同的成立是否需要采用特定的形式来划分的。要式合同是指法律规定必须采取特定形式的合同。在我国，"特定形式"一般包括特别指定的书面形式、公证、鉴证、批准和登记等形式。不要式合同是法律不要求必须采取特定形式的合同，当事人可以采用口头、书面或其他方式订立合同。目前，合同多为不要式合同。《合同法》中规定的技术开发、融资租赁等少数合同属于要式合同。

6. 主合同和从合同

这是根据合同是否具有从属性划分的。主合同是指不依赖其他合同即可单独存在的合同。从合同是指必须以其他合同的存在为其存在的前提，自身不能独立存在的合同。例如，借贷合同是主合同，为借贷合同设立的保证、抵押、定金等担保合同就是从合同。

6.1.3　我国合同立法的概况

合同法是调整平等主体之间的交易关系的法律，主要规范合同的订立、效力、履行、变更、转让、终止、违反合同的责任等问题。我国实行改革开放政策以来，先后于 1981 年制定了《中华人民共和国经济合同法》（于 1993 年进行了修订）、1985 年制定了《中华人民共和国涉外经济合同法》、1987 年制定了《中华人民共和国技术合同法》。1999 年 3 月 15 日，第九届全国人大第二次会议通过了《中华人民共和国合同法》（以下简称《合同法》），使我国的合同立法得到了进一步完善。

6.2　合同的订立

6.2.1　合同订立的程序

合同的订立是指合同当事人依法就合同的主要条款经过协商达成一致的法律行为。合同的订立程序主要包括要约和承诺两个过程。

1. 要约

1）要约的概念和构成条件

要约是一方当事人向另一方当事人发出的希望与之订立合同的意思表示。发出要约的一方称为要约人，接受要约的对方称为受要约人。

要约必须符合以下条件。

（1）要约必须由特定的当事人发出。

（2）要约必须向相对人发出。相对人一般为特定的人，但是，在特殊情况下，要约也可以向不特定的人发出，例如悬赏广告即是向不特定相对人发出的要约。

（3）要约必须反映订立合同的主观愿望。如果某一意思表示不具有订立合同的主观目的时，就不可能是要约，而只能是要约邀请。这是要约与要约邀请的根本区别。

（4）要约的内容必须明确具体。要约的内容必须使受要约人能够了解将来成立合同的主要内容，以便受要约人决定是否同意订立合同。这也是要约与要约邀请的一个重要差别。

2）要约的形式

要约的形式一般包括口头形式和书面形式。要约的口头形式是指要约人以直接对话或电话方式向相对人发出要约。要约的书面形式是指要约人用信函、电报、电传和传真等文字形式向相对人发出要约。至于要约具体应采取什么形式，一般根据将要签订的合同性质决定，如果要成立要式合同，则要约必须采取一定的书面形式。

3）要约的法律效力

符合法律规定的要约即对要约人和受要约人产生一定的法律效力。要约的法律效力主要包括以下内容。

（1）要约的生效时间。我国《合同法》在要约的生效时间上采用了到达主义，即要约只有在到达受要约人时才能发生法律上的效力。要约到达是指要约送达受要约人能够控制的地方。由于要约送达方式不同，其到达时间的确定也有所不同。采用口头方式的要约，在受要约人了解要约时即可生效；采用书面形式的要约，在要约到达受要约人时生效；采用数据电文形式订立合同的，收件人指定特定系统接受数据电文的，数据电文进入该特定系统的时间即视为到达时间；未指定特定系统的，该数据电文进入收件人的任何系统的首次时间为到达的时间。

（2）要约的存续期间。要约的存续期间即要约发生法律效力的期间。在此期间内，受要约人做出承诺，才会对要约人产生约束力，超过该期限的承诺，对要约人不生效力。按照我国《合同法》第23条的规定，承诺应该在以下时间到达：要约以对话方式做出的，受要约人应立即做出承诺，当事人另有约定的除外；要约以非对话方式做出的，如果要约中明确规定了存续期间的，承诺应在该期间的合理期限内做出，如果要约中没有规定存续期限的，承诺应在合理期限内做出。这里的合理期限的确定，应考虑如下因素：要约到达受要约人的时间；受要约人做出承诺所需要的时间；承诺到达受要约人所必需的时间。

（3）要约法律效力的内容。要约的法律效力包括对要约人的约束力和对受要约人的约束力两个方面。对要约人的约束力是指在要约有效期内，要约人不得随意变更或撤销要约。对受要约人的约束力是指要约经过受要约人的承诺，合同即告成立的效力，也称为承诺适格。也就是说，受要约人接到要约后即取得承诺的资格，有权决定是否做出承诺。当然，受要约人可以拒绝承诺，并且不需要通知要约人。

4）要约的撤回与撤销

（1）要约的撤回是指在要约生效前，要约人使其失去法律效力的意思表示。我国《合同法》规定要约可以撤回，其条件是撤回要约的通知必须在要约到达受要约人之前或同时到达受要约人。

（2）要约的撤销是指在要约生效后，要约人使其法律效力归于消灭的意思表示。我国《合同法》规定要约也可以撤销，条件是撤销要约的通知应当在受要约人发出承诺通知之前到达受要约人。同时，《合同法》还规定在以下两种情况下要约不得撤销：一是要约人确定了承诺期限或以其他方式明示要约是不可撤销的；二是受要约人有理由认为该要约是不可撤销的，并且已经为履行合同做了准备工作的。

5）要约的消灭

要约的消灭是指要约丧失了法律上的约束力。要约消灭后对要约人不再具有约束作用，同时受要约人也失去了承诺资格，即使其向要约人做出承诺，双方也不再产生合同关系。

导致要约失效的原因主要包括：① 拒绝要约的通知到达要约人；② 要约人依法撤销要约；③ 承诺期限届满，受要约人未做出承诺；④ 受要约人对要约的内容做出实质性变更。

6）要约邀请

要约邀请也称为要约引诱，是指希望对方向自己发出要约的意思表示，也就是一方当事人邀请对方向自己发出要约。要约邀请不是订立合同的必经程序，发出要约邀请的目的是促使对方向自己发出要约。根据我国《合同法》的规定，寄送商品价目表、招标公告、拍卖公告、招股说明书、商业广告等属于要约邀请。其中，商业广告的内容符合要约规定的，视为要约。

2. 承诺

1）承诺的概念和构成条件

承诺是受要约人同意要约的意思表示。承诺应符合以下条件，才具有法律上的约束力。

（1）承诺必须由受要约人或其代理人发出。只有受要约人才具有承诺的资格，其他人即使知道并同意要约内容，也不构成承诺，而只能视为是一项新的要约。

（2）承诺必须向要约人做出。

（3）承诺的内容应该和要约的内容相一致。如果受要约人对要约的实质性内容加以变更，就不构成有效承诺，而是对原要约的拒绝，只能被看作是一项新的要约，也称为"反要约"。根据我国《合同法》的规定，这里的实质内容包括合同的标的、数量、质量、价款或报酬、履行期限、履行地点和方式、违约责任和争议解决的方法。

（4）承诺必须在要约的有效期内做出。受要约人超过期限发出承诺的，除了要约人及时通知受要约人该承诺有效的以外，视为新要约。

2）承诺的方式

根据我国《合同法》的规定，承诺应以通知的方式做出。至于以何种方式通知，法律并未具体规定。一般认为，承诺的形式应与要约的形式相一致。

另外，《合同法》还规定，承诺应以通知的方式做出，但根据交易习惯或者要约表明可以通过行为做出承诺的除外。需要注意的是，以行为做出承诺，不包括单纯的沉默或不作为，除法律有特别规定或当事人另有约定外，沉默或不作为不能被视为承诺。

3）承诺的法律效力

（1）承诺生效的时间。《合同法》在承诺生效时间上也采取到达主义。《合同法》第26条规定："承诺通知到达受要约人时生效。承诺不需要通知的，根据交易习惯或者要约的要求做出承诺的行为时生效。"

（2）承诺法律效力的内容。承诺的通知一旦到达受要约人，合同即告成立。在承诺不需要通知的情况下，根据交易习惯或者要约的要求，受要约人做出承诺行为，也使承诺产生法律效力，合同成立。

4）承诺的撤回

承诺的撤回是指承诺人阻止承诺发生法律效力的意思表示。《合同法》规定，承诺可以撤回，条件是撤回承诺的通知应当在承诺通知到达要约人之前或者与承诺通知同时到达要约人。

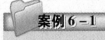

案例6-1

河南惠发医药有限公司承诺："决不出售假冒伪劣药品，假一罚十。"居民杜某在河南惠发医药有限公司购买了贵州盘县中药厂生产的"前列先通胶囊"药品2盒，单价82元，购买陕西旬邑制药厂生产的"喉毒清"药品4盒，单价125元。河南惠发医药有限公司的营业员向其开具了发票。杜某服用一段时间后，不但没有起到任何效果，反而经常出现头晕的不适症状。后经咨询药品管理部门得知，这两种药都是假药。杜某于是要求河南惠发医药有限公司按其公开的"假一罚十"的承诺履行赔偿责任，但遭到了拒绝。杜某将河南惠发医药有限公司告到法院，要求河南惠发医药有限公司返还购药款 664 元，并书面赔礼道歉，履行 10 倍假药赔偿款 6 640 元。

郑州市二七区人民法院审理认为，被告河南惠发医药有限公司发布的商业广告中称"决不出售假冒伪劣商品，假一罚十"等 8 项内容，内容具体、明确，符合合同的要约规定，原告依其约定购买了其出售的药品，应视为承诺，原、被告之间的买卖合同成立。被告未按约定，出售假药，应兑现其"假一罚十"的承诺。法院依照《中华人民共和国合同法》的有关规定，做出一审判决，判令被告退还原告杜某购药款 664 元，赔偿 6 640 元。

本案例说明，任何单位和个人，只要双方之间依法成立了合同，就必须严格履行合同约定，否则就应该承担相应的法律责任。在生产经营和生活活动中，必须严格遵守合同法的规定。

6.2.2 合同的内容

合同的内容是当事人的权利义务。合同的内容表现为合同的条款。根据合同自由原则，合同的内容由当事人约定。合同一般包括下列条款。

（1）当事人的名称或者姓名和住所。当事人是自然人的，其住所就是其户籍所在地的居住地；自然人的经常居住地与住所不一致的，其经常居住地视为住所。当事人是法人的，其住所是其主要办事机构所在地。法人有两个以上办事机构的，其主要办事机构所在地为法人的住所。

（2）标的。标的是合同权利义务所指向的对象，是一切合同必须具备的主要条款。标的应明确具体。合同的标的既可以是有形财产，也可以是无形财产，还可以是某种行为。

（3）数量和质量。对标的数量、质量的约定应明确、具体、规范、统一。

（4）价款或者报酬。价款是购买标的物所应支付的代价，报酬是获得服务应当支付的代价。

（5）履行期限、地点和方式。关于履行期限，当事人可以约定为即时履行、定时履行、或者分期履行。履行地点可以是在出卖人所在地，也可以约定为在买受人所在地。履行方式可分为一次交付和分批交付。

（6）违约责任。当事人可以在合同中约定违约金的支付方法、赔偿范围等。

（7）解决争议的方法。解决争议的方法主要有四种：一是当事人双方自行协商解决；二是由第三人介入进行中间调解；三是提交仲裁机构解决；四是向人民法院提起诉讼。

主要条款是一般合同常用的条款，除此之外，根据不同的情况，一些合同中也有特别约定的条款，如货物买卖中的标的物包装条款等。

6.2.3 合同的形式

合同的形式是指合同当事人意思表示一致的表现形式，是合同内容的外在表现。采用法律允许的形式，合同才能生效。我国《合同法》规定：当事人订立合同可以采用口头形式、书面形式和其他形式。

（1）口头形式是指当事人以言语方式订立合同。采用口头形式订立合同，较为简便易行。在无特别规定时，合同均可采用口头形式订立。

（2）书面形式是指以文字方式订立合同。根据我国《合同法》，合同书、信件和数据电文（包括电报、电传、传真、电子数据交换）都是合同的书面形式。

（3）其他形式主要指根据交易习惯或者事实推定而订立合同的形式。当事人未使用言语、文字而仅以行为表示其意思的，同样可以订立合同，例如向自动售货机投币购买商品等。

6.2.4 合同成立的时间和地点

1. 合同成立的时间

合同成立的时间一般是由承诺实际生效的时间所决定的。

如果要约是以信件或者电报发出的，承诺期限自信件载明的日期或者电报交发之日开始计算。信件未载明日期的，自投寄该信件的邮戳日期开始计算。

采用数据电文形式订立合同的，如果要约人指定了特定系统接受数据电文的，则要约人的承诺的数据电文进入该特定系统的时间视为承诺到达的时间；未指定特定系统的，该数据电文进入要约人的任何系统的首次时间视为承诺到达的时间。

以直接对话方式做出承诺，应以收到承诺通知的时间为承诺生效时间。

2. 合同成立的地点

一般来说，承诺生效的地点就是合同成立的地点。关于合同成立的地点，我国《合同法》第34条、第35条做了如下规定：采用数据电文形式订立合同的，收件人的主营业地为合同成立的地点；没有主营业地的，其经常居住地为合同成立的地点；当事人另有约定的，按照其约定；当事人采用合同书形式订立合同的，双方当事人签字或者盖章的地点为合同成立的地点。

3. 合同成立的特殊情况

在实际生活中大量存在着法律规定或当事人约定合同采用特定形式，而当事人未采用相应形式，但已经实际履行了合同的情况，对此，我国《合同法》第36条规定："法律、行政法规规定或者当事人约定采用书面形式订立合同，当事人未采用书面形式但一方已经履行主要义务，对方接受的，该合同成立。"

6.2.5 缔约过失责任

1. 缔约过失责任的概念

缔约过失责任是指在订立合同过程中，一方或双方当事人违反了诚实信用原则而负有的先合同义务，导致合同不成立，或合同虽然成立，但因不符合法定的生效条件而被确认无效或被撤销，给对方当事人造成信赖利益的损失时所应当承担的民事赔偿责任。

2. 缔约过失责任的构成要件

当事人承担缔约过失责任以违反先合同义务并造成损害为条件。具体来说，缔约过失责任的构成要件包括以下几个方面。

(1) 缔约当事人有违反先合同义务的行为。先合同义务是指在合同成立前的缔约过程中，当事人依据诚实信用原则而应负有的通知、协助、保护及保密等义务。

(2) 须有损害事实存在。与一般民事责任不同的是，作为缔约过失责任构成要件的损害是缔约相对人因相信合同有效成立而遭受的信赖利益的损失。信赖利益的减少既包括为订立合同而支出的必要费用，也包括因此而失去的商机。

(3) 违反先合同义务行为与损害事实之间有因果关系。

(4) 违反先合同义务一方当事人主观上有过错。这里的过错是指当事人未尽自己应尽和能尽的注意义务而导致合同不成立、无效、被撤销的过错。

3. 缔约过失责任的具体形式

《合同法》第42条规定了承担缔约过失责任的几种情形。

(1) 假借订立合同，恶意进行磋商。

(2) 故意隐瞒与订立合同有关的重要事实或者提供虚假情况。

(3) 有其他违背诚实信用原则的行为。

案例 6-2

2012年1月20日上午9时，张某到市中心一大型超市准备购物。由于当时是雪后初晴，天气寒冷，加上超市刚刚开门，其门前台阶上尚有一层冰未清理。当张某刚跨上该台阶，即摔倒在地。超市保安随即将不能动弹的张某送至附近的医院，并通知了张某的家人。经医院诊断张某为胫腓骨骨折，住院治疗15日，出院后休息3个月，花去医疗费2 500元。事后，张某向超市索赔，超市以张某未进入超市营业厅购物，双方之间并未形成买卖合同关系，其没有义务承担顾客在营业厅外的安全责任为由拒赔。2012年10月8日，张某向法院提起诉讼，要求超市赔偿医疗费、误工费、护理费、营养费等合计人民币7 321元。

法院经审理后认为，张某为购物而前往超市，其目的是与超市订立买卖合同。张某的行为属于要约行为。在此过程中受伤，超市应承担缔约过失责任。张某在上台阶时，未仔细观察，导致事故的发生，其自身也有一定责任。据此，法院判定超市赔偿张某各项损失合计5 000元。

本案中尽管张某尚未进入超市营业大厅，没有进行购物消费，但张某前往超市的目的是为了购物，其行为是一种欲与超市订立买卖合同的要约行为。因此，张某应认定为缔约一方的当事人，其因此而受伤应按照《合同法》有关缔约过失责任的规定处理。

6.3 合同的效力

合同效力是法律赋予依法成立的合同所产生的约束力。已成立的合同要在当事人之间产生约定的权利义务关系，必须具备法定的生效条件，只有完全符合生效要件的合同，才是有效合同，才能受到法律的保护。有些合同虽然已经成立，但因欠缺生效要件而不具备法律效力。根据我国《合同法》的规定,已成立的合同其效力情况包括 4 种:有效合同、无效合同、可变更可撤销合同、效力待定合同。

6.3.1 有效合同

1. 有效合同的概念

有效合同指具有法律约束力的合同。有效合同受到法律的保护。

2. 有效合同的构成条件

(1) 合同当事人订立合同时具有相应的缔约行为能力。根据我国《民法通则》和《合同法》的规定,完全民事行为能力人有权订立合同,限制民事行为能力人只能订立与其年龄、智力或精神状况相适应的合同,无行为能力人原则上不能订立合同。但是,限制民事行为能力及无民事行为能力人可以订立纯获利益的合同或者与其年龄、智力相适应的合同。法人的民事行为能力只能限制在其核准登记的生产经营和业务范围内,因此法人具有就其生产经营和业务范围内的缔约行为能力。

(2) 合同当事人意思表示真实。意思表示真实是合同有效的重要条件之一,一方在被欺诈、胁迫或者重大错误下订立的合同往往非其真实意思表示,属于无效或可撤销的合同。

(3) 合同不违反法律或社会公共利益。需要强调的是,合同不违反法律,是指合同不得违反强制性法律规范,对于任意性法律规范,当事人则可以不必完全遵守。

(4) 合同的标的必须确定或可能。合同标的确定是指合同标的在合同成立时必须确定,或者必须处于在将来履行时可以确定的状态。合同标的可能是指合同所规定的特定事项在客观上具有实现的可能性。如果合同标的属于事实不能、自始不能、客观不能、永久不能及全部不能中的任何一种情形,则合同无效。

6.3.2 无效合同

1. 无效合同的概念

无效合同是指合同虽然已经成立,但因欠缺合同生效要件,在法律上自始、确定、当然地不发生效力的合同。自始无效就是无效合同从合同订立时候起就是无效的。一旦无效合同被宣告无效,它的效力就要溯及到合同成立之时。确定无效是指无效的状态是明确的、肯定的。当然无效是指无效合同不需要任何人主张即当然不发生法律效力,任何人也都可以主张认定其无效。

根据合同无效的程度不同,可以将无效合同划分为部分无效和全部无效的合同。部分无效的合同是指合同的部分内容无效,而且无效的部分并不影响整个合同的法律效力。全部无效合同是指内容违法的合同,自始不具有法律效力。

2. 合同无效的原因

根据《合同法》第 52 条规定,有下列情形之一的,合同无效:

(1) 一方以欺诈、胁迫的手段订立合同,损害国家利益;

(2) 恶意串通,损害国家、集体或者第三人利益;

(3) 以合法形式掩盖非法目的;

(4) 损害社会公共利益;

（5）违反法律、行政法规的强制性规定。

案例 6-3

因开公司缺少资金，陈某与秦某签订了一份《上海市房地产买卖合同》，由陈某向秦某出售一套总价73万元的房屋，其中43.8万元向银行贷款。此后，双方办理了房屋产权过户手续。为通过银行的贷款申请审查，双方在没有实际支付房款的情况下，陈某向秦某出具了收到首付款29.2万元的收条。谁知弄假成真，秦某诉至法院，要求陈某一家立即搬离。

在法庭上，作为被告的陈某承认，当时双方签订房屋买卖合同，其实是恶意串通骗取贷款的行为。他说自己没有其他住房，无地可搬。秦某也承认，自己并没有支付过首付款。

法院认为，双方签订合同只是为了获取贷款开办公司，根本没有买卖房屋的意思表示。双方出具收条并且办理房屋产权过户，也只是为了通过贷款申请的审查。因此，双方是以房屋买卖的合法形式掩盖骗取银行贷款这一非法目的。根据我国《民法通则》和《合同法》的规定，以合法形式掩盖非法目的的合同是无效合同。由此，法院判定合同无效，不支持原告秦某的诉讼请求。

6.3.3 可变更可撤销合同

1. 可变更可撤销合同的概念

可变更可撤销合同是基于法定原因，当事人有权诉请法院或仲裁机构予以变更、撤销的合同。可变更可撤销合同是一种相对有效的合同，在有撤销权的一方行使撤销权之前，合同对双方当事人都是有效的。在当事人行使撤销权，法院或仲裁机构同意撤销该合同后，该合同无效。另外，当事人请求变更的，人民法院不得撤销。

2. 可变更可撤销合同的原因

根据《合同法》第54条的规定，下列合同，当事人一方有权请求人民法院或者仲裁机构变更或者撤销：

（1）因重大误解订立的；

（2）在订立合同时显失公平的；

（3）一方以欺诈、胁迫的手段或者乘人之危，使对方在违背真实意思的情况下订立的合同，受损害方有权请求人民法院或者仲裁机构变更或者撤销。

3. 撤销权及其行使

撤销权是撤销权人依其单方的意思表示使合同效力溯及既往的消灭的权利。因撤销原因不同，撤销权人也不同。重大误解中，误解人是撤销权人；显失公平中，遭受明显不公的人是撤销权人；欺诈、胁迫中，受欺诈、受胁迫的人是撤销权人。撤销权人行使撤销权，应采取请求法院或者仲裁机构裁判的方式。

撤销权可因以下原因消灭：

（1）具有撤销权的当事人自知道或者应当知道撤销事由之日起一年内没有行使撤销权；

（2）具有撤销权的当事人知道撤销事由后明确表示或者以自己的行为放弃撤销权。

案例 6-4

　　甲汽车销售公司与乙汽车制造公司签订了一份轿车买卖合同。由于甲公司的业务员王某对汽车型号不太熟悉，在签订合同时，将甲公司原先想买的 B 型号轿车写成了 A 型号轿车。虽然乙公司提供的型号不是甲公司原想购买的 B 型号轿车，考虑到 A 型号轿车质量也不错，甲公司按照合同约定提货并支付了货款，后来由于 A 型号轿车销售状况不佳，甲公司以重大误解为由要求撤销合同、退回车子、要回货款。

　　本案中，甲公司业务员的行为属于重大误解的行为。重大误解行为是可撤销、可变更的合同行为。依据《合同法》第 54 条的有关规定，因重大误解而订立的合同，当事人一方有权请求人民法院或者仲裁机构变更或者撤销合同。最高人民法院《关于贯彻执行〈中华人民共和国民法通则〉若干问题的意见（试行）》规定：行为人因对行为的性质、对方当事人、标的物的品种、质量、规格和数量等的错误认识，使行为后果与自己的思想相悖，并造成较大损失的，可以认定为重大误解。本案中，甲公司对购买标的发生了误解，并且价值巨大，应认定为重大误解，属于可撤销、可变更的合同行为。但甲公司不能再行使撤销权。根据《合同法》第 55 条的有关规定，具有撤销权的当事人知道撤销事由后明确表示或者以自己的行为放弃撤销权的，撤销权消灭。本案中，甲公司在明知车型有错的情况下，仍按合同约定提货，并支付货款，应视为以自己的行为放弃了撤销权。

6.3.4　效力待定合同

1. 效力待定合同的概念

　　效力待定合同也称为可追认的合同，是指合同虽然已经成立，但因其不完全符合合同生效条件，尚处于未生效状态，其生效与否取决于有权人是否表示追认。

2. 效力待定合同的原因

　　（1）限制民事行为能力人订立的合同。限制民事行为能力人订立的合同，经法定代理人追认后，该合同有效，但纯获利益的合同或者与其年龄、智力、精神健康状况相适应而订立的合同，不必经法定代理人追认。

　　对于限制行为能力人签订的合同，一方面法律赋予法定代理人有追认权，另一方面，为保护合同相对人的合法权益，法律又规定了相对人的催告权和撤销权。《合同法》第 47 条规定，相对人可以催告法定代理人在一个月内予以追认。法定代理人未做表示的，视为拒绝追认。合同被追认之前，善意相对人有撤销的权利。撤销应当以通知的方式做出。

　　（2）无权代理人订立的合同。《合同法》第 48 条规定，行为人没有代理权、超越代理权或者代理权终止后以被代理人名义订立的合同，未经被代理人追认，对被代理人不发生效力，由行为人承担责任。

　　相对人可以催告被代理人在一个月内予以追认。被代理人未做表示的，视为拒绝追认。合同被追认之前，善意相对人有撤销的权利。撤销应当以通知的方式做出。

　　（3）无处分权人订立的合同。无处分权人就是对他人财产没有权利进行处置的人。无处分权人处分他人财产而订立的合同必须经过权利人的追认，或者无处分权人在合同订立后取得了对财产的处分权，合同才能生效。

(4) 法定代表人越权订立的合同。法人或者其他组织的法定代表人、负责人超越权限订立的合同，如果合同相对人是善意的，该代表行为有效；如果相对人是恶意的，即知道或应当知道法定代表人、负责人的行为越权，而仍与之订立合同，该合同即为效力待定的合同。法人或其他组织对这种越权行为予以追认，则合同成为有效合同，否则这种合同就是无效的。

案例 6-5

2012年4月，上海申兴公司法定代表人刘某以申兴公司的名义，在广州与粤华公司签订了一份购销合同，刘某在合同书上加盖了申兴公司的印章。合同约定：由粤华公司向申兴公司供应不锈钢卷板500吨，每吨单价1.85万元，合同总价为925万元，1个月内交货。合同还约定申兴公司自签订合同后10天内按货款的20%作为定金汇入粤华公司的账户，货到后申兴公司需付50%货款方可提货，提货后按实际吨数7天内结清全部款项。合同签订后的第5天，粤华公司便将货物交给承运人船运公司，随后向刘某发出货物已装船通知。合同签订后的第10天，粤华公司发现申兴公司并没有按约定将定金185万元汇入其指定账户，于是向申兴公司发出催告通知。粤华公司被告知：根据申兴公司财务管理章程规定，公司支出100万元以上款项，须经董事会讨论通过，而刘某未经董事会讨论就决定支款925万元购入不锈钢卷板，其行为是超越权限的，故刘某与贵公司所签合同实属无效合同，我公司现要求解除合同。但粤华公司则坚持合同是有效的，要求申兴公司尽快支付定金和其余货款。申兴公司拒不同意，双方遂提起诉讼。

本案中，尽管申兴公司法定代表人与粤华公司签订合同的行为超越了其代表权限，但是对善意相对人粤华公司来说，它不知道刘某的这一行为属越权行为，申兴公司对其法定代表人刘某的代表权的限制只是对内有效，对外不能对抗善意相对人粤华公司，故该案中的合同是有效的，申兴公司不能以其法定代表人刘某越权签订合同为由要求解除合同，但可以就所遭受的损失向越权代表人追偿。

6.3.5 合同被确认无效和被撤销后的法律后果

无效的合同或者被撤销的合同自始没有法律约束力。这种无效虽然不能产生合同当事人所预期的法律后果，但无效合同的违法性会在当事人之间产生返还财产、赔偿损失的民事责任及其他法律责任。被撤销合同也会在当事人之间产生返还财产、赔偿损失的民事责任。

在无效合同或被撤销合同中，如果其无效或被撤销只涉及合同部分内容，不影响其他部分效力的，其余部分仍然有效。合同无效、被撤销或者终止的，不影响合同中独立存在的有关解决争议方法的条款的效力。

1. 返还财产

返还财产是指依合同已交付财产的当事人，在合同被确认无效或被撤销后，有权请求对方返还财产，同时接受财产一方当事人有返还财产的义务。

返还财产时,除了返还原物外,还应返还原物所生之孳息。返还财产的方式包括单方返还、双方返还。

2. 赔偿损失

赔偿损失是合同无效或被撤销后的另一个法律后果。《合同法》第58条规定,有过错的一方应当赔偿对方因此所受到的损失,双方都有过错的,应当各自承担相应的责任。

无效合同的损失不同于有效合同的违约损失,因此二者的赔偿范围也不同。在违约损失赔偿中,包括可得利益的损失,而无效合同不具备法律效力,当事人不可能从无效合同中获得预期的利益,因此在无效合同赔偿诚实信用原则中不存在预期利益的损失。

3. 追缴财产归国家所有或退还集体、第三人

《合同法》第59条规定,当事人恶意串通,损害国家、集体或者第三人利益的,因此取得的财产收归国家所有或者返还集体、第三人。

6.4 合同的履行

6.4.1 合同履行的概念与原则

1. 合同履行的概念

合同的履行是指当事人双方依据合同的条款,实现各自享有的权利,并承担各自负有的义务。合同履行是合同当事人订立合同的根本目的,也是《合同法》的核心内容。

2. 合同履行的原则

合同履行的原则是当事人在履行合同债务过程中应遵循的基本准则。合同履行的基本原则主要包括两个方面。

(1) 诚实信用原则。《合同法》第60条规定,当事人应当遵循诚实信用原则,根据合同的性质、目的和交易习惯履行通知、协助、保密等义务。

(2) 全面履行原则。全面履行原则,又称正确履行原则或适当履行原则,是指当事人必须按照合同关于标的、质量、数量、价款或报酬、履行期限、履行地点、履行方式的约定,正确而完整地履行自己的合同义务。

6.4.2 合同履行的具体规则

合同履行规则是指在合同履行过程中需要遵守的具体规范。合同履行的具体规则主要包括以下两个方面。

1. 按照法律规定或当事人约定的义务正确履行合同

法定义务是指法定合同义务,即当事人即使在合同中没有约定,依据法律规定也应承担的义务。法定义务主要包括:通知义务,即当事人应将自己履行义务的情况通知对方当事人;协助义务,指当事人应协助对方履行义务,以使合同能顺利履行;方便义务,是指为对方履行合同义务提供方便的义务;减损义务,即"防止损失扩大",是指由于主客观原因使一方遭受损失时,遭受损失的一方应采取必要的措施,以防止损失的扩大;保密义务,是指当事人对通过合同关系了解到的对方秘密应予以保守。

约定义务是当事人在交易过程中自行协商而达成的义务。

2. 合同内容约定不明确时的履行规则

(1) 订立补充协议。合同生效后,当事人就质量、价款或者报酬、履行地点等内容没有约定或者约定不明确的,可以协议补充。

(2) 适用合同有关条款或者交易习惯。双方当事人不能达成补充协议的,按照合同有关条款或者交易习惯确定。合同有关条款是指在当事人双方订立的合同中与该条款内容相关的其他条款。交易习惯是指同类交易所遵循的惯常做法,以及当事人历来的交易习惯。

(3) 适用合同法规定的补救规则。当事人就有关合同内容约定不明确,依照上述规则仍不能确定的,适用下列规定。

① 质量要求不明确的,按照国家标准、行业标准履行;没有国家标准、行业标准的,按照通常标准或者符合合同目的的特定标准履行。

② 价款或者报酬不明确的,按照订立合同时履行地的市场价格履行;依法应当执行政府定价或者政府指导价的,按照规定履行。

③ 履行地点不明确,给付货币的,在接受货币一方所在地履行;交付不动产的,在不动产所在地履行;其他标的,在履行义务一方所在地履行。

④ 履行期限不明确的,债务人可以随时履行,债权人也可以随时要求履行,但应当给对方必要的准备时间。

⑤ 履行方式不明确的,按照有利于实现合同目的的方式履行。

⑥ 履行费用的负担不明确的,由履行义务一方负担。

(4) 执行政府定价或政府指导价的合同履行规则。执行政府定价或者政府指导价的,在合同约定的交付期限内政府价格调整时,按照交付时的价格计价。逾期交付标的物的,遇价格上涨时,按照原价格执行;价格下降时,按照新价格执行。逾期提取标的物或者逾期付款的,遇价格上涨时,按照新价格执行;价格下降时,按照原价格执行。

(5) 向第三人履行债务的规则。当事人约定由债务人向第三人履行债务的,债务人未向第三人履行债务或者履行债务不符合约定,应当向债权人承担违约责任。

(6) 第三人代为履行债务的规则。当事人约定由第三人向债权人履行债务的,第三人不履行债务或者履行债务不符合约定,债务人应当向债权人承担违约责任。

6.4.3　双务合同履行中的抗辩权

双务合同履行中的抗辩权是指双务合同一方当事人在法定条件下对抗对方当事人的请求权、拒绝履行其债务的权利。它包括同时履行抗辩权和不安抗辩权。

1. 同时履行抗辩权

同时履行抗辩权是指双务合同的当事人一方,在对方未为对待给付前,有拒绝自己给付的权利。

同时履行抗辩权的行使应当符合以下构成要件:

(1) 双方当事人互负对待给付义务;

（2）须当事人双方负有的对待债务没有约定履行顺序；
（3）必须是对方未履行义务；
（4）对方的对待履行是可行的。

2. 不安抗辩权

1）不安抗辩权的概念

不安抗辩权是指双务合同成立后，应当先履行的当事人一方有证据证明对方不能履行合同义务，或者有不能履行合同义务的可能性时，在对方没有履行或提供担保前，有权中止履行合同义务。

2）不安抗辩权的适用条件

（1）当事人一方有先履行的义务。

（2）后履行义务一方当事人的履行能力明显降低，有不能履行的现实危险。根据《合同法》第68条的规定，应当先履行债务的当事人，有确切证据证明对方有下列情形之一的，可以中止履行：经营状况严重恶化；转移财产、抽逃资金，以逃避债务；丧失商业信誉；有丧失或者可能丧失履行债务能力的其他情形。

3）行使不安抗辩权的法律后果

当事人行使不安抗辩权，中止履行的，应当及时通知对方。对方提供适当担保时，应当恢复履行。中止履行后，对方在合理期限内未恢复履行能力并且未提供适当担保的，中止履行的一方可以解除合同。

当事人没有确切证据中止履行的，应当承担违约责任。

6.4.4 合同的保全

1. 合同保全的概念

合同的保全是合同债权人为防止合同债务人的财产不当减少而危害其合同债权，对合同关系以外的第三人所采取的保护合同债权的法律措施，包括债权人代位权和债权人撤销权。

2. 债权人代位权

1）债权人代位权的概念

代位权是指债务人怠于行使其对第三人享有的到期的权利，而对债权人的债权造成危害时，债权人为了保全自己的债权，可以以自己的名义代位行使债务人的债权。

2）债权人代位权的构成要件

债权人代位权的行使一般需要具备以下5个要件。

（1）债权人与债务人之间要有合法的债权债务存在。

（2）债务人对第三人的债权已到期。

（3）债务人怠于行使自己的权利。"怠于行使"表现为既不履行又不以诉讼方式或仲裁方式向第三人主张权利。

（4）必须是非专属于债务人本身的权利。专属于债务人自身的债权是指基于扶养关系、抚养关系、赡养关系、继承关系产生的给付请求权和劳动报酬、退休金、养老金、抚恤金、安置费、人寿保险、人身伤害赔偿请求权等权利。这些权利一般是与债务人的人格权、身份权相关的债权，与债务人的生活密切相关，故对这些债权不能由债权人代位行使。

（5）债权人有保全债权之必要，即债务人怠于行使其权利的行为使其债权人到期的债权有不能实现的危险。

3）债权人代位权的效力

（1）对于债权人的效力。债权人行使代位权不得超过债务人权利的范围，债权人行使代位权所支出的必要费用，由债务人偿还。

（2）对于债务人的效力。代位权行使的效果直接归属于债务人，债务人对其债权的处分权因代位权的行使而受到限制。

（3）对于第三人的效力。代位权的行使一般不影响第三人的利益和权利，因为第三人应履行自己的义务。在代位权行使时，第三人对债务人享有的抗辩权，如同时履行抗辩权、时效届满抗辩权等，均可以对抗债权人。

3. 债权人撤销权

1）债权人撤销权的概念

债权人的撤销权是指债权人对于债务人所为的危害债权的行为，可请求法院予以撤销的权利。我国《合同法》第74条规定："因债务人放弃到期债权或者无偿转让财产，对债权人造成损害的，债权人可以请求人民法院撤销债务人的行为。债务人以明显不合理的低价转让财产，对债权人造成损害，并且受让人知道该情形的，债权人也可以请求人民法院撤销债务人的行为。"

2）债权人撤销权的构成要件

（1）债务人实施了一定的危害债权的行为。这种危害债权的行为主要是指债务人减少其财产或增加其财产负担的行为，例如放弃债权、无偿转让财产、以明显不合理的低价转让财产、为第三人提供担保等。由于债务人的上述行为导致其责任财产减少，从而造成债权人的债权无法实现或者债权人的债权不能获得足额补偿，危害到了债权人的利益，债权人可行使撤销权。

（2）债务人和第三人均存在恶意。债务人的恶意是指其行为时明知其行为可能造成或加重其自身偿债能力的丧失，从而损害债权的主观心理状态。第三人在取得一定财产或利益时，已经知道债务人所实施的处分财产的行为有害于债权人的债权即为第三人恶意。如果第三人在受益后才知道债务人所实施的处分财产的行为有害于债权人债权的，债权人不能行使撤销权。

3）债权人撤销权的行使

债权人撤销权的行使必须由享有撤销权的债权人以自己的名义向人民法院提起诉讼，请求法院撤销债务人的危害债权的行为。撤销权的行使范围以债权人的债权为限，债权人行使撤销权的必要费用，由债务人负担。

债权人的撤销权自债权人知道或者应当知道撤销事由之日起1年内行使，自债务人的行为发生之日起5年内没有行使撤销权的，该撤销权消灭。

4）债权人撤销权的效力

债权人撤销权的效力根据法院判决的确定而产生，并对债权人、债务人及第三人均产生一定的效力。债务人的行为一旦被撤销，即自始不发生效力。第三人因该行为取得的财产，应返还债务人。债权人行使撤销权的必要费用，有权要求债务人负担。

案例6-6

原告刘某是某公司股东,其出资为400万元,占全部股份的27%。2008年4月28日,刘某与金某签订400万元股权转让协议。同日,某公司股东会通过决议,同意金某受让刘某的股份。同年7月18日,某公司向工商部门申请办理变更登记。因金某未支付转让款,刘某于2008年7月22日向法院提起诉讼,仅要求金某支付250万转让款。经一审、二审法院审理,判决金某应支付原告股份转让款250万元,判决于2009年12月24日生效。

在负有债务未清偿的情况下,2008年7月17日,金某与其女儿金女签订两份上海市房地产买卖合同,由金某分别以30万元、16.2万元的价格将上海市中山北路98.86平方米及共和新路64.65平方米房屋共两套,分别以每平方米3 034.60元、每平方米2 505.80元的价格转让给金女(1985年12月15日出生,签订合同时系学生)。2008年7月22日,金女领取房屋产权证。

根据上海二手房指数报告,与这两套房屋相仿的地段房屋当时价格平均每平方米分别为5 743元、4 971元。2008年10月20日,刘某向法院起诉,要求撤销金某与金女之间转让两套房屋的行为。

上海市静安区人民法院审理后认为,刘某与金某签订的股权转让协议已经法院生效判决确认并处于强制执行状态,但金某一直未清偿协议约定的债务。

2008年7月金某父女间转让房产时,金女是未成年学生。按照常识,未成年人无收入来源,一般不可能支付房屋对价。审理中,两被告也未出示证据证明金女有收入来源,以及实际给付金某房屋对价的事实,因此转让实质上是赠与,即无偿转让。金某是金女的法定代理人,金某既做出出售房屋的表示,同时又代理金女做出房屋买受的意思表示,而且从合同内容上显示,房屋以不合理的低价转让,不属于正常的买卖行为。

法院认为,金某在对外负有债务的情况下,仍故意将房屋转让,并已实际造成债务履行的不能,损害了刘某的债权。刘某要求撤销转让行为,符合法律与事实,可予准许。依照《合同法》第74条的规定,法院判决撤销金某转让房屋的行为。

6.5 合同的变更与转让

6.5.1 合同的变更

1. 合同变更的概念

合同的变更是指合同成立后履行完毕前,合同主体对合同的内容达成协议予以修改或补充。

2. 合同变更的条件

(1)当事人之间存在有效合同关系。在合同无效、效力未定的合同未被追认等情形下,由于不存在合同关系，因此不发生合同的变更。

（2）合同的变更须依当事人约定或依法律规定。合同变更主要通过当事人协商，当事人协商一致，可以变更合同。在法律规定的一些情况下，合同也可以变更。

（3）合同变更须遵守法律要求的方式。当事人协议变更合同，可以采取书面形式或其他方式。法律、行政法规规定变更合同应当办理批准、登记等手续的，依照其规定。

（4）合同内容须发生变化。合同内容的变更通常包括：标的的变更、数量的增减、质量的改变、价款或酬金的增减、履行期限的变更、履行地点的改变、履行方式的改变等。

3. 合同变更的效力

合同变更的实质是以变更后的合同代替原合同，因此当事人须按变更后的合同履行。

合同变更仅对未履行部分发生法律效力，对已履行部分没有溯及力，当事人不得主张对已履行完毕的债权债务关系按变更后的内容重新履行。

6.5.2 合同的转让

1. 合同转让的概念

合同的转让实际上是合同权利义务的转让，是指合同当事人一方依法将合同权利义务全部或部分地转让给第三人。与合同变更不同，合同转让是合同的主体发生变更，转让时不改变合同的内容。合同转让包括合同权利的转让、合同义务的转让和合同权利义务的概括转让。

2. 合同权利的转让

1）合同权利转让的概念

合同权利的转让也称为债权转让，是指不改变合同的内容，合同债权人将其权利转让给第三人的行为。其中，转让权利一方称为让与人，接受权利一方称为受让人。

合同权利转让可分为全部转让和部分转让。合同权利全部转让的，原债权人退出合同关系，受让人成为债权人；合同权利部分转让的，原债权人与受让人共同成为债权人。

2）合同权利转让的范围

一般情况下，法律允许债权人的转让行为，只要不违反法律和社会公德，债权人可以转让其权利。但是，为了维护社会公共利益和交易秩序，平衡合同双方当事人的权益，法律又应当对权利转让的范围进行一定的限制。根据《合同法》第 79 条的规定，下列合同权利不得转让：① 根据合同性质不得转让的权利；② 按照当事人的约定不得转让的权利；③ 法律规定不得转让的权利。

3）合同权利转让的程序

债权人转让权利的，应当通知债务人，即采用通知主义。未经通知，该转让对债务人不发生效力。法律、行政法规规定转让权利应当办理批准、登记等手续的，应当按照规定办理。转让生效后，债务人应向受让人清偿债务，债务人对原债权人的抗辩权，可以向新债权人主张。

3. 合同义务的转让

1）合同义务转让的概念

合同义务的转让是指债务人经债权人同意，将合同的义务全部或者部分地转让给第三人的行为。

合同义务转让分为全部转让和部分转让两种情况。在全部转让中,新的债务人完全取代旧的债务人,新的债务人负责全面的履行合同义务;在部分转让情况下,新的债务人加入到原债务中,和原债务人一起向债权人履行义务。

2)合同义务转让的程序

与债权转让采取通知主义不同,债务的转让采用同意主义,即债务的转让须经债权人的同意。《合同法》第84条规定:"债务人将合同的义务全部或者部分转移给第三人的,应当经债权人同意。"债务人不论转让的是全部义务还是部分义务,都需要征得债权人同意。未经债权人同意,债务人转让合同义务的行为对债权人不发生效力,债权人有权拒绝第三人向其履行,同时有权要求债务人履行义务并承担不履行或者迟延履行合同的法律责任。

4. 合同权利义务的概括转让

1)合同权利义务概括转让的概念

合同权利义务的概括转让是指合同当事人一方在不改变合同的内容的前提下将其合同的权利义务一并转让给第三人。《合同法》第88条规定:"当事人一方经对方同意,还可以将在合同中的权利和义务一并转让给第三人。"

2)合同权利义务转让的程序

合同权利义务的概括转让可以通过当事人之间的约定而发生,也可以通过法律规定而产生。因法律规定方式概括转让的,最常见的当属企业的合并和分立。《合同法》第90条规定:"当事人订立合同后合并的,由合并后的法人或者其他组织行使合同权利,履行合同义务。当事人订立合同后分立的,除债权人和债务人另有约定的以外,由分立的法人或者其他组织对合同的权利和义务享有连带债权,承担连带债务。"

6.6 合同的终止

6.6.1 合同终止的概念

合同的终止是指依法生效的合同,因具备法定情形和当事人约定的情形,债权、债务消灭,债权人不再享有合同权利,债务人不必履行合同义务。

6.6.2 合同终止的原因

根据《合同法》第91条规定,有下列情形之一的,合同的权利义务终止:①债务已经按照约定履行;②合同解除;③债务相互抵销;④债务人依法将标的物提存;⑤债权人免除债务;⑥债权债务同归于一人;⑦法律规定或者当事人约定终止的其他情形。

1. 债务已经按照约定履行

债务已经按照约定履行,也称为清偿,是合同终止的一般原因。

2. 合同解除

合同的解除是指合同有效成立后未履行完毕前,当具备法律规定的合同解除条件时,因当事人一方或双方的意思表示而使合同关系归于消灭的行为。

根据《合同法》的规定，合同解除主要包括约定解除和法定解除两种。

（1）约定解除是指当事人根据事先约定的解除条件或经当事人协商一致而解除合同。《合同法》第93条规定："当事人协商一致，可以解除合同。当事人可以约定一方解除合同的条件。解除合同的条件成就时，解除权人可以解除合同。"

（2）法定解除是指法律规定的解除条件出现时，当事人一方行使法律规定的合同解除权而使合同终止的行为。根据《合同法》第94条的规定，有下列情形之一的，当事人可以解除合同：① 因不可抗力致使不能实现合同目的；② 在履行期限届满之前，当事人一方明确表示或者以自己的行为表明不履行主要债务；③ 当事人一方迟延履行主要债务，经催告后在合理期限内仍未履行；④ 当事人一方迟延履行债务或者有其他违约行为致使不能实现合同目的；⑤ 法律规定的其他情形。

3. 债务相互抵销

债务相互抵销是指当事人互负到期债务，互享债权，以自己的债权充抵对方的债权，使自己的债务与对方的债务在等额内消灭。抵销分为法定抵销和约定抵销。

法定抵销是指由法律规定其构成要件，当要件具备时，依当事人一方的意思表示即可发生抵销的效力。《合同法》第99条规定了法定抵销的条件：须当事人互负债务；双方债务均已到期；债务的标的物种类、品质相同；不属于依照法律规定或者按照合同性质不得抵销的债务。

约定抵销是指由当事人自行达成协议而抵销。《合同法》第100条规定："当事人互负债务，标的物种类、品质不相同的，经双方协商一致，也可以抵销。"

当事人主张抵销的，应当通知对方，通知自到达对方时生效。抵销不得附条件和期限。双方互负的债务不对等时，债务数额大的一方对超出的债务仍应负清偿责任。

4. 债务人依法将标的物提存

提存是指由于债权人的原因而使债务无法履行时，债务人将该标的物交给提存机关而消灭债务的制度。

根据《合同法》第101条的规定，有下列情形之一，难以履行债务的，债务人可以将标的物提存：债权人无正当理由拒绝受领；债权人下落不明；债权人死亡未确定继承人或者丧失民事行为能力未确定监护人；法律规定的其他情形。

标的物提存后，除债权人下落不明的以外，债务人应当及时通知债权人或者债权人的继承人、监护人。

自提存之日起，债务人的债务归于消灭。标的物提存后，毁损、灭失的风险由债权人承担。提存期间，标的物的孳息归债权人所有。提存费用由债权人负担。债权人领取提存物的权利，自提存之日起5年内不行使而消灭，提存物扣除提存费用后归国家所有。

5. 债权人免除债务

债权人免除债务是指债权人单方面放弃债权从而消灭合同债务的行为。

6. 债权债务同归于一人

债权和债务同归于一人的，也称为混同，是指合同的债权人和债务人合为一体。混同的原因主要有两种，一种是当事人的合并，另一种是债权债务的转让。《合同法》第106条规定:"债权和债务同归于一人的,合同的权利义务终止,但涉及第三人利益的除外。"

6.7 违约责任

6.7.1 违约责任概述

1. 违约责任的概念

违约责任是指合同当事人因违反合同义务而应该承担的责任。

2. 违约责任的特征

(1) 违约责任是当事人不履行或不适当履行合同义务而产生的责任。首先,违约责任是违反有效合同的责任,合同有效是承担违约责任的前提和基础。其次,违约责任以当事人不履行或不适当履行合同为条件。

(2) 违约责任具有补偿性和一定的任意性。违约责任的补偿性是指违约责任以补偿守约方因违约行为所受损失为主要目的,以损害赔偿为主要责任形式,具有补偿性质。

违约责任的任意性是指违约责任可以由当事人在法律规定的范围内约定,具有一定的任意性。《合同法》第114条规定:"当事人可以约定一方违约时应当根据违约情况向对方支付一定数额的违约金,也可以约定因违约产生的损失赔偿额的计算方法。"

(3) 违约责任具有相对性。违约责任的相对性是指违约责任只发生于合同当事人之间,合同关系之外的第三人不承担违约责任,合同当事人也不向其承担违约责任。

6.7.2 违约责任的归责原则及构成要件

1. 违约责任的归责原则

违约责任的归责原则是指确定行为人违约责任的根据和标准。我国《合同法》在违约责任归责原则上采取了严格责任原则,即除了有免责事由外,只要当事人不履行合同或不适当履行合同,就应承担违约责任,而不必考虑违约一方主观上是否存在过错。

2. 违约责任的构成要件

违约责任的构成要件是指合同当事人承担违约责任必须具备的条件。由于我国《合同法》在违约责任上采取的是无过错原则,因此,只要当事人有违约行为,就应当承担违约责任,即违约行为是违约责任的构成要件。

根据《合同法》的规定,违约行为主要包括以下几种。

(1) 不履行。不履行是指当事人一方不履行全部合同义务,以致合同目的不能实现。不履行又包括实际不履行和预期违约两种情况。

实际不履行还可以分为拒绝履行和根本违约两种形态。拒绝履行是指当事人一方无正当理由拒绝履行合同义务的行为,这种拒绝既可以是明示的,也可以是默示的。根本违约是指当事人一方迟延履行或有其他违约行为,导致合同目的根本不能实现。

预期违约是指在合同履行期到来前,一方当事人明确表示或者以自己的行为表明将来不履行合同义务。一方当事人预期违约的,对方可以在履行期限届满之前要求其承担违约责任。

(2) 不适当履行。不适当履行也称为不完全履行,是指虽然当事人一方履行了合同义务,但其履行不符合合同约定。不适当履行一般包括数量、质量、地点、方式等方面不符合合同约定。

(3) 迟延履行。迟延履行是指在合同履行期届满时没有履行,包括债务人的迟延履行和债权人的迟延履行两种情况。

6.7.3 承担违约责任的方式

根据我国《合同法》的规定,当事人承担违约责任的方式包括以下几种。

1. 继续履行

继续履行是指当事人违反合同后,根据对方当事人的请求,对原合同未履行的部分继续履行。《合同法》第 110 条规定:"当事人一方不履行非金钱债务或者履行非金钱债务不符合约定的,对方可以要求履行,但有下列情形之一的除外:① 法律上或者事实上不能履行;② 债务的标的不适于强制履行或者履行费用过高;③ 债权人在合理期限内未要求履行。"

2. 采取补救措施

采取补救措施是指当事人在履行合同过程中,因质量不符合约定,由违约方采取的修理、重作、更换、退货、减少价款或者报酬等措施。

3. 赔偿损失

赔偿损失是指因一方当事人的违约行为而给对方当事人造成财产损失时,向对方当事人所做的经济赔偿。损失赔偿额应当相当于因违约所造成的损失,包括合同履行后可以获得的利益,但不得超过违反合同一方订立合同时预见到或者应当预见到的因违反合同可能造成的损失。

4. 支付违约金

违约金是合同当事人在合同中预先约定的当一方不履行合同或不完全履行合同时,由违约的一方支付给对方的一定金额的货币。

根据《合同法》第 114 条的规定:当事人可以约定一方违约时应当根据违约情况向对方支付一定数额的违约金,也可以约定因违约产生的损失赔偿额的计算方法。约定的违约金低于造成的损失的,当事人可以请求人民法院或者仲裁机构予以增加;约定的违约金过分高于造成的损失的,当事人可以请求人民法院或者仲裁机构予以适当减少。当事人就迟延履行约定违约金的,违约方支付违约金后,还应当履行债务。

6.7.4 违约责任的免除

违约责任的免除是指当事人的行为虽然违反了合同,但是根据法律的规定或当事人的约定而不承担违约责任。能够免除违约责任的事由主要包括两种,即法定事由和免责条款。

1. 法定事由

(1) 不可抗力。法定的免责事由最主要的是不可抗力。不可抗力是指合同订立后发生的,当事人不能预见、不能避免、不能克服的客观情况。不可抗力一般包括两种:一种是自然现象，如地震、暴风雨、泥石流等；一种是社会事件，如战争、罢工、动乱等。

《合同法》规定：因不可抗力不能履行合同的，根据不可抗力的影响，部分或者全部免除责任，但法律另有规定的除外。当事人迟延履行后发生不可抗力的，不能免除责任。

此外，当事人还可约定不可抗力的范围。

当事人一方因不可抗力不能履行合同的，应当及时通知对方，以减轻可能给对方造成的损失，并且在合理期限内提供有关机构出具的证明。

（2）债权人的过错。由于债权人的过错导致债务人不履行合同义务的，债务人不承担违约责任。

（3）货物本身的自然性质或合理损耗。

2. 免责条款

免责条款是指合同双方当事人在合同中约定一定的事由或条件，如果违约行为符合双方约定的事由或条件，即可免除违约方的违约责任。

免责条款一般体现在格式条款中。由于制定格式条款的一方往往是经济强者，接受格式条款的一方是普通消费者，为维护合同公平，《合同法》对免责条款做出了限制。

（1）提供格式条款一方免除其责任、加重对方责任、排除对方主要权利的，该条款无效。

（2）对格式条款的理解发生争议的，应当按通常理解予以解释。对格式条款有两种以上解释的，应当做出不利于提供格式条款一方的解释。格式条款和非格式条款不一致的，应当采用非格式条款。

（3）合同中的下列免责条款无效：① 造成对方人身伤害的；② 因故意或者重大过失造成对方财产损失的。

练习与实训 >>>

1. 名词解释题

| 合同 | 要约 | 承诺 | 合同保全 | 债权人代位权 |
| 债权人撤销权 | 提存 | 抵销 | 混同 | |

2. 选择题

（1）我国《合同法》规定属于实践合同的有（   ）。

　　A. 买卖合同　　　B. 定金合同　　　C. 保管合同　　　D. 租赁合同

（2）甲在其承包的商店里向乙出售一套价值2 000元的西服，恰好有人找甲，甲去隔壁接电话，甲嘱咐前来看望他的朋友丙说："请帮我看管一下店，我马上回来。"甲出去以后，乙提出其有事不能久呆，要求丙尽快将西服卖给他，丙提出要等待甲回来。后来丙见乙要走，于是答应代替甲出售该西服。双方经过协商以1 800元的价格将西服出售给乙。甲回来以后，得知西服以1 800元的价格被出售，觉得卖亏了，立即找到乙要求退款并取回西服。下列说法正确是（   ）。

A. 丙的行为构成表见代理，乙可以拒绝返还西服
B. 丙的行为构成无权代理，甲可以要求乙返还西服
C. 丙的行为构成表见代理，但买卖合同的效力未定
D. 丙的行为构成无权代理，买卖合同的效力未定，甲可以行使撤销权不予追认

(3) 甲公司按照乙公司提供的格式合同与乙公司签订货运合同，合同标的 500 万元，运费 10 万元。因货物丢失，甲公司向乙公司索赔，乙公司只愿按合同中"货物丢失一律按运费的 2 倍进行赔付"的规定赔偿甲公司 2 倍运费，为此引起纠纷。该货运合同中责任条款的效力（　　）。
A. 有效　　　　　B. 无效　　　　　C. 效力待定　　　　　D. 可撤销

(4) 甲公司向乙公司购买一批建材，双方约定由丙公司代替乙公司向甲公司交货。丙公司遂委托丁公司将该批建材运输至甲公司所在地，由于戊公司驾驶员徐某疲劳驾驶，徐某所驾车辆与丁公司的车辆相撞，致使丁公司运输的建材部分损失并且未能如期向甲公司交货，引起纠纷。依法应由（　　）向甲公司承担违约责任。
A. 乙公司　　　　B. 丙公司　　　　C. 丁公司　　　　D. 戊公司

(5) 上海某甲公司向广州某乙公司合同订购一套大型成套设备。双方约定，乙公司分三批向甲公司交付，每批货物在甲公司验收后向乙公司支付相应货款，在乙公司向甲公司交付第二批货物时，甲公司发现这批货物与第一批货物不能配套。下列表述正确的是（　　）。
A. 甲公司可以就第一批、第三批货物解除合同
B. 甲公司不能解除第一批货物合同，因为该批货物甲已验收，并支付货款
C. 甲公司可以解除第二批货物的合同
D. 如果乙公司要求甲公司支付第二批货款，甲公司有权拒绝

3. 简答题

(1) 简述合同的特征。
(2) 简述要约与承诺的构成要件。
(3) 简述合同的主要条款。
(4) 简述合同的生效条件。
(5) 简述无效合同的种类。
(6) 简述可变更可撤销合同的原因。
(7) 简述效力待定合同的原因。
(8) 简述合同终止的原因。
(9) 简述违约责任的构成要件及责任形式。

4. 案例分析题

案例 1

张某 17 周岁，是某外企的在职职工。一天，她在一家百货公司购买了一条价值 15 000 元的镶钻白金项链。回家后，张某的父亲认为：张尚未成年，自己是她的监护人，孩子未经

家长同意，不能进行如此大额的交易。因此，他领着女儿来到百货公司要求退货。百货公司认为，货已售出，且无任何质量问题，拒绝退货。双方争执不下。

问题：

（1）张某可否与百货公司进行这一买卖行为，为什么？

（2）如果张某是15周岁的在校学生，张的买卖行为是否有效，为什么？

案例2

甲、乙两公司采用合同书形式订立了一份买卖合同，双方约定由甲公司向乙公司提供100台精密仪器，甲公司于8月31日以前交货，并负责将货物运至乙公司，乙公司在收到货物后10日内付清货款。合同订立后，双方未签字盖章。7月28日，甲公司与丙运输公司订立货物运输合同，双方约定由丙公司将100台精密仪器运至乙公司。8月1日，丙公司先运了70台精密仪器至乙公司，乙公司全部收到，并于8月8日将70台精密仪器的货款付清。8月20日，甲公司掌握了乙公司转移财产、逃避债务的确切证据，随即通知丙公司暂停运输其余30台精密仪器，并通知乙公司中止交货，要求乙公司提供担保，乙公司及时提供了担保。8月26日，甲公司通知丙公司将剩余30台精密仪器运往乙公司，丙公司在运输途中发生交通事故，30台精密仪器全部被毁，致使甲公司8月31日前不能按时交货。9月5日，乙公司要求甲公司承担违约责任。

问题：

（1）甲、乙两公司之间是否存在合同关系，为什么？

（2）甲公司中止履行合同的行为是否合法，为什么？

（3）甲公司是否应向乙公司承担违约责任，理由是什么？

案例3

某大学新建实验室，需要购置40台计算机，于是在当地报纸上刊登了一则广告："欢迎销售计算机的公司前来洽谈，有满意的即签订购买合同。"甲公司看到广告后来报价洽谈。经考查，该大学对甲公司说，你们的产品性能、价格基本可以，我们再研究一下。甲公司表示可以把样机带来让学校领导看看，双方约定看完样机后再决定签订合同。第二天，乙公司也来商谈，学校对乙公司的产品质量、价格都非常满意，就与乙公司签订了购买40台计算机的合同。甲公司知道后，认为学校既然已经约定要与自己签订合同，就不应再与别人订立合同，学校的行为构成违约，要求学校与自己签订合同，否则应向自己承担违约责任。

问题：某大学的行为是否应当承担违约责任？试说明理由。

5. 实训题

任课教师提供买卖合同或其他合同的背景资料，由学生模拟合同的协商谈判、签订合同、起草合同文本，熟悉合同签订的程序及合同条款。

第 7 章

担 保 法

 学习目标

本章介绍了担保的概念、特征,着重明确了保证、抵押、质押、留置、定金等担保方式的概念、特征、适用范围,以及上述担保方式中当事人的权利义务关系。通过本章的学习,应达到以下目标:
- ☑ 了解担保的概念和特征;
- ☑ 掌握保证、抵押、质押、留置、定金等担保方式的概念、特征、适用范围;
- ☑ 掌握保证、抵押、质押、留置、定金等担保方式中当事人的权利义务关系。

 技能要求

能够正确适用保证、抵押、质押、留置、定金等担保方式。

7.1 担保法概述

7.1.1 担保的概念与特征

1. 担保的概念

担保是为了保证债权实现而采取的法律措施。具体来说,担保是法律规定或当事人约定的,以当事人的一定财产为基础,能够用以督促债务人履行债务,保证合同的正常履行和保障债权实现的方法。

2. 担保的特征

(1) 从属性。担保具有从属性是指担保从属于主合同,依主合同的存在或将来存在为前提,随主合同的变更而变更、消灭而消灭。

(2) 补充性。担保的补充性是指担保一经有效成立,就在主合同债权债务基础上补充了某种权利义务关系，只有在主权利不能正常实现，债权人的权利不能得到满足时，才能行使这一权利，要求担保人承担清偿责任。

7.1.2 担保法的概念

担保法有广义和狭义之分。狭义的担保法是指 1995 年 6 月 30 日第八届全国人民代表大会常务委员会第十四次会议通过的《中华人民共和国担保法》（以下简称《担保法》），该法自 1995 年 10 月 1 日起施行。广义的担保法是指调整债的担保关系的法律规范的总称。除了《担保法》之外，还有其他一些法律、法规及规范性法律文件调整当事人之间的担保关系。其中，比较重要的有：《中华人民共和国民法通则》、《中华人民共和国物权法》（以下简称《物权法》）、最高人民法院《关于适用〈中华人民共和国担保法〉若干问题的解释》（以下简称《担保法解释》）等，其中特别需要注意的是《物权法》，《物权法》吸收了《担保法》的内容，同时也对《担保法》进行了较大幅度的修改，而且《物权法》就担保物权专设一编予以规制。因此，了解和掌握物权法对担保法的调整，对准确适用两法，依法设定担保物权，正确处理担保物权纠纷具有极其重要的意义。《物权法》第 178 条规定："担保法与本法的规定不一致的，适用本法。"也就是说，《物权法》施行后，《担保法》与《物权法》两法规定不一致的，应适用《物权法》。

7.1.3 担保的适用范围与担保方式

《担保法》第 2 条规定："在借贷、买卖、货物运输、加工承揽等经济活动中，债权人需要以担保方式保障其债权实现的，可以依照本法规定设定担保。"这一规定明确了担保适用的范围，即当事人对民事法律关系产生的债权，在不违反法律、法规强制性规定的情况下，都可以按照《担保法》规定的方式设定担保。

根据我国《担保法》的规定，担保的方式主要包括保证、抵押、质押、留置和定金。其中，保证属于人的担保，抵押、质押、留置属于物的担保，定金属于金钱的担保。

7.2 保 证

7.2.1 保证与保证人

1. 保证的概念与特征

保证是指保证人和债权人约定，在债务人未按约定履行债务时，保证人按照约定履行债务或承担责任的行为。保证人承担保证责任后，有权向债务人追偿。

保证具有以下特征。

（1）保证是一种人的担保方式，它不是以保证人的特定财产作为履行债务的担保，而是以保证人的不特定的财产作为债务履行的担保。这就决定了当出现需要保证人承担保证责任的情况下，如果保证人不予履行时，债权人不能直接处分保证人的财产，而只能诉请法院强制保证人履行。

（2）保证人必须是主合同债权人、债务人以外的第三人。

(3) 保证人必须具有清偿债务的能力。

2. 保证人的资格

根据我国《担保法》的规定,具有代为清偿债务能力的法人、其他组织或者公民,可以做保证人。但下列主体在保证方式中受到一定限制。

(1) 国家机关不得为保证人,但经国务院批准为使用外国政府或者国际经济组织贷款进行转贷的除外。

(2) 学校、幼儿园、医院等以公益为目的的事业单位、社会团体不得为保证人。

(3) 企业法人的分支机构、职能部门不得为保证人。企业法人的分支机构有法人书面授权的,可以在授权范围内提供保证。

3. 共同保证

同一债务有两个以上保证人的,保证人应当按照保证合同约定的保证份额,承担保证责任,没有约定保证份额的,保证人承担连带责任,债权人可以要求任何一个保证人承担全部保证责任,保证人都负有担保全部债权实现的义务。已经承担保证责任的保证人,有权向债务人追偿,或者要求承担连带责任的其他保证人清偿其应当承担的份额。

7.2.2 保证合同与保证方式

1. 保证合同

1) 保证合同的形式

保证人与债权人应当以书面形式订立保证合同。具体来说,保证合同可以采取以下几种形式:① 保证人和债权人签订单独的书面合同;② 债权人、债务人和保证人在主合同中订立的保证条款;③ 保证人和债权人之间就保证事项达成的协议、传真、信函等文字资料。

2) 保证合同的内容

保证合同应当包括以下内容:① 被保证的主债权种类、数额;② 债务人履行债务的期限;③ 保证的方式;④ 保证担保的范围;⑤ 保证的期间;⑥ 双方认为需要约定的其他事项。

保证合同不完全具备上述规定内容的,可以补正。

3) 保证合同的无效

保证合同的无效指保证合同不具备法律规定的生效要件,因而不能发生预期的法律效力。根据《担保法》及《担保法解释》的相关规定,保证合同的无效有以下几种情形。

(1) 主合同无效而导致保证合同无效。根据保证合同的从属性,主合同无论基于何种事由而无效,除非当事人另有约定,保证合同无效。

(2) 主合同有效,保证合同因自身原因无效。这主要有以下几种情况。

① 因保证人资格的欠缺导致保证合同无效。具体包括:国家机关作为保证人签订的保证合同无效;以公益为目的的企事业单位、社会团体违反法律规定的保证合同无效;企业法人的分支机构未经法人书面授权提供保证的,保证合同无效;企业法人的职能部门提供保证的,保证合同无效。

② 保证人意思不真实导致保证合同无效。根据《担保法》第30条规定,保证人意思不真实导致保证合同无效的情形有两种,即:主合同当事人双方串通,骗取保证人提供保证

的；主合同债权人采取欺诈、胁迫等手段，使保证人在违背真实意思的情况下提供保证的。

③ 保证合同违反法律法规的强制性规定和社会公共利益而无效。

担保合同被确认无效后，债务人、担保人、债权人有过错的，应当根据其过错各自承担相应的民事责任。根据《担保法解释》的规定，主合同无效而导致担保合同无效，担保人无过错的，担保人不承担民事责任；担保人有过错的，担保人承担民事责任的部分，不应超过债务人不能清偿部分的1/3。主合同有效而担保合同无效，债权人无过错的，担保人与债务人对主合同债权人的经济损失，承担连带赔偿责任；债权人、担保人有过错的，担保人承担民事责任的部分，不应超过债务人不能清偿部分的1/2。

担保人因无效担保合同向债权人承担赔偿责任后，可以向债务人追偿，或者在承担赔偿责任的范围内，要求有过错的反担保人承担赔偿责任。

案例 7-1

2011年5月10日，被告李某因购买汽车所需，向原告中国建设银行某市支行（以下简称某支行）借款30万元，双方签订了借款合同。合同约定借款期限至2012年5月10日止，年利率为6.35%，逾期按日利率万分之五计收逾期利息。同时，原告还与被告中国人民财产保险股份有限公司某分公司营业部（以下简称营业部）签订了保证合同，约定由营业部承担李某借款债务的连带保证责任，保证期间为借款合同到期之次日起两年。借款到期后，被告李某未履行还款义务，后经催讨未果。原告诉至法院，要求被告李某偿还借款本金30万元及利息，被告营业部负连带清偿责任。

本案中，原告与被告营业部签订的保证合同无效。我国《担保法》第10条规定："企业法人的分支机构、职能部门不得为保证人。企业法人的分支机构有法人书面授权的，可以在授权范围内提供保证。"被告营业部为保险公司的一个分支机构，在未得到法人书面授权的情况下，为债务人李某提供担保显属违反了上述禁止性法律规定，其担保行为无效。

本案中，原告某支行作为金融机构，在与被告营业部签订保证合同时，应审查其有无保证资格。由于原告没有尽到妥善的注意和审查义务，致使其与被告营业部签订的保证合同无效，原告存在主观过错；被告营业部明知自己不具有担保人资格而为债务人李某做担保，亦有过错。故被告营业部对借款本金30万元及利息应承担50%的偿还责任。

2. 保证方式

我国《担保法》规定的保证方式有一般保证和连带责任保证。一般保证是指当事人在保证合同中约定，债务人不能履行债务时，由保证人承担保证责任的保证。连带责任保证是指当事人在保证合同中约定保证人与债务人对债务承担连带责任的保证。

一般保证和连带责任保证的区别在于：一般保证的保证人享有先诉抗辩权，而连带责任保证的保证人没有先诉抗辩权。也就是说，在一般保证中，保证人只有在主合同纠纷经审判或仲裁，并就债务人财产依法强制执行仍不能履行债务时，才承担保证责任。在一般保证中，债务人是债务履行的第一顺序人，保证人对于债务的履行处于第二顺序，保证人在债务人不能或不完全承担责任时，对债务承担保证责任。但是，有下列情形之一的，保证人不得行使先诉抗辩权：① 债务人住所变更，致使债权人要求其履行债务发生重大困难的；② 人民法院受理债务人破产案件，中止执行程序的；③ 保证人以书面形式放弃先诉抗辩权的。在连带保证责任方式中，只要债务人在主合同规定的债务履行期届满没有履行债务，债权人就可以要求债务人履行债务，也可以要求保证人在其保证范围内承担保证责任。

当事人对保证方式没有约定或者约定不明确的，按照连带责任保证承担保证责任。

7.2.3 保证责任

1）保证担保的范围

根据《担保法》第21条的规定，保证担保的范围包括主债权及利息、违约金、损害赔偿金和实现债权的费用。当事人对保证担保的范围没有约定或者约定不明确的，保证人应当对全部债务承担责任。

2）主债权债务转让及主合同变更时保证人的责任

保证期间，债权人依法将主债权转让给第三人的，保证人在原保证担保的范围内继续承担保证责任。但是保证人与债权人事先约定仅对特定的债权人承担保证责任或者禁止债权转让的，保证人不再承担保证责任。

保证期间，债权人许可债务人转让债务的，应当取得保证人的书面同意，保证人对未经其同意转让的债务，不再承担保证责任。债权人许可债务人转让部分债务未经保证人书面同意的，保证人对未经其同意转让部分的债务，不再承担保证责任。但是，保证人仍应当对未转让部分的债务承担保证责任。

保证期间，债权人与债务人对主合同数量、价款、币种、利率等内容做了变动，未经保证人同意的，如果减轻债务人的债务的，保证人仍应当对变更后的合同承担保证责任；如果加重债务人的债务的，保证人对加重的部分不承担保证责任。

债权人与债务人对主合同履行期限做了变动，未经保证人书面同意的，保证期间为原合同约定的或者法律规定的期间。

债权人与债务人协议变动主合同内容，但并未实际履行的，保证人仍应当承担保证责任。

3）保证期间

一般保证的保证人与债权人未约定保证期间的，保证期间为主债务履行期届满之日起6个月。在合同约定的保证期间和上述期间内，债权人未对债务人提起诉讼或者申请仲裁的，保证人免除保证责任；债权人已提起诉讼或者申请仲裁的，保证期间适用诉讼时效中断的规定。

连带责任保证的保证人与债权人未约定保证期间的，债权人有权自主债务履行期届满之日起6个月内要求保证人承担保证责任。在合同约定的保证期间和上述期间内，债权人未要求保证人承担保证责任的，保证人免除保证责任。

7.3 抵 押

7.3.1 抵押与抵押物

1. 抵押

抵押是指债务人或者第三人不转移对某一特定财产的占有，将该财产作为债权的担保，债务人不履行债务或者发生当事人约定的实现抵押权的情形时，债权人有权依照法律规定以该财产折价或者以拍卖、变卖该财产的价款优先受偿的担保方式。在抵押法律关系中，债务人或者第三人为抵押人，债权人为抵押权人，提供担保的财产为抵押物。

2. 抵押物

《担保法》和《物权法》都对抵押物做出了规定，但二者在范围上不尽一致，《物权法》扩大了可以抵押财产的范围。《物权法》生效在后，关于抵押物的范围应适用《物权法》的规定。《物权法》第180条规定，债务人或者第三人有权处分的下列财产可以抵押：① 建筑物和其他土地附着物；② 建设用地使用权；③ 以招标、拍卖、公开协商等方式取得的荒地等土地承包经营权；④ 生产设备、原材料、半成品、产品；⑤ 正在建造的建筑物、船舶、航空器；⑥ 交通运输工具；⑦ 法律、行政法规未禁止抵押的其他财产。

另外，根据《物权法》的规定，经当事人书面协议，企业、个体工商户、农业生产经营者可以将现有的及将有的生产设备、原材料、半成品、产品抵押，债务人不履行到期债务或者发生当事人约定的实现抵押权的情形，债权人有权就实现抵押权时的动产优先受偿。

以建筑物抵押的，该建筑物占用范围内的建设用地使用权一并抵押。以建设用地使用权抵押的，该土地上的建筑物一并抵押。抵押人未依照上述规定一并抵押的，未抵押的财产视为一并抵押。

乡镇、村企业的建设用地使用权不得单独抵押。以乡镇、村企业的厂房等建筑物抵押的，其占用范围内的建设用地使用权一并抵押。

《物权法》第184条规定，下列财产不得抵押：① 土地所有权；② 耕地、宅基地、自留地、自留山等集体所有的土地使用权，但法律规定可以抵押的除外；③ 学校、幼儿园、医院等以公益为目的的事业单位、社会团体的教育设施、医疗卫生设施和其他社会公益设施；④ 所有权、使用权不明或者有争议的财产；⑤ 依法被查封、扣押、监管的财产；⑥ 法律、行政法规规定不得抵押的其他财产。

7.3.2 抵押合同与抵押登记

1. 抵押合同

抵押人和抵押权人应当以书面形式订立抵押合同。抵押合同应当包括以下内容：① 被担保的主债权种类、数额；② 债务人履行债务的期限；③ 抵押财产的名称、数量、质量、状况、所在地、所有权权属或者使用权权属；④ 抵押担保的范围；⑤ 当事人认为需要约定的其他事项。

抵押合同不完全具备上述规定内容的，可以补正。抵押权人在债务履行期届满前，不得与抵押人约定债务人不履行到期债务时抵押财产归债权人所有。

2. 抵押登记

抵押登记是指抵押物的登记机关根据当事人的申请，依照法定程序将抵押物上设定的抵押权及抵押权变更终止等记载于抵押物登记簿上的行为。

根据《物权法》的规定，以下列财产抵押的，应当办理抵押登记，抵押权自登记时设立：① 建筑物和其他土地附着物；② 建设用地使用权；③ 以招标、拍卖、公开协商等方式取得的荒地等土地承包经营权；④ 正在建造的建筑物。以上述财产进行抵押，如果抵押物没有登记，只是抵押权不成立，但是抵押合同仍然有效，债权人可以依据有效的抵押合同主张对方当事人的违约责任，要求对抵押合同实际履行，也就是要求完成登记，或者是要求违约损害赔偿。

以下列财产抵押的，抵押权自抵押合同生效时设立；未经登记，不得对抗善意第三人：① 生产设备、原材料、半成品、产品；② 正在建造的船舶、航空器；③ 交通运输工具。

案例 7-2

2011年12月，甲因为需要本钱做生意，经和朋友乙商量借款20万，同时将自己所有的房产抵押给乙，但双方没有到房管部门办理抵押手续，只是签订了一份借款合同，同时在合同上提到了用自有的某某地房产作抵押，并将房产证交付给乙保管。一年后，甲做生意亏本，无力归还乙的借款，乙起诉到法院，在诉讼过程中甲承认借款的事实，但认为抵押没有生效。法院在判决时认为：根据《担保法》第41条的规定："当事人以本法第42条规定的财产抵押的，应当办理抵押物登记，抵押合同自登记之日起生效。"由于本案的抵押物没有办理登记，因此抵押合同没有生效，乙不享有抵押权。

本案中，法院在适用法律上出现错误。《物权法》第178条规定："担保法与本法的规定不一致的，适用本法。"也就是说，《物权法》施行后，《担保法》与《物权法》两法规定不一致的，应适用《物权法》。而《物权法》第15条规定："当事人之间订立有关设立、变更、转让和消灭不动产物权的合同，除法律另有规定或者合同另有约定外，自合同成立时生效；未办理物权登记的，不影响合同效力。"可见，《物权法》摒弃了《担保法》将"基础关系（合同）与物权变动的效力混为一谈"的观念，将基础关系（合同）与物权变动的效力区分开来，除非法律另有规定或合同另有约定，担保合同一经成立即生效。因此，根据《物权法》规定，本案的抵押合同是生效的。乙可通过诉讼要求甲履行配合登记的义务，若抵押合同中还约定了甲不办理抵押登记应承担的违约金，乙可一并要求甲支付违约金。当然，在抵押登记之前，抵押不发生物权的效力，乙尚不能根据抵押合同实现抵押权。

7.3.3 抵押的效力及抵押权的实现

1. 抵押的效力

抵押担保的范围包括主债权及利息、违约金、损害赔偿金、保管抵押财产和实现抵押权的费用。当事人另有约定的，按照其约定。

订立抵押合同前抵押财产已出租的，原租赁关系不受该抵押权的影响。抵押权设立后抵押财产出租的，该租赁关系不得对抗已登记的抵押权。

抵押期间，抵押人经抵押权人同意转让抵押财产的，应当将转让所得的价款向抵押权人提前清偿债务或者提存。转让的价款超过债权数额的部分归抵押人所有，不足部分由债务人清偿。抵押期间，抵押人未经抵押权人同意，不得转让抵押财产，但受让人代为清偿债务消灭抵押权的除外。

债务人不履行到期债务或者发生当事人约定的实现抵押权的情形，致使抵押财产被人民法院依法扣押的，自扣押之日起抵押权人有权收取该抵押财产的天然孳息或者法定孳息，但抵押权人未通知应当清偿法定孳息的义务人的除外。上述规定的孳息应当先充抵收取孳息的费用。

建设用地使用权抵押后，该土地上新增的建筑物不属于抵押财产。该建设用地使用权实现抵押权时，应当将该土地上新增的建筑物与建设用地使用权一并处分，但新增建筑物所得的价款，抵押权人无权优先受偿。

抵押人的行为足以使抵押财产价值减少的，抵押权人有权要求抵押人停止其行为。抵押财产价值减少的，抵押权人有权要求恢复抵押财产的价值，或者提供与减少的价值相应的担保。抵押人不恢复抵押财产的价值也不提供担保的，抵押权人有权要求债务人提前清偿债务。

抵押权人可以放弃抵押权或者抵押权的顺位。抵押权人与抵押人可以协议变更抵押权顺位及被担保的债权数额等内容，但抵押权的变更，未经其他抵押权人书面同意，不得对其他抵押权人产生不利影响。

债务人以自己的财产设定抵押，抵押权人放弃该抵押权、抵押权顺位或者变更抵押权的，其他担保人在抵押权人丧失优先受偿权益的范围内免除担保责任，但其他担保人承诺仍然提供担保的除外。

抵押权与其担保的债权同时存在，债权消灭的，抵押权也消灭。

2. 抵押权的实现

债务人不履行到期债务或者发生当事人约定的实现抵押权的情形，抵押权人可以与抵押人协议以抵押财产折价或者以拍卖、变卖该抵押财产所得的价款优先受偿。协议损害其他债权人利益的，其他债权人可以在知道或者应当知道撤销事由之日起1年内请求人民法院撤销该协议。抵押权人与抵押人未就抵押权实现方式达成协议的，抵押权人可以请求人民法院拍卖、变卖抵押财产。抵押财产折价或者拍卖、变卖后，其价款超过债权数额的部分归抵押人所有，不足部分由债务人清偿。

同一财产向两个以上债权人抵押的，拍卖、变卖抵押财产所得的价款依照下列规定清偿：① 抵押权已登记的，按照登记的先后顺序清偿；顺序相同的，按照债权比例清偿；② 抵押权已登记的先于未登记的受偿；③ 抵押权未登记的，按照债权比例清偿。

抵押担保期间，抵押物毁损、灭失或者被征收等，抵押权人可以就获得的保险金、赔偿金或者补偿金等优先受偿。被担保债权的履行期未届满的，也可以提存该保险金、赔偿金或者补偿金等。

被担保的债权既有物的担保又有人的担保的，债务人不履行到期债务或者发生当事人约定的实现担保物权的情形，债权人应当按照约定实现债权；没有约定或者约定不明确，债务人自己提供物的担保的，债权人应当先就该物的担保实现债权；第三人提供物的担保的，债权人可以就物的担保实现债权，也可以要求保证人承担保证责任。

为债务人抵押担保的第三人，在抵押权人实现抵押权后，有权向债务人追偿。

抵押权人应当在主债权诉讼时效期间行使抵押权；未行使的，人民法院不予保护。

7.4 质 押

7.4.1 质押的概念

质押是设定质权的行为，是指债务人或第三人将动产或权利交由债权人占有，作为债务履行担保的行为。将出质物交给债权人做债权担保的人，称为出质人；接受并占有出质物的债权人，称为质权人。

7.4.2 质押的分类

根据质物的类别，可将质押分为动产质押和权利质押。

1. 动产质押

1）动产质押的概念

动产质押是指债务人或者第三人将其动产移交债权人占有，将该动产作为债权的担保。债务人不履行债务时，债权人有权依照法律规定以该动产折价或者以拍卖、变卖该动产的价款优先受偿。

2）质押合同

出质人和质权人应当以书面形式订立质押合同。质押合同应当包括以下内容：① 被担保的主债权种类、数额；② 债务人履行债务的期限；③ 质物的名称、数量、质量、状况；④ 质押担保的范围；⑤ 质物移交的时间；⑥ 当事人认为需要约定的其他事项。质押合同不完全具备上述规定内容的，可以补正。

出质人和质权人在合同中不得约定在债务履行期届满质权人未受清偿时，质物的所有权转移为质权人所有。

质权自出质人交付质押财产时设立，即质押财产的交付是质权的成立要件，如果质押财产没有交付，只是质权不成立，但是质押合同仍然是有效的，债权人可以依据有效的质押合同主张对方当事人的违约责任。

3）质押的实现

质押担保的范围包括主债权及利息、违约金、损害赔偿金、质物保管费用和实现质权的费用。质押合同另有约定的，按照其约定。

债务履行期届满债务人履行债务的，或者出质人提前清偿所担保的债权的，质权人应当返还质物。债务履行期届满质权人未受清偿的，可以与出质人协议以质物折价，也可以依法拍卖、变卖质物。质物折价或者拍卖、变卖后，其价款超过债权数额的部分归出质人所有，不足部分由债务人清偿。为债权人质押担保的第三人，在质权人实现质权后，有权向债务人追偿。

出质人可以请求质权人在债务履行期届满后及时行使质权；质权人不行使的，出质人可以请求人民法院拍卖、变卖质押财产。出质人请求质权人及时行使质权，因质权人怠于行使权利造成损害的，由质权人承担赔偿责任。

质权人在质权存续期间，未经出质人同意，擅自使用、处分质押财产，给出质人造成损害的，应当承担赔偿责任。

质权人在质权存续期间，未经出质人同意转质，造成质押财产毁损、灭失的，应当向出质人承担赔偿责任。

质权人负有妥善保管质物的义务。因保管不善致使质物灭失或者毁损的，质权人应当承担民事责任。质权人不能妥善保管质物可能致使其灭失或者毁损的，出质人可以要求质权人将质物提存，或者要求提前清偿债权而返还质物。质物有损坏或者价值明显减少的可能，足以危害质权人权利的，质权人可以要求出质人提供相应的担保。出质人不提供的，质权人可以拍卖或者变卖质物，并与出质人协议将拍卖或者变卖所得的价款用于提前清偿所担保的债权或者向与出质人约定的第三人提存。

质押担保期间，质物毁损、灭失或者被征收等，质权人可以就获得的保险金、赔偿金或者补偿金等优先受偿。被担保债权的履行期未届满的，也可以提存该保险金、赔偿金或者补偿金等。

2. 权利质押

所谓权利质押是指以所有权之外的财产权为标的物而设定的质押。权利质押主要以债权、股权和知识产权中的财产权利作为标的物。

根据《物权法》的规定，债务人或者第三人有权处分的下列权利可以出质：① 汇票、支票、本票；② 债券、存款单；③ 仓单、提单；④ 可以转让的基金份额、股权；⑤ 可以转让的注册商标专用权、专利权、著作权等知识产权中的财产权；⑥ 应收账款；⑦ 法律、行政法规规定可以出质的其他财产权利。

以汇票、支票、本票、债券、存款单、仓单、提单出质的，当事人应当订立书面合同。质权自权利凭证交付质权人时设立；没有权利凭证的，质权自有关部门办理出质登记时设立。

汇票、支票、本票、债券、存款单、仓单、提单的兑现日期或者提货日期先于主债权到期的，质权人可以兑现或者提货，并与出质人协议将兑现的价款或者提取的货物提前清偿债务或者提存。

以基金份额、股权出质的，当事人应当订立书面合同。以基金份额、证券登记结算机构登记的股权出质的，质权自证券登记结算机构办理出质登记时设立；以其他股权出质的，质权自工商行政管理部门办理出质登记时设立。

基金份额、股权出质后不得转让，但经出质人与质权人协商同意的除外。出质人转让基金份额、股权所得的价款，应当向质权人提前清偿债务或者提存。

以注册商标专用权、专利权、著作权等知识产权中的财产权出质的，当事人应当订立书面合同。质权自有关主管部门办理出质登记时设立。

知识产权中的财产权出质后，出质人不得转让或者许可他人使用，但经出质人与质权人协商同意的除外。出质人转让或者许可他人使用出质的知识产权中的财产权所得的价款，应当向质权人提前清偿债务或者提存。

以应收账款出质的，当事人应当订立书面合同。质权自信贷征信机构办理出质登记时设立。

应收账款出质后不得转让，但经出质人与质权人协商同意的除外。出质人转让应收账款所得的价款，应当向质权人提前清偿债务或者提存。

权利质押除适用上述规定外，适用动产质押的规定。

7.5 留 置

7.5.1 留置及留置权的概念

留置是指依照法律规定，债务人不按照合同约定的期限履行债务的，债权人有权留置已经合法占有的债务人的财产，以该财产折价或者以拍卖、变卖该财产的价款优先受偿。留置权是指债务人不履行到期债务时，债权人享有的留置其已经合法占有的债务人的财产，并就该财产优先受偿的权利。

7.5.2 留置权适用的范围及条件

1. 留置权适用的范围

留置权属于法定担保物权，依《担保法》规定，适用留置权担保的债权必须是基于合同关系，一般适用于因保管合同、运输合同、加工承揽合同发生的债权。《物权法》并未对此做出限制，物权法第 230 条规定："债务人不履行到期债务，债权人可以留置已经合法占有的债务人的动产，并有权就该动产优先受偿。"因此，依照《物权法》的规定，留置权的适用并不受债权范围的限制，可以基于包括保管合同、运输合同、加工承揽合同在内的合同之债，也可以是不当得利之债、无因管理之债或者侵权之债。

2. 留置权适用的条件

留置权为法定担保物权，只能依法律的规定当然发生，而不能依当事人的约定产生，因此留置权的成立须具备法律规定的条件。

（1）债权人占有债务人的动产。

（2）占有的动产与债权有牵连关系，即债权人留置的动产，应当与债权属于同一法律关系。但企业之间留置的除外，也就是说企业之间留置只要求留置动产与被担保债权有一般关联性即可，并不要求两者间有直接的法律关系上的同一性。

（3）债权已届清偿期且债务人未按规定期限履行义务。

7.5.3 留置权的实现

留置担保的范围包括主债权及利息、违约金、损害赔偿金、留置物保管费用和实现留置权的费用。

留置权人与债务人应当约定留置财产后的债务履行期间；没有约定或者约定不明确的，

留置权人应当给债务人两个月以上履行债务的期间，但鲜活易腐等不易保管的动产除外。债务人逾期未履行的，留置权人可以与债务人协议以留置财产折价，也可以就拍卖、变卖留置财产所得的价款优先受偿。留置物折价或者拍卖、变卖后，其价款超过债权数额的部分归债务人所有，不足部分由债务人清偿。

留置权人负有妥善保管留置物的义务。因保管不善致使留置物灭失或者毁损的，留置权人应当承担民事责任。

留置权人有权收取留置财产的孳息。

债务人可以请求留置权人在债务履行期届满后行使留置权；留置权人不行使的，债务人可以请求人民法院拍卖、变卖留置财产。

同一动产上已设立抵押权或者质权，该动产又被留置的，留置权人优先受偿。

7.5.4 留置权的消灭

留置权人对留置财产丧失占有或者留置权人接受债务人另行提供担保的，留置权消灭。

案例 7-3

张某是一个经营服装的个体户，2012年3月，因经营资金不足，张某向林某借款10万元，以自己的一套价值10万元的设备质押，双方立有质押字据，并将设备交付林某占有。张某得款后，与A公司签订了购买服装的合同，货物金额共计2万元，张某预付定金4千元，违约金按合同总额的10%计算，张某以该批服装的款项偿还A公司的货款。后A公司将服装送交张某，要求支付运费，张某拒绝。因市场行情发生变化，张某预计的收入落空，张某因不能及时偿还借款和支付货款而与林某、A公司发生纠纷。诉至法院后，法院查证上述事实后又查明：林某在占有该设备期间，不慎将该设备损坏，送江某处修理。林某无力交付修理费1万元，该设备现已被江某留置。

本案中，张某与林某之间的质押关系有效，林某对该设备享有质权。因为双方立有质押字据，且质物已移交质权人占有。林某与江某之间是承揽合同关系、留置关系。林某不慎将设备损坏而送江某修理，在林某与江某之间形成承揽合同关系。后林某无力交付修理费，该设备被江某留置，在二人之间又形成了留置关系。《物权法》规定，同一动产上已设立抵押权或者质权，该动产又被留置的，留置权人优先受偿。因此，应由江某优先行使留置权。

7.6 定 金

定金是债的一种担保方式，是指合同当事人约定的，为确保合同的履行，由一方当事人在法律规定的范围内预先向对方交付的一定款项，债务人履行债务后，给付定金的一方有权收回定金，或者将定金抵作价款；收受定金的一方不履行债务的，应当双倍返还定金，给付定金的一方不履行债务的，则无权要求返还定金。

定金应当以书面形式约定。当事人在定金合同中应当约定交付定金的期限，定金合同从实际交付定金之日起生效。

定金的数额由当事人约定，但不得超过主合同标的额的20%。

 练习与实训 >>>

1. 名词解释题

担保　　　保证　　　抵押　　　质押　　　留置　　　定金

2. 选择题

(1) 甲向乙借款10万元，由丙作保证人，但保证合同中未约定保证期间。后甲请求乙推迟还款期限一年，乙应允，但提出推迟一年期间的利率为30%，甲同意并订立了变更协议。甲、乙将变更协议的内容告知了丙，丙口头表示同意。后甲到期不能还款。下列说法中，正确的是（　　　）。

　A. 丙对该10万元借款及其推迟一年期间的利息承担保证责任
　B. 丙对该10万元借款及其推迟一年期间的存款利息承担保证责任
　C. 丙对该10万元借款承担保证责任，对推迟一年期间的利息不承担保证责任
　D. 丙对该10万元借款及其推迟一年期间的利息均不承担保证责任

(2) 根据《担保法》的有关规定，关于定金的下列表述哪些是正确的？（　　　）

　A. 定金是主合同成立的条件　　　B. 定金是主合同的担保方式
　C. 定金可以以口头方式约定　　　D. 定金从实际交付之日起生效

(3) 张某将自己的货物质押给刘某，刘某疏于管理，任其日晒雨淋。下列说法错误的是（　　　）。

　A. 张某有权要求刘某妥善保管货物，如刘某拒绝，张某可以解除质押关系
　B. 张某可以要求提存这批货物
　C. 张某可以提前清偿债权而要求返还质物
　D. 张某可以要求刘某承担保管不善的责任

(4) 甲向乙借款，约定以自己的皇冠轿车抵押与乙。双方为此签订了抵押合同，但在抵押登记时，登记为甲的奥迪轿车抵押给乙。因甲未能及时还款，乙欲行使抵押权。下列表述正确的是（　　　）。

　A. 乙只能对甲的皇冠轿车行使抵押权
　B. 乙只能对甲的奥迪轿车行使抵押权
　C. 乙是对皇冠轿车还是对奥迪轿车行使抵押权，由乙决定
　D. 乙是对皇冠轿车还是对奥迪轿车行使抵押权，由甲决定

(5) 2012年3月黄某将一幅价值6万元的名画送到某装裱店装裱，由于黄某未按期付给裱店费用。装裱店通知黄某应在30日内支付其应付的费用，但黄某仍未能按期交付，装裱店遂将画变价受偿，扣除了费用后，将其差额退还给黄某。下列表述正确的有（　　　）。

　A. 黄某与装裱店之间的合同系承揽合同

B. 装裱店对该画有留置权
C. 黄某应承担违约责任
D. 装裱店通知黄某支付费用的期限符合法律规定

3. 问答题

（1）什么是担保？担保的特征有哪些？
（2）保证人的资格是如何规定的？
（3）一般保证与连带保证有哪些区别？
（4）抵押权应如何实现？
（5）抵押与质押的区别有哪些？
（6）留置权的适用条件有哪些？

4. 案例分析题

凯兴公司与富华服装厂签订了一份服装买卖合同，合同标的额为80万元。双方在合同中约定：凯兴公司预付定金10万元，如任何一方不履行合同应支付违约金15万元。合同签订后，凯兴公司积极筹措资金并向富华公司支付了10万元定金。凯兴公司以自己所有的一辆宝马车（价值50万元）做抵押向A公司借款35万元，双方还约定，如果凯兴公司到期不能还款，则这辆宝马车就归A公司所有。凯兴公司认为办理抵押登记太麻烦，经A公司同意，双方签订借款及抵押合同后未向有关机关办理抵押登记。其后，凯兴公司又以这辆宝马车做质押向B公司借款20万元，双方签订了借款及质押合同。在质押期间，B公司董事长李某开着质押的宝马车与他人相撞，汽车受损被送到C修理厂修理，共花费修理费3万元。汽车修好后，李某拿着3万元去提车。修理厂收钱以后要求李某把B公司以前的欠款2万元还清，李某不愿归还，于是修理厂就以行使留置权为名拒绝向李某交车。

问题：

（1）凯兴公司和富华服装厂签订的定金合同是否有效？何时生效？
（2）凯兴公司与A公司签订的抵押合同是否有效？
（3）修车的3万元应由谁承担？汽车修理厂是否有留置权？
（4）在这辆宝马车上，A公司的抵押权、B公司的质押权和C修理厂的留置权行使的顺序如何？

5. 实训题

任课教师提供借款合同的背景资料，由学生模拟签订保证合同、抵押合同，熟悉保证合同和抵押合同条款。

第 8 章

工业产权法

学习目标

本章介绍了工业产权的概念、特征,重点阐述商标权、专利权的取得条件、程序,商标权及专利权人的权利义务,商标权、专利权的保护等知识。通过本章的学习,应达到以下目标:

☑ 了解工业产权的概念及特征;
☑ 掌握商标权取得的条件及商标权人的权利义务;
☑ 掌握专利权取得的条件及商标权人的权利义务。

技能要求

1. 熟悉商标权、专利权取得的条件及程序,能够正确处理商标和专利的申请注册业务。
2. 掌握商标权人、专利权人的权利与义务,依法行使上述权利并履行义务,能够正确处理商标及专利侵权行为。

8.1 工业产权法概述

8.1.1 工业产权的概念与特征

1. 工业产权的概念

工业产权是知识产权的组成部分,是人们依照法律对应用于生产和流通中的创造发明和显著标记等智力成果,在一定期限和地区内享有的专有权。

根据 1883 年《保护工业产权巴黎公约》的规定,工业产权主要包括发明、实用新型、外观设计、商标、服务标记、厂商名称、产地标记或原产地名称的制止不正当竞争等 9 种,其中的发明、实用新型和外观设计一般被统称为发明创造,可依法取得专利权,这种专利权与依法取得的商标权一起,构成了工业产权的主要内容。

2. 工业产权的特征

(1) 独占性。也称为专有性、垄断性,是指工业产权只能由权利人享有,未经权利人许可或法律强制许可,任何人不得行使,否则即构成侵权,应承担相应的法律责任。

(2) 时间性。时间性是指工业产权只有在法律规定的时间内才受到专有的保护,一旦超过法律规定的有效期,这种权利就归于消灭,而转入公有领域,任何人都可以自由使用。

(3) 地域性。地域性是指在某一国取得的工业产权,只受该国法律保护,只在该国境内有效力,对其他国家不发生效力。一国的工业产权要在其他国家获得法律保护,必须依该国法律进行审批。

8.1.2 工业产权法的概念与渊源

1. 工业产权法的概念

工业产权法是调整在确认、保护、使用和转让工业产权过程中发生的社会关系的法律规范的总称。

2. 工业产权法的渊源

工业产权法的渊源即工业产权法的表现形式。在我国,工业产权法的渊源主要包括以下几种。

(1) 法律。主要有《中华人民共和国商标法》、《中华人民共和国专利法》、《中华人民共和国民法通则》中有关工业产权的有关规定。

(2) 行政法规和部门规章。主要有《中华人民共和国商标法实施细则》、《中华人民共和国专利法实施细则》等。

(3) 国际条约和国际惯例。最主要的包括《保护工业产权巴黎公约》、《商标国际注册马德里协定》。

8.2 商标法

8.2.1 商标法概述

1. 商标的概念

商标是商品生产者或经营者为了使自己生产或经营的商品或服务与他人的同类商品或服务相区别,而在生产经营商品或服务项目上所加的特殊标志。简言之,商标就是商品或服务的标记。

2. 商标的种类

按照不同的分类标准,可以将商标分成不同的种类。

(1) 按照商标使用人的不同,可以将商标分为商品商标和服务商标。商品商标是指生产经营者在其生产经营的商品上所使用的商标；服务商标是指服务项目的经营者在其经营的服务项目上使用的商标。

（2）按照商标构成要素的不同，可以分为文字商标、图形商标和组合商标。由文字构成的商标就是文字商标；由各式各样的图画、图形、图像、构图等构成的商标就是图形商标；而由文字和图形结合构成的商标就是组合商标。

（3）按照商标注册与否，可以将商标分为注册商标与未注册商标。注册商标是指经商标所有人申请，经国家商标主管部门审查核准注册的商标；未注册商标是指商品生产经营者使用的但未经商标主管部门核准注册的商标。只有注册商标所有人才享有商标专用权，未注册商标使用人不享有商标专用权。

（4）按照商标用途的不同，可以将商标分为证明商标、等级商标、防御商标及联合商标。证明商标是指能够证明使用该商标的商品质量达到特定标准或商品原料符合特定的要求的商标；等级商标是商标所有者为区别自己同一种产品的质量、规格等而使用的商标；防御商标是指为了排斥他人使用与自己相同或近似的商标，而将自己的注册商标使用范围扩大到不同类的商品上，这种商标就是防御商标；联合商标是指为了更有效地防止他人侵犯自己的商标专用权而申请注册的几个直接联系在一起的商标。

3. 商标法

商标法是调整在商标注册、使用、管理和保护过程中发生的社会关系的法律规范的总称。

1982年8月23日，第五届全国人民代表大会第二十四次会议通过了《中华人民共和国商标法》（以下简称《商标法》），自1983年3月1日起施行。1983年国务院又颁布了《中华人民共和国商标法实施细则》。随着我国商品经济的发展，为了适应对内搞活、对外开放的需要，1993年2月22日第七届全国人大常委会第十三次会议通过了《关于修改中华人民共和国商标法的决定》，并自1993年7月1日起施行。2001年10月27日，第九届全国人大常委会第二十四次会议对《商标法》进行了第二次修正，自2001年12月1日起施行。2002年8月3日，国务院公布了《中华人民共和国商标法实施条例》，对商标注册申请、商标侵权行为等都做出了更为明确的规定，该条例自2002年9月15日起施行。

8.2.2 商标权的主体、客体与内容

商标权是商标专用权的简称，是指商标注册人取得的在指定商品上独占地、排他地使用商标的权利。《商标法》规定，经商标局核准注册商标的为注册商标，商标注册人享有商标专用权。

1. 商标权的主体

商标权的主体，也称为商标权人，是指可以申请商标注册并享有商标专用权的人。《商标法》第4条规定，自然人、法人或其他组织对其生产、制造、加工、拣选或者经销的商品、提供的服务项目，需要取得商标专用权的，应当向商标局申请商品商标注册。

另外，外国人或外国企业在中国申请商标注册的，应按其所属国和我国签订的协议或共同参加的国际条约办理，或按对等原则办理。

2. 商标权的客体

商标权的客体是指注册商标。作为商标权客体的注册商标必须满足以下条件。

（1）商标的构成要素必须具有显著性，便于区别。商标使用的文字、图形、字母、数字、三维标志和颜色组合，应当具有显著性，便于识别。

（2）不得与他人注册的商标相混同。如果申请注册的商标与他人已注册的商标相同或近似，则不能被核准注册。

（3）申请注册的商标不得使用法律所禁止使用的文字、图形。《商标法》第10条规定，下列标志不得作为商标使用：① 同中华人民共和国的国家名称、国旗、国徽、军旗、勋章相同或者近似的，以及同中央国家机关所在地特定地点的名称或者标志性建筑物的名称、图形相同的；② 同外国的国家名称、国旗、国徽、军旗相同或者近似的，但该国政府同意的除外；③ 同政府间国际组织的名称、旗帜、徽记相同或者近似的，但经该组织同意或者不易误导公众的除外；④ 与表明实施控制、予以保证的官方标志、检验印记相同或者近似的，但经授权的除外；⑤ 同"红十字"、"红新月"的名称、标志相同或者近似的；⑥ 带有民族歧视性的；⑦ 夸大宣传并带有欺骗性的；⑧ 有害于社会主义道德风尚或者有其他不良影响的。

县级以上行政区划的地名或者公众知晓的外国地名，不得作为商标。但是，地名具有其他含义或者作为集体商标、证明商标组成部分的除外；已经注册的使用地名的商标继续有效。

《商标法》第11条规定，下列标志不得作为商标注册：① 仅有本商品的通用名称、图形、型号的；② 仅仅直接表示商品的质量、主要原料、功能、用途、重量、数量及其他特点的；③ 缺乏显著特征的。上述标志经过使用取得显著特征，并便于识别的，可以作为商标注册。

案例 8-1

山东省全乡县酒厂根据商品分类表第33类酒商品申请注册的"王府井"商标被驳回，商标局驳回的理由是：王府井是北京著名商业街，用作商标易使人对商品出处产生误认。驳回后，酒厂不服，申请商标评审委员会复审，理由是：商品上标有地址或企业名称，不会使人对商品出处产生误认。商标评审委员会经复审认为，要求复审的理由不成立，再予驳回。

本案中，王府井为北京的著名商业区，与贸易活动密切联系，不应为独家专用。用该词做商标，确易使人对商品的出处造成误认，缺乏商标应有的显著性，并引起不良影响，违反了《商标法》的规定，故不予核准。

3. 商标权的内容

商标权的内容就是商标权人的权利和义务。

1）商标权人的权利

（1）商标专用权。商标专用权是商标权人最重要的权利，包括两个方面：一是商标权人对自己的商标有完全的所有权，他可以依法占有、使用和处分其商标，有权获得根据行使商标权而获得的收益；二是商标权人有权禁止他人未经自己许可使用与自己注册商标相同或近似的商标，有权禁止他人假冒自己的商标，有权禁止他人注册与自己已注册的商标相同或相似的商标。

（2）转让权。商标权的转让一般有以下形式：第一，因合同转让，即拥有注册商标专用权的组织或个人通过签订协议，依法达成商标权的转让；第二，因继承转让，即取得注册商标专用权的个人死亡后，由其合法继承人继承其已注册商标的所有权。

转让注册商标的，转让人和受让人一定共同向商标局提出申请。受让人应当保证使用该注册商标的商品质量。转让注册商标的申请经商标局核准后，符合转让要求的，商标局应予以公告。

（3）许可权。许可他人使用不同于转让。许可只允许他人使用自己的注册商标，商标权人仍享有商标权。

许可人应当监督被许可人使用其注册商标的商品质量，被许可人必须在使用该注册商标的商品上标明被许可人的名称和商品产地。商标使用许可合同应当报商标局备案。商标权使用许可的类型主要有独占使用许可、排他使用许可、普通使用许可等。

2）商标权人的义务

（1）依法使用注册商标的义务。商标的使用，包括将商标直接使用于商品上、商品包装或者容器上及有关的商品交易文书上，或者将商标使用在广告宣传、展览及其他业务活动中。使用注册商标时应当注明"注册商标"字样或者标明注册标记。商标注册后必须使用。连续3年停止使用注册商标，任何人都可以向商标局申请予以撤销。

（2）缴纳规定的费用。商标权人在办理申请商标注册、转移注册、续展注册等事项时，应按照商标主管机关的要求缴纳申请费、商标注册费、转移注册费、续展注册费等费用。

（3）保证商品质量的义务。商标权人、受让人、被许可使用人都应当保证注册商标的商品质量，不得粗制滥造，以次充好。商标权人对被许可人使用其注册商标的商品质量负有监督义务。

（4）其他义务。商标权人应遵守商标管理的规定，不得自行改变注册商标的文字、图形或其组合；不得自行改变注册商标的注册人名义、地址或者其他注册事项；不得自行转让注册商标等。

8.2.3 商标权的取得

商标权的取得分为原始取得和继受取得两种情况。

1. 原始取得

原始取得又称直接取得，即以法律规定为依据，具备了法定条件并经商标主管机关核准注册直接取得的商标权。

1）商标权取得的原则

（1）注册原则。在我国，商标权取得采用的是注册原则，只有经过商标局核准注册的商标，该商标的申请人才能取得商标权，未注册的商标所有人不能拥有商标权。对于绝大多数商品而言，我国《商标法》采用的是自愿注册原则，商标是否注册，由当事人自行决定。但对于国家规定必须使用注册商标的商品，如人用药品、烟草制品，必须申请商标注册，未经核准注册的，不得在市场上销售，即对特定商品采用强制注册原则。

(2)先申请原则。先申请原则是指以申请注册的先后来确定商标权的归属,即谁先申请注册,商标权就授予谁。我国《商标法》第29条规定:"两个或者两个以上的申请人,在同一种商品或者类似的商品上,以相同或者近似的商标申请注册的,初步审定并公告申请在先的商标;同一天申请的,初步审定并公告使用在先的商标,驳回其他人的申请,不予公告。"可见,我国在商标注册上主要采取的是先申请原则,只有在特殊情况下,才采用使用在先原则,即以使用商标的先后来确定商标权的归属。

另外,申请商标注册不得损害他人现有的在先权利,也不得以不正当手段抢先注册他人已经使用并有一定影响的商标。

(3)一类商品、一个商标、一件申请的原则。即一份商标注册申请书,仅允许报一个商标并限在同一类别商品或者服务中。如果同一申请人在不同类别的商品上使用同一商标的,应当按商品分类表提出注册申请。

(4)优先权原则。商标注册申请人自其商标在外国第一次提出商标注册申请之日起6个月内,又在中国就相同商品以同一商标提出商标注册申请的,依照该外国同中国签订的协议或者共同参加的国际条约,或者按照相互承认优先权的原则,可以享有优先权。

申请人要求优先权的,应当在提出商标注册申请的时候提出书面声明,并且在3个月内提交第一次提出的商标注册申请文件的副本;未提出书面声明或者逾期未提交商标注册申请文件副本的,视为未要求优先权。

2)商标权取得的程序

(1)申请。申请商标注册应由申请人或其代理人向商标主管部门提交书面的注册申请书,具体载明申请人和使用的有关商品的详细情况。申请人在递交注册申请书的同时,必须按规定报送申请注册商标的图样,并交纳注册费用。

(2)初审与公告。商标局依据法律规定,对申请注册的商标进行审查。商标注册申请的审查主要有两种做法,即形式审查和实质审查。形式审查主要是审查申请人是否具备法定资格,申请文件是否具备,从而决定是否受理该申请。实质审查是指对申请注册的商标是否具备法定构成要素,是否具有法律禁用的内容,是否同他人已注册或已申请的商标相混同所进行的审查。目前,多数国家商标法都规定,对商标注册申请既要进行形式审查,又要进行实质审查。我国《商标法》采用形式审查和实质审查相结合的方式对商标注册申请进行审查。

商标主管机关对商标注册申请进行形式审查和实质审查后,认为符合《商标法》规定的,初步审定予以公告。不符合《商标法》规定的,由商标局驳回申请,不予公告。对驳回申请,不予公告的,商标局应当书面通知申请人。申请人不服的,可以在收到通知后15日内申请复审,由商标评审委员会做出决定,并书面通知申请人。当事人对商标评审委员会的决定不服的,可以自收到通知之日起30日内向人民法院起诉。

(3)商标异议。商标异议是指将商标主管机关的商标注册工作置于公众监督之下的制度,使申请注册的商标获得核准注册之前,公众有机会提出反对意见,请求商标主管机关否定已初步审定予以公告的商标,使其不得进入下一步程序。我国《商标法》规定自初审公告起3个月内,任何人对该商标持有异议都可以向商标局提出。商标局应充分听取异议人与申请人的陈述和理由,并做必要的调查核实,然后做出裁定。对于商标局的异议裁定,异议双方没有意见的,根据商标局的裁定对该商标予以撤销或准予注册。一方或双方不服商标局的异议裁定，应在15日内向商标评审委员会提出复审，由商标评审委员会做出裁定。当事人对商标评审委员会的裁定不服的，可以自收到通知之日起30日内向人民法院起诉。

（4）核准公告，授予商标权。公告期满，没有人提出异议或异议不能成立的，商标主管机关即应核准注册，颁发商标注册证，并再次予以公告。商标注册申请人也就成为注册商标所有人，享有商标专用权。

2．继受取得

继受取得又称传来取得，即商标权的取得不是最初产生的，而是以原商标所有人的商标权及其意志为依据，通过一定的法律事实实现商标权的转移。继受取得有两种方式。

（1）根据转让合同，转让人向受让人有偿或无偿地转移商标权。转让注册商标的，转让人和受让人应当签订转让协议，并共同向商标局提出申请，转让注册商标申请手续由受让人办理，经商标局核准后，发给受让人相应证明，并予以公告。受让人自公告之日起享有商标专用权。转让注册商标的商标注册人对其在同一种或者类似商品上注册的相同或者近似的商标，必须一并办理。

（2）根据继承程序，由合法继承人继承被继承人的商标权。商标作为一种无形的知识产品，它是商标所有人的财富，是受法律保护的。根据我国《民法通则》和《继承法》的有关规定，继承人可以依法继承而取得商标专用权。

8.2.4　商标权的保护

商标权是注册商标所有人对其商标享有的专有权利，是一种重要的财产权，任何人都不得侵犯。为了加强对商标权的保护，我国《商标法》规定了商标权保护的范围、商标侵权行为的类型及对商标侵权行为的制裁措施。

1．商标权保护的范围

商标权的保护范围是指商标权的效力范围。根据我国《商标法》第37条的规定，注册商标的专用权以核准注册的商标和核定使用的商品为限，即对注册商标专用权的保护限制在核准注册的商标和核定使用的商品范围之内。在此范围内，商标权人依法享有专用权并可对抗第三人。该保护范围不得任意改变或扩大，如果注册商标所有人擅自改变注册商标的文字、图形或其组合，或将注册商标使用于核定的商品以外的其他商品上，便超出了商标专用权的保护范围，也得不到法律的保护。我国通常情况下是以申请书申请的商标权范围的大小来确定保护的范围。

2．侵犯商标权的行为

侵犯商标权的行为是指侵害他人注册商标专用权的行为。侵犯商标权的行为一般表现为以下几种。

（1）未经商标注册人的许可，在同一种商品或者类似商品上使用与其注册商标相同或者近似的商标的。

（2）销售侵犯注册商标专用权的商品的。

（3）伪造、擅自制造他人注册商标标识或者销售伪造、擅自制造的注册商标标识的。

（4）未经商标注册人同意，更换其注册商标并将该更换商标的商品又投入市场的。

（5）给他人的注册商标专用权造成其他损害的。

根据《商标法实施条例》的规定,给他人的注册商标专用权造成其他损害的情形包括:① 在同一种或者类似商品上,将与他人注册商标相同或者近似的标志作为商品名称或者商品装潢使用,误导公众的;② 故意为侵犯他人注册商标专用权行为提供仓储、运输、邮寄、隐匿等便利条件的。

案例 8-2

唯冠国际控股有限公司(以下简称"唯冠国际")在台北和深圳分别设有子公司,分别为唯冠电子股份有限公司(以下简称"台北唯冠")、唯冠科技(深圳)有限公司(以下简称"深圳唯冠")。2000年起唯冠国际以台北唯冠的名义在全球申请注册 iPad 商标;2001年,深圳唯冠在中国内地注册了 iPad 商标的两种类别,注册号为1590557、1682310。

2009年12月,台北唯冠将 iPad 全球商标(其中包括中国内地的商标)以3.5万英镑的价格转让给英国 IP 申请发展有限公司(以下简称 IP 公司),然后英国 IP 公司以10万英镑的价格,将 iPad 商标的所有权益转让给了苹果公司。但深圳唯冠方面表示,iPad 的中国内地商标权并没有包含在3.5万英镑的转让协议中,而且,深圳唯冠才是 iPad 商标权在中国内地的拥有者,台北唯冠没有出售的权利,所以 iPad 的中国内地商标权不属于苹果公司。为此,苹果公司和英国 IP 公司将深圳唯冠告上法庭,两原告请求法院判令注册号1530557 "iPad"、注册号1682310 "iPad" 商标专用权归原告所有,判令被告赔偿原告因商标权属调查费、律师费所损失的人民币400万元。

2010年4月,深圳市中级人民法院受理该案。2011年12月,深圳中院作出一审判决:驳回苹果公司及 IP 公司的诉讼请求,案件受理费人民币4.56万元由两原告承担,深圳唯冠胜诉。判决认为:原告要商业获取他人商标,应当负有更高的注意义务,应当按照我国的法律规定,与商标权利人订立商标转让合同,并办理必要的商标转让手续。而本案商标转让合同系原告 IP 公司与台北唯冠签订,且与被告之间的表见代理亦不成立。因此,原告的诉讼请求缺乏事实和法律依据,予以驳回。

2012年2月,苹果公司向广州省高级人民法院提起上诉。之后,苹果公司与深圳唯冠就 iPad 商标案达成和解,苹果公司向深圳唯冠支付6 000万美元,广东省高院于6月25日向双方送达民事调解书,该调解书已经正式生效,持续两年之久的 iPad 商标案终于落下帷幕。

3. 商标权的保护方式

各国商标法一般都对商标权的保护方式做了明确规定。我国《商标法》规定,商标所有人的商标权受到侵害时,可以依行政程序请求工商行政管理机关或依诉讼程序请求司法机关予以法律保护。具体保护方式主要有以下3种。

1)行政处罚

行政处罚是工商行政管理机关按照商标管理法规,对商标侵权行为所做的制裁。注册商标专用权受到侵害时,被侵权人可以向工商行政管理部门要求处理。工商行政管理部门处理时,认定侵权行为成立的,责令立即停止侵权行为,没收、销毁侵权商品和专门用于制造侵权商品、伪造注册商标标识的工具,并可处以罚款。

2）民事处罚

民事处罚是法院依照民事诉讼程序对侵犯注册商标专用权行为所做的制裁。商标所有人在其商标专用权受到侵害时，有权要求法院责令侵权人停止侵权行为，消除影响，恢复名誉，赔偿损失。侵犯商标专用权的赔偿数额为侵权人在侵权期间因侵权所获得的利益，或者被侵权人在被侵权期间因被侵权所受到的损失，包括被侵权人为制止侵权行为所支付的合理开支。

3）刑事处罚

刑事处罚是法院对侵犯注册商标专用权的犯罪行为所做的制裁。侵犯注册商标专用权，构成犯罪的，应承担刑事责任。《商标法》第59条规定："未经商标注册人许可，在同一种商品上使用与其注册商标相同的商标，构成犯罪的，除赔偿被侵权人的损失外，依法追究刑事责任。伪造、擅自制造他人注册商标标识或者销售伪造、擅自制造的注册商标标识，构成犯罪的，除赔偿被侵权人的损失外，依法追究刑事责任。销售明知是假冒注册商标的商品，构成犯罪的，除赔偿被侵权人的损失外，依法追究刑事责任。"

8.2.5 商标权的期限、续展与消灭

1．商标权的期限

商标权的期限是商标权受法律保护的有效期限。我国《商标法》规定，注册商标的有效期为10年，自核准之日起计算。

2．商标权的续展

商标权的续展是指通过一定程序延续原注册商标的有效期，使商标注册人继续保持对其注册商标的专用权。我国《商标法》规定，注册商标有效期满，需要继续使用的，应当在期满前6个月内申请续展注册；在此期间内未能提出申请的，可以给予6个月的宽展期。宽展期满仍未提出申请的，注销其注册商标。每次续展注册的有效期为10年，续展次数不受限制。

3．商标权的消灭

商标权的消灭是指因法定事由的发生，注册商标所有人丧失其商标专用权。商标权的消灭一般有注销和撤销两种情况。

1）因注销而丧失商标权

注销是注册商标所有人自愿放弃其注册商标的注册。具体包括以下情形：① 商标权期满未申请续展；② 商标权人自动放弃商标权；③ 其他事由。

2）因撤销而丧失商标权

撤销是指商标主管机关强制废除注册商标的注册，剥夺注册商标所有人的专用权。根据我国《商标法》的规定，撤销有以下情形：① 已经注册的商标，违反商标法的规定，或者是以欺骗手段或其他不正当竞争手段取得注册的，由商标局撤销该注册商标；② 自行改变注册商标的文字、图形或其组合的；③ 自行改变注册商标的注册人名义、地址或其他注册事项的；④ 自行转让注册商标的；⑤ 连续3年停止使用的；⑥ 法律规定的其他情形。

商标权消灭后，注册商标所有人丧失商标专用权，任何人都可以使用该商标。

8.3 专利法

8.3.1 专利法概述

1. 专利的概念

"专利"一词有三种含义：一是指专利权，即受到专利法保护的对某项发明创造具有的独占实施权；二是指受专利法保护的发明创造；三是指专利证书，即记载发明创造内容的专利说明书和证书。其中，最主要的含义还是指专利权，即国家专利主管机关授予发明创造人在一定期限内依法享有的对其发明创造的专有权。

2. 专利法

专利法是调整确认、利用和保护专利权过程中发生的社会关系的法律规范的总称。

1984年3月12日第六届全国人大常委会第四次会议通过了《中华人民共和国专利法》（以下简称《专利法》），并于1985年4月1日起实施。1985年1月19日，国务院又批准公布了《中华人民共和国专利法实施细则》（以下简称《专利法实施细则》）。1992年9月4日，第七届全国人大常委会第二十七次会议通过了关于修改《专利法》的决定，对专利法进行了第一次修正，同年12月12日国务院批准修订了《专利法实施细则》。为了进一步加强对专利的保护，促进科技进步，2000年8月25日，第九届全国人大常委会第二十七次会议对《专利法》再次进行了修改，修改后的《专利法》于2001年7月1日起实施，其内容更加完善，在专利权的归属、专利管理体制、专利申请与审查、专利权的保护及专利权侵权纠纷的处理等方面都做出了更为明确的规定。与之相适应，2001年6月15日国务院通过了新的《专利法实施细则》，与修改后的《专利法》同时实施，使我国的专利制度得到进一步完善。

8.3.2 专利权的主体与客体

1. 专利权的主体

专利权的主体是指依法申请并获得专利权，享有专利权并承担相应法律义务的人。当一项发明创造依法取得专利权后，专利申请人就成为专利权所有人。

我国《专利法》对专利权的主体主要做了以下几个方面的规定。

1）发明人、申请人、专利权人

（1）发明人。即完成发明创造的人，根据《专利法实施细则》的规定，只有对发明创造的实质性特点做出创造性贡献的人才是发明人。在完成发明创造过程中，只负责组织工作的人、为物质技术条件的利用提供方便的人或者从事其他辅助工作的人，不是发明人或者设计人。

（2）申请人。即就一项发明创造向专利局申请专利的人。除了发明人可以作为申请人外，通过合同从发明人那里取得发明专利申请权的其他人、从发明人那里继承专利申请权的继承人及职务发明创造中按规定享有申请权的单位，都可以成为专利申请人。

(3) 专利权人。即依法享有专利权的人。发明人、申请人依法申请被批准后，即成为专利权人。

2) 专利权的归属

(1) 非职务发明。非职务发明也称为自由发明，即没有利用单位的物质技术条件，发明人完全依靠自己的智力劳动及资金、技术等条件完成的发明创造。非职务发明创造申请专利的权利属于发明人或设计人本人。

(2) 职务发明。职务发明是指执行本单位的任务或者主要利用本单位物质技术条件完成的发明创造。职务发明创造申请专利的权利属于该单位。执行本单位的任务做出的发明创造包括：在本职工作中做出的发明创造；履行本单位交付的本职工作之外的任务所做出的发明创造；退职、退休或者调动工作后1年内做出的，与其在原单位分配的任务有关的发明创造。主要利用本单位物质技术条件完成的发明创造是指主要利用本单位的资金、设备、零部件、原材料或者不对外公开的技术资料等做出的发明创造。

(3) 共同发明。两人或两人以上共同完成的发明创造即为共同发明，共同完成发明创造的人是共同发明人，一般情况下共同发明的权利为共同发明人所共有。共同发明在申请专利时应当取得的权利共有人的一致同意。共有人在转让共有份额时，其他共有人在同等条件下有优先购买权。共有一方声明放弃其专利申请权的，其他共有方可共同申请，但在发明创造被授予专利权后，放弃专利申请权的一方可以免费实施该项专利。

(4) 委托发明。委托发明是一个单位或个人接受其他单位或个人的委托所完成的发明创造。一般情况下，委托发明中权利的归属首先取决于双方的合同约定，合同没有约定的，相关权利属于受托人。

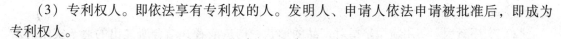

案例 8-3

甲公司与业余发明人王某订立了一份技术开发协议，约定由王某为甲公司开发完成一项污水处理技术，由甲公司为王某提供开发资金、设备、资料等，并支付报酬。在约定时间内，王某完成了合同约定的任务，并按约定将全部技术资料和权利都交给了甲公司。此外，王某在完成开发任务的过程中，还开发了一项附属技术，并以自己的名义就该附属技术申请了专利。甲公司知道此事后，认为该附属技术的专利申请权应属于甲公司所有，双方发生争议。

本案中，该业余发明人不属于甲公司的员工，其发明就不能认定为职务发明而应当认定为委托发明创造。依据《专利法》的规定，委托人和受托人在协议中有约定的，专利申请权或专利权的归属按约定办理；如果没有约定，上述两项权利归受托人，即王某所有，委托人甲公司在同等条件下有优先受让权。因此，无论是污水处理技术本身还是其附属技术的专利申请权和专利权都应归王某所有。

2. 专利权的客体

专利权的客体是指《专利法》规定的予以专利保护的发明创造。具体包括发明、实用新型和外观设计。

(1) 发明。发明是指对产品、方法或者其改进所提出的新的技术方案。发明包括产品发明和方法发明。

（2）实用新型。实用新型是指对产品的形状、构造或者其结合所提出的适于实用的新的技术方案。实用新型的创造性要求比发明低，人们又称其为"小发明"。

（3）外观设计。外观设计是指对产品的形状、图案或者其结合及色彩与形状、图案的结合所做出的富有美感并适于工业应用的新设计。外观设计必须以产品为依托，并可以通过工业手段大量复制。

8.3.3 授予专利权的条件

专利申请人取得专利权必须符合法定的条件。我国《专利法》要求授予专利权的发明创造必须具备新颖性、创造性和实用性。

1. 新颖性

所谓新颖性，是指在申请专利之日，该项发明在现有技术中尚未出现过，是前所未有的，未公知公用的技术。新颖性的基本要求是没有公开。

依照我国《专利法》的规定，新颖性是指在申请日以前没有同样的发明或实用新型在国内外出版物上公开发表过、在国内公开使用过或者以其他方式为公众所知，也没有同样的发明创造或者实用新型由他人向专利局提出过申请并且记载在申请日以后公布的专利申请文件中。此外，《专利法》还规定了几种公开发明创造却不丧失新颖性的情形。按照规定，申请专利的发明创造在申请日以前 6 个月内，有下列情形之一的，不丧失新颖性：① 在中国政府主办或者承认的国际展览会上首次展出的；② 在规定的学术会议或者技术会议上首次发表的；③ 他人未经申请人同意而泄露其内容的。

2. 创造性

创造性又称为先进性，是指申请专利的技术与现有技术相比，具有显著的进步。

按照我国《专利法》的规定，创造性是指同申请日以前已有的技术相比，该发明具有突出的实质性特点和显著的进步，该实用新型有实质性特点和进步。

3. 实用性

实用性是指该发明或实用新型能够制造或者使用，并且能够产生积极效果。

另外，《专利法》还规定了一些不能授予专利权的情形。根据《专利法》的规定，下列各项不授予专利权：① 科学发现；② 智力活动的规则和方法；③ 疾病的诊断和治疗方法；④ 动物和植物品种；⑤ 用原子核变换方法获得的物质。

对违反国家法律、社会公德或者妨害社会公共利益的发明创造，不授予专利权。

8.3.4 取得专利权的程序

取得专利权必须由专利申请人向国家专利主管机关提出申请，主管机关审查核准后才能授予专利权。因此，专利权的取得程序一般包括申请、审查、核准 3 个环节。

1. 申请

专利的申请是享有专利申请权的个人或单位向国家专利主管机关提出的要求授予其专利权的意思表示。

1)专利申请的原则

(1)先申请原则。先申请原则是指两个以上的人分别就同样的发明创造申请专利的,专利权授予最先申请的人。两个以上的申请人在同一天分别就同样的发明创造申请专利的,自行协商确定申请人;如果协商不成,或者有一方不愿协商,则两件申请都不授予专利权。确定申请日有几种情况:申请人直接向专利局递交文件的,以专利局收到专利申请文件之日为申请日;申请文件是邮寄的,以寄出的邮戳日为申请日,信封上寄出的邮戳日不清晰的,除当事人能证明外,以专利局收到日为递交日;专利局收到的申请文件有欠缺的,以文件补齐之日为申请日。

(2)优先权原则。申请人自发明或者实用新型在外国第一次提出专利申请之日起12个月内,或者自外观设计在外国第一次提出专利申请之日起6个月内,又在中国就相同主题提出专利申请的,依照该外国同中国签订的协议或者共同参加的国际条约,或者依照相互承认优先权的原则,可以享有优先权。

申请人要求优先权的,应当在申请的时候提出书面声明,并且在3个月内提交第一次提出的专利申请文件的副本;未提出书面声明或者逾期未提交专利申请文件副本的,视为未要求优先权。

(3)一项发明一件申请原则。一项发明一件申请原则,也称为单一性原则,是指一件发明或者实用新型专利申请应当限于一项发明或者实用新型。属于一个总的发明构思的两项以上的发明或者实用新型,可以作为一件申请提出。

2)专利申请文件

专利申请人在向国家专利主管机关提出申请时,一般都要求采取书面形式,所提交的申请文件一般包括以下几种。

(1)请求书。请求书是申请人向专利主管机关请求授予专利权的愿望的文件。请求书一般按照专利主管机关所要求的格式填写。

请求书的内容主要包括两项:一是发明创造的情况,即发明、实用新型或外观设计的名称;二是有关发明人的情况,包括发明人的姓名或名称、地址、国籍、代理人的情况等。

(2)说明书。说明书是专利申请文件中最重要的部分,用以说明发明的实质内容。是申请人用来公开其发明创造,使所属领域的普通专业人员可以据此理解并实施该发明创造的重要的书面文件。在确定专利权的保护时,说明书还可用来解释权利要求。说明书的内容主要包括:发明或实用新型的名称及所属技术领域;发明人对所属技术领域现有技术水平的了解;发明人所要解决的问题及解决问题的技术方案等。

(3)权利要求书。权利要求书是申请人请求确定专利权保护范围的书面文件。权利要求书应以说明书为依据,要求保护的权利范围不得超出说明书记载的内容。

(4)摘要。摘要是对说明书的内容所做的简短概括。摘要不具有法律效力,主要是在专利文献检索方面起作用。

2. 审查

对专利申请的审查主要有形式审查、实质审查、迟延审查3种不同的制度。

形式审查是指专利主管机关只对专利申请进行形式方面的审查,包括申请手续是否合法,申请文件是否齐备、合格等。

实质审查是指专利主管机关在进行审查时,不仅从形式上审查,而且还要从该项发明创造是否具有新颖性、创造性和实用性等实质条件上进行审查。

迟延审查是对专利申请早期公布，延后审查的制度。其做法是：专利主管机关收到专利申请以后，只进行形式审查，形式审查合格即予以公布，申请人可以在申请日后的一定期限内提出实质性审查的请求，专利主管机关再进行实质审查，并在审查合格的情况下依法授予专利权。在延迟审查的期间内，对有关的发明创造给予临时性的保护，其他任何人使用该发明创造都必须支付一定的费用。

我国《专利法》采取的是迟延审查制度。专利局收到发明专利申请后，经初步审查认为符合法律要求的，自申请日起18个月，即行公布。专利局也可以根据申请人的请求早日公布其申请，即"初步审查，早期公开"。

发明专利申请自申请日起3年内，申请人可以随时请求专利局进行实质审查，申请人无正当理由逾期不请求实质审查的，该申请即被视为撤回。但专利局认为必要的时候，也可以自行对发明专利申请进行实质审查。

3．批准

发明专利申请经实质审查，没有发现驳回理由的，由国家专利管理机关做出授予发明专利权的决定，发给发明专利证书，同时予以登记和公告。发明专利权自公告之日起生效。

实用新型和外观设计专利申请经初步审查，没有发现驳回理由的，由国家专利管理机关做出授予实用新型专利权或者外观设计专利权的决定，发给相应的专利证书，同时予以登记和公告。实用新型专利权和外观设计专利权自公告之日起生效。

专利申请人对国家专利管理机关驳回申请的决定不服的，可以自收到通知之日起3个月内，向专利复审委员会请求复审。专利复审委员会复审后做出决定，并通知专利申请人。

专利申请人对专利复审委员会的复审决定不服的，可以自收到通知之日起3个月内向人民法院起诉。

8.3.5 专利权人的权利与义务

1．专利权人的权利

1）专有实施权

专有实施权是专利权人最基本的权利，是指专利权人依法对其获得专利的发明创造享有的独占实施权。专利权人对其专利产品依法享有制造、使用、销售的权利，除法律另有规定外，任何单位或个人未经专利权人许可，不得实施其专利。

2）转让权

专利申请权和专利权都可以转让，但转让专利权必须签订书面合同，经国家专利管理机关登记和公告后生效。中国单位或个人向外国人转让专利申请权或专利权的，必须经国务院专利行政部门批准。

3）许可权

许可权是指专利权人通过签订许可合同允许他人在一定时间和地区范围内使用其专利的权利。根据许可使用专利权范围的不同，许可可分为独占使用许可、排他使用许可、普通使用许可3种形式。

4）标记权

标记权是指专利权人有权在其专利产品或该产品的包装上表明专利标记和专利号。其目的是为了表明专利权人已获得专利权,防止其他单位或个人的侵权行为。

2. 专利权人的义务

1)缴纳专利年费

专利权人在专利期内应向专利主管机关缴纳专利年费,未按期缴纳年费的,专利权终止。

2)实施专利的义务

国家授予发明创造专利权的目的之一是有利于发明创造的推广应用,促进科学技术的发展,如果专利权人自己不实施专利,也不允许他人使用其专利,就会出现专利权人垄断发明创造的现象,不利于科技的进步。因此,《专利法》规定,专利权人可以自己实施专利,也可以许可他人实施专利。如果专利权人自己不实施,也不允许他人实施其专利,在一定的条件下,国家可以依法颁布强制许可证,强制他人实施其专利,即专利权实施的强制许可。

8.3.6 专利实施的强制许可

1. 专利实施强制许可的概念

专利实施的强制许可是指国家主管专利的机关在一定的条件下,应其他单位的要求,不需经过专利权人的同意,通过行政程序允许其他单位或个人实施专利权人的专利的一种强制性法律手段。

2. 专利实施强制许可的种类

我国《专利法》规定的强制许可,只适用于发明专利和实用新型专利,不适用外观设计专利。依据专利法的规定,强制许可有以下几种。

1)专利权人未以合理条件在合理长的时间内许可他人实施专利的强制许可

《专利法》第48条规定:"具备实施条件的单位以合理的条件请求发明或者实用新型专利权人许可实施其专利,而未能在合理长的时间内获得这种许可时,国务院专利行政部门根据该单位的申请,可以给予实施该发明专利或者实用新型专利的强制许可。"

2)国家出现紧急状态时的强制许可

《专利法》第49条规定:"在国家出现紧急状态或者非常情况时,或者为了公共利益的目的,国务院专利行政部门可以给予实施发明专利或者实用新型专利的强制许可。"国家出现紧急状态或者紧急情况,一般是指发生战争、社会动乱、自然灾害及经济发生严重危机等情况。

3)从属专利的强制许可

从属专利的强制许可也称为"交叉许可",是指根据专利之间相互依存的关系,采取的一种有利于科学技术发展的强制许可制度。

根据《专利法》第50条的规定,一项取得专利权的发明或者实用新型比以前已经取得专利权的发明或者实用新型具有显著经济意义上的重大技术进步,其实施又有赖于前一发明或者实用新型的实施的,国务院专利行政部门根据后一专利权人的申请,可以给予实施前一发明或者实用新型的强制许可。在依照上述规定给予实施强制许可的情形下,国务院专利行政部门根据前一专利权人的申请,也可以给予实施后一发明或者实用新型的强制许可。

取得实施强制许可的单位或者个人不享有独占的实施权,也无权允许他人实施,并且应当付给专利权人合理的使用费。

8.3.7 专利权的保护

1. 专利权的保护范围

专利权的保护范围主要是根据权利要求书的内容来确定的。另外,还可以参考说明书和附图的内容来确定。

2. 专利侵权行为

专利侵权行为的表现形式多样,根据我国《专利法》及《专利法实施细则》的规定,侵犯专利权的行为包括以下几种。

(1) 未经专利权人许可,实施其专利的行为。未经专利权人许可,实施其专利的行为,具体是指未经专利权人许可,为生产经营目的制造、使用或销售专利产品或使用专利方法的行为。

(2) 假冒他人专利的行为。假冒他人专利的行为主要包括以下几种:① 未经许可,在其制造或者销售的产品、产品的包装上标注他人的专利号;② 未经许可,在广告或者其他宣传材料中使用他人的专利号,使人将所涉及的技术误认为是他人的专利技术;③ 未经许可,在合同中使用他人的专利号,使人将合同涉及的技术误认为是他人的专利技术;④ 伪造或者变造他人的专利证书、专利文件或者专利申请文件。

(3) 以非专利产品冒充专利产品、以非专利方法冒充专利方法。以下几种情形属于以非专利产品冒充专利产品、以非专利方法冒充专利方法的行为:① 制造或者销售标有专利标记的非专利产品;② 专利权被宣告无效后,继续在制造或者销售的产品上标注专利标记;③ 在广告或者其他宣传材料中将非专利技术称为专利技术;④ 在合同中将非专利技术称为专利技术;⑤ 伪造或者变造专利证书、专利文件或者专利申请文件。

3. 专利侵权的法律责任

对侵害专利权的行为,专利权人或利害关系人可以就侵权行为与侵权人进行协商;不愿协商或协商不成的,可以请求专利管理机关依行政程序进行处理;也可以直接向人民法院起诉。专利侵权行为被确认后,侵权行为人应承担相应的法律责任,其责任方式主要包括民事责任和刑事责任。

1) 民事责任

(1) 停止侵权。即禁止侵权人继续制造、使用、销售专利产品及专利方法。任何人未经许可,为了生产经营目的,实施了侵犯专利的行为,专利权人或者利害关系人可以请求停止侵权。

(2) 赔偿损失。侵权人的行为给专利权人造成损失时,应给予赔偿。赔偿数额按照权利人因被侵权所受到的损失或者侵权人因侵权所获得的利益确定;被侵权人的损失或者侵权人获得的利益难以确定的,参照该专利许可使用费的倍数合理确定。

2) 行政责任

我国《专利法》对假冒他人专利的行为、侵犯发明人或者设计人合法权益的行为等规定了行政责任,主要体现在《专利法》第57条、58条及59条的规定中:未经专利权人许可,实施其专利,即侵犯其专利权,引起纠纷的,可以请求管理专利工作的部门处理,管理专利工作的部门处理时,认定侵权行为成立的,可以责令侵权人立即停止侵权行为;假冒他人专利的,除依法承担民事责任外,由管理专利工作的部门责令改正并予公告,没收违法所得,可以并处违法所得3倍以下的罚款,没有违法所得的,可以处5万元以下的罚款;以非专利产品冒充专利产品、以非专利方法冒充专利方法的,由管理专利工作的部门责令改正并予公告,可以处5万元以下的罚款。

3)刑事责任

侵犯专利权的行为情节严重构成犯罪的,侵权人应承担刑事责任。例如,《中华人民共和国刑法》规定了假冒专利罪及相应的刑事处罚。

4. 不视为侵犯专利权的行为

《专利法》第63条规定,有下列情形之一的,不视为侵犯专利权。

(1)专利权人制造、进口或者经专利权人许可而制造、进口的专利产品或者依照专利方法直接获得的产品售出后,使用、许诺销售或者销售该产品的。

(2)在专利申请日前已经制造相同产品、使用相同方法或者已经做好制造、使用的必要准备,并且仅在原有范围内继续制造、使用的。

(3)临时通过中国领陆、领水、领空的外国运输工具,依照其所属国同中国签订的协议或者共同参加的国际条约,或者依照互惠原则,为运输工具自身需要而在其装置和设备中使用有关专利的。

(4)专为科学研究和实验而使用有关专利的。

为生产经营目的使用或者销售不知道是未经专利权人许可而制造并售出的专利产品或者依照专利方法直接获得的产品,能证明其产品合法来源的,不承担赔偿责任。

8.3.8 专利权的期限、终止与无效

1. 专利权的期限

专利权的期限就是专利权的有效期间。根据《专利法》的规定,发明专利权的期限为20年,实用新型专利权和外观设计专利权的期限为10年,均自申请日起计算。

2. 专利权的终止

专利权终止的原因包括以下几种。

(1)因期满而终止。专利权期满后,专利权人不再享有专有权,任何人都可以使用该发明,专利权归于消灭。

(2)因放弃而终止。专利权人以书面声明放弃专利权的,专利权归于消灭。放弃专利权应以法定的方式进行,即应向国家专利主管机关提出声明,由专利主管机关予以登记和公告。

(3)专利权人未按期缴纳专利年费,专利权归于消灭。

3. 专利权的无效

为了维护公众的利益,使专利权只保护那些真正应当保护的发明创造,《专利法》规定:自国务院专利行政部门公告授予专利权之日起,任何单位或者个人认为该专利权的授予不符合本法有关规定的,可以请求专利复审委员会宣告该专利权无效。

专利复审委员会对宣告专利权无效的请求应当及时审查和做出决定,并通知请求人和专

利权人。宣告专利权无效的决定，由国务院专利行政部门登记和公告。宣告无效的专利权视为自始即不存在。

对专利复审委员会宣告专利权无效或者维持专利权的决定不服的，可以自收到通知之日起 3 个月内向人民法院起诉。

宣告专利权无效的决定，对在宣告专利权无效前人民法院做出并已执行的专利侵权的判决、裁定，已经履行或者强制执行的专利侵权纠纷处理决定，以及已经履行的专利实施许可合同和专利权转让合同，不具有追溯力。但是，因专利权人的恶意给他人造成的损失，应当给予赔偿。

如果依照上述规定，专利权人或者专利权转让人不向被许可实施专利人或者专利权受让人返还专利使用费或者专利权转让费，明显违反公平原则，专利权人或者专利权转让人应当向被许可实施专利人或者专利权受让人返还全部或者部分专利使用费或者专利权转让费。

练习与实训

1. 名词解释题

| 工业产权 | 商标 | 证明商标 | 联合商标 |
| 防御商标 | 专利 | 专利法 | 先申请原则 |

2. 选择题

(1)《商标法》规定禁止作为商标使用的标志有（　　）。
   A. 与"红新月"相同的文字　　B. 同外国军旗近似的图形
   C. 本商品的通用名称　　　　D. 夸张的图形

(2) 依据《专利法》的有关规定，下列情形中应当授予专利权的是（　　）。
   A. 甲发明了某农作物新品种的生产方法
   B. 乙经过 10 年临床诊疗发明了对艾滋病的特有治疗方法
   C. 丙在核聚变实验过程中制造了某种新物质
   D. 丁利用业余时间发明了某种可以使电表读数少于实际用电度数的"节电器"

(3) 我国甲公司在中国和日本均注册了商标 W，而日本的乙企业在其本国在同种商品上使用了 W 商标，乙企业侵犯了我国甲公司（　　）。
   A. 在中国的商标权　　　　B. 在日本的商标权
   C. 在中国和日本的商标权　D. 在亚洲地区的商标权

(4) 某公司查阅当月的《商标公告》时发现一个经商标局初步审定的商标与本公司注册商标近似。该公司为了阻止或取消该近似商标，不能采取的程序是（　　）。
   A. 商标异议　　　　B. 商标争议
   C. 商标诉讼　　　　D. 撤销注册不当

(5) 我国《专利法》及其实施细则规定，确定发明和实用新型专利权的保护范围的依据是（　　）
   A. 说明书　　　　B. 请求书

C. 权利要求书　　　　　　　　D. 附图

3. 简答题

(1) 工业产权的特征有哪些？
(2) 商标权人的权利有哪些？
(3) 商标侵权行为包括哪些？商标权的保护方式有哪些？
(4) 专利权人有哪些权利和义务？
(5) 侵犯专利权的行为有哪些？应如何制裁专利权侵权行为？

4. 案例分析题

案例 1

取得新加坡鳄鱼公司国内销售权的北京同益公司在百盛购物中心设立专柜，与百盛购物中心联合销售鳄鱼牌及卡帝乐牌商品。北京同益公司工作人员将购买的北京市服装一厂生产的"枫叶"牌西裤的商标撤换上"卡帝乐"商标，以高于原价198%的价格出售。北京市服装一厂认为该行为侵犯其合法权益，遂以百盛购物中心、北京同益公司、新加坡鳄鱼公司及北京同益公司主管部门开发促进会为被告至北京市第一中级人民法院提起诉讼，要求赔礼道歉、赔偿损失。

问题：

本案中被告的行为是否构成商标侵权？应如何处理？试说明理由。

案例 2

2011年6月，甲厂研制出一种新型节能炉灶，其技术方案不仅前所未有，具有实质性特点和进步，而且经本厂测试、使用，效果极佳。甲厂遂采取商业秘密的形式对该技术予以保护。2012年6月，甲厂为强化对该技术的法律保护，向专利局提出实用新型专利申请。乙厂质检车间工程师张某自定项目，自购设备和科研资料，利用业余时间，于2012年4月独立完成该阀门的研制工作，其中的结构、功能和技术方案与甲厂研制的阀门完全相同。张某于2012年5月向专利局提出实用新型专利申请。

问题：

该发明创造的专利申请权应当由谁享有，为什么？

5. 实训题

任课教师提供相关背景资料，由学生准备申请专利权和商标权注册申请的文件，模拟专利申请或商标申请，熟悉专利权和商标权的申请条件及程序。

第4篇

经济程序管理法

第9章 反不正当竞争法

学习目标

本章介绍了反不正当竞争法的概念及其立法宗旨和基本原则，重点阐述了不正当竞争行为的表现形式，并对不正当竞争行为的监督及违反反不正当竞争法的法律责任进行了分析。通过本章的学习，应达到以下目标：

☑ 掌握不正当竞争行为的表现形式；
☑ 掌握违反反不正当竞争法应承担的法律责任。

技能要求

能够辨别具体的不正当竞争行为，能够运用本章知识分析实际案例。

9.1 反不正当竞争法概述

9.1.1 不正当竞争的概念与特征

从广义上讲，不正当竞争是指一切违反商业道德和善良风俗、有碍和有损正当竞争的行为，不仅包括狭义上的不正当竞争，还包括不公平交易行为、限制竞争行为和垄断行为。

《中华人民共和国反不正当竞争法》（以下简称《反不正当竞争法》）规定，不正当竞争行为是指经营者违反《反不正当竞争法》的规定，损害其他经营者的合法权益，扰乱社会经济秩序的行为。

不正当竞争具有以下几个特征。

（1）不正当竞争行为的主体是经营者。根据《反不正当竞争法》的规定，经营者是指从事商品经营或者营利性服务的法人、其他经济组织和个人。

（2）不正当竞争行为是违法行为。不正当竞争行为的违法性主要表现在违反了《反不正当竞争法》关于不正当竞争行为的具体规定。

(3) 不正当竞争行为损害了其他经营者的合法权益，以及正常的社会经济秩序。

9.1.2 反不正当竞争法的概念与调整范围

反不正当竞争法是调整在制止不正当竞争行为过程中发生的社会关系的法律规范的总称。

广义的反不正当竞争法是指有关反不正当竞争行为的法律、法规和立法、司法解释等法律规范的总和。即除了《反不正当竞争法》以外，还包括商标法、专利法及其实施细则，产品质量法，广告法，消费者权益保护法及制止牟取暴利的暂行规定等一切有关反不正当竞争行为的民事、行政、刑事法律、法规、立法和司法解释等。狭义的反不正当竞争法仅指《反不正当竞争法》，该法于1993年9月2日第八届全国人民代表大会第三次会议通过，1993年12月1日起施行。该法共5章33条，规定了立法目的和宗旨，列举了不正当竞争行为的各种表现形式，规定了管理机构、监督检查权限和程序、违反该法应承担的责任等内容。

《反不正当竞争法》主要调整以下几种社会关系。

(1) 经营者因实施不正当竞争行为所发生的社会关系，即经营者与经营者之间的关系。

(2) 国家职能部门对不正当竞争行为实施监督检查过程中发生的关系，即国家监督检查部门与经营者之间的关系。

(3) 因不正当竞争行为受到损害的消费者与经营者之间的关系，即消费者与经营者之间的关系。

9.2 不正当竞争行为

根据《反不正当竞争法》的规定，不正当竞争行为主要包括以下几种。

9.2.1 混淆行为

混淆行为是指经营者采取不正当竞争手段，在商品标记上从事假冒和欺诈行为，使自己的商品与他人商品在外观上无法区别，误导消费者，以获取非法利益。商品标记包括注册商标、商品名称、包装、装潢、企业名称、质量标志等。

1. 假冒他人的注册商标

注册商标所有人享有商标专用权，未经许可，任何人不得使用他人的注册商标。假冒注册商标行为既违反了商标法的规定，侵犯了商标专用权，同时也是一种不正当竞争行为，违反了反不正当竞争法。

2. 仿冒知名商品

仿冒知名商品是指擅自使用知名商品特有的名称、包装、装潢，或者使用与知名商品近似的名称、包装、装潢，造成和他人的知名商品相混淆，使购买者误认为是该知名商品。所谓"知名商品"，是指在市场上具有一定知名度，为相关公众所知悉的商品。"特有"是指商品名称、包装、装潢非为相关商品所通用，并具有显著的区别性特征。知名商品特有的名称是指知名商品独有的与通用名称有显著区别的商品名称。

3. 假冒企业名称或他人姓名

假冒企业名称或他人姓名是指擅自使用他人的企业名称或者姓名，使人误认为是他人的商品的行为。假冒企业名称或他人姓名，违反了反不正当竞争法的规定，是一种不正当竞争行为。

4. 伪造产地、伪造或者冒用质量标志，对商品质量做引人误解的虚假表示

商品的产地是指商品的制造、加工地或商品生产者的所在地，某些商品因其产地的人文和地理因素而具有较高的信誉和市场优势，商品的产地名称也因此受到法律的保护。质量标志是由专门的机构颁发的，证明该商品的质量水准。伪造产地、伪造或者冒用认证标志、名优标志等质量标志，对商品质量做引人误解的虚假表示，造成消费者的误解，损害了消费者和正当经营者的利益，属于不正当竞争行为。

9.2.2　限定专购的不正当竞争行为

限定专购的不正当竞争行为是指公用企业或者其他依法具有独占地位的经营者，限定他人购买其指定的经营者的商品，以排挤其他经营者的公平竞争。

"公用企业"是指涉及公用事业的经营者，包括供水、供电、供热、供气、邮政、电讯、交通运输等行业的经营者，这些公用企业通常具有垄断的性质。"其他依法具有独占地位的经营者"是指公用企业以外的由法律、法规、规章或者其他合法的规范性文件赋予其从事特定商品（包括服务）的独占经营资格的经营者。这类经营者凭借其特殊地位，限定他人购买自己指定的经营者的商品，利用独占地位安排他人之间进行交易。这种行为一方面给其他经营者造成困难，以排挤其他经营者的公平竞争，另一方面也是变相地扩大垄断的行为。

限定专购的不正当竞争行为一般表现为以下几种：限定用户、消费者只能购买和使用其附带提供的相关商品，而不得购买和使用其他经营者提供的符合技术标准要求的同类商品；限定用户、消费者只能购买和使用其指定的经营者生产或经销的商品，而不得购买和使用其他经营者提供的符合技术标准要求的同类商品；强制用户、消费者购买其提供的不必要的商品及配件；强制用户、消费者购买其指定的经营者提供的不必要的商品；以检验商品质量、性能为借口，阻碍用户、消费者购买、使用其他经营者提供的符合技术要求的其他商品；对不接受其不合理条件的用户、消费者拒绝、中断或削减供应相关商品，或者滥收费用；其他限制竞争的行为。

案例 9-1

某县电力公司要求其所属的城关供电所对城关镇辖区内用电户不符合要求的电度表进行更换，更换时限定用电户购买其提供的某仪表厂生产的"西子牌"电度表，更换电度表的用户必须交纳费用130元。城关供电所在更换电度表过程中，对于未交或者拒交费用的用户，采取了中断供电的措施。

9.2.3 滥用行政权力限制竞争的行为

滥用行政权力限制竞争行为是指政府及其所属部门滥用行政权力，限定他人购买其指定的经营者的商品，限制其他经营者正当的经营活动，或者限制外地商品进入本地市场，或限制本地商品流向外地市场。政府作为管理机关拥有广泛的行政权力，其行政权力的行使目的是维护社会的经济秩序，维护市场的公平竞争，利用行政权力限制竞争是法律所禁止的。

滥用行政权力限制竞争行为的主要表现形式有以下几种：规定在行政辖区内销售外地商品必须搭售本地商品，而本地商品往往是质次价高、缺乏竞争力的商品；明确规定在行政辖区范围内购买某些商品，只能以指定企业的商品为限；明确规定在行政辖区范围内不得销售某种外地商品，或者对外地商品的销售范围或数量进行限定；明确规定在行政辖区范围内销售某种外地商品必须履行批准手续，并加以人为刁难；以检查产品质量、打击假冒伪劣商品等为由，抬高对外地商品的检验标准，变相阻止外地商品进入本地市场；利用物价管理手段有意提高或压低外地商品的进销差价和零售差价，目的在于阻止外地商品正常进入本地市场参加竞争；利用税收、收费权利，不合理地增加经销外地商品企业的负担；利用信贷手段对经销外地商品的企业限制贷款或提高贷款利率；为保护本地区、本部门企业经营，封存市场信息，甚至制造、散布虚假的市场信息；限制、阻碍某种原材料或重要农产品输往外地，限制、阻碍甚至禁止某种技术输往外地。

9.2.4 商业贿赂行为

商业贿赂行为是指经营者采用财物或者其他手段进行贿赂，以销售商品或者购买商品，提供服务或者接受服务的不正当竞争行为。商业贿赂行为是一种典型的不正当竞争行为，助长了社会上的不正之风，损害了其他经营者的合法权益，扰乱了社会经济秩序。同时，该行为也严重地损害了广大消费者的利益，反不正当竞争法对此种行为予以制止，规定：经营者不得采用财物或者其他手段进行贿赂以销售或者购买商品。在账外暗中给予对方单位或者个人回扣的，以行贿论处；对方单位或者个人在账外暗中收受回扣的，以受贿论处。经营者销售或者购买商品，可以以明示的方式给对方折扣，可以给中间人佣金。经营者给对方折扣、给中间人佣金的，必须如实入账。接受折扣、佣金的经营者必须如实入账。

9.2.5 虚假宣传行为

虚假宣传行为是指经营者利用广告或者其他方法，对商品的质量、制作成分、性能、用途、生产者、有效期限、产地等做引人误解的虚假宣传。广告的经营者在明知或者应知的情况下，代理、设计、制作、发布虚假广告，也属于虚假宣传行为。

虚假宣传是一种不正当竞争行为，违背了诚实信用的原则，为假冒伪劣商品进入市场提供了便利，扰乱了正常的市场竞争秩序，同时造成对消费者的误导，损害了消费者的利益，因此为反不正当法所禁止。

9.2.6 侵犯商业秘密的行为

商业秘密是指能为权利人带来经济利益、具有实用性并经权利人采取保密措施的技术信息和经营信息。构成商业秘密包括以下几个条件。

（1）非公开性，或称新颖性，是指作为商业秘密的信息不被社会公众普遍知悉或容易获得。如果某项信息以流入到公有领域，为社会公众所普遍知悉，则不能成为商业秘密。

（2）有用性，或称实用性，即作为商业秘密的信息具有商业价值，能够为权利人带来经济利益。

（3）加密性，或称秘密管理性，指权利人采取了合理的保密措施，包括订立保密协议，建立保密制度等。

一般来说，具备上述3个条件的经营信息和技术信息均构成商业秘密。具体来说，商业秘密可以包括生产技巧、工艺秘诀、产品配方、制造过程、商业经验、经营策略、财务预测、客户名单、货源情报、管理方法、发展规划等。其表现形式可以为图纸、配方、经验公式，亦可以是数据、说明书等。

经营者侵犯商业秘密的行为主要表现为以下几种。

（1）以盗窃、利诱、胁迫或者其他不正当手段获取权利人的商业秘密。

（2）披露、使用或者允许他人使用以前项手段获取的权利人的商业秘密。

（3）违反约定或者违反权利人有关保守商业秘密的要求，披露、使用或者允许他人使用其所掌握的商业秘密。

第三人明知或者应知上述所列违法行为，获取、使用或者披露他人的商业秘密，视为侵犯商业秘密的行为。

9.2.7 低价倾销行为

低价倾销行为是指经营者以排挤竞争对手为目的，以低于成本的价格销售商品的行为。低价倾销不仅损害其他经营者的合法权益，而且会扰乱正常的经济秩序。因此，经营者只要是以排挤竞争对手或独占市场为目的、以低于成本的价格销售商品，都是法律所禁止的行为。但是，不是所有的低于成本销售商品都属低价倾销，下列4种情况不属于低价倾销行为：第一，销售鲜活商品；第二，处理有效期即将到期的商品，或者其他积压的商品；第三，季节性降价；第四，因清偿债务、转产、歇业而低于成本价拍卖商品。除法律规定的4种情形之外，其他一切以低于成本销售的行为均属倾销。

9.2.8 附条件交易行为

附条件交易行为是指在市场交易中，经营者利用自身的经济优势，违背购买者的意愿，搭售商品或者附加其他不合理条件销售商品。这种行为违反了公平销售的原则，妨碍了市场的竞争自由，影响了交易相对人自由选购商品的经营活动，还会导致使竞争对手的交易机会相对减少的结果，因而具有明显的反竞争性质，是一种不正当竞争行为。

附条件交易行为主要有以下3种表现形式。

（1）搭售商品，即要求其商品的购买者必须同时购买另一种产品，或者是要求其单件产品的购买者购买其全套系列的产品。

（2）在销售商品时附加不合理的条件。

（3）在技术转让中搭售商品或附加其他不合理的限制条件。

9.2.9 不当有奖销售行为

有奖销售是指经营者在销售商品或提供服务时附带性地向购买者提供物品、金钱或者其他经济利益的行为。有奖销售是经营者的一种促销手段，在一定程度上能够激发购买者的购买欲望，刺激消费增长，在短期内给企业带来一定的利润。但是，有奖销售也有一定的消极影响，欺骗性的有奖销售破坏了公平竞争秩序，损害了诚实经营者利益及消费者的权益；巨奖销售会传递错误的市场信息，诱发错误的购物导向，破坏市场竞争秩序。因此，有必要对有奖销售加以规范，对不正当的有奖销售予以禁止。反不正当竞争法禁止的不当有奖销售包括以下3种。

（1）采用谎称有奖或者故意让内定人员中奖的欺骗方式进行有奖销售。
（2）利用有奖销售的手段推销质次价高的商品。
（3）抽奖式的有奖销售，最高奖的金额超过5 000元。

案例 9-2

2011年8月5日至8月8日，某百货有限公司河南安阳分公司举行了抽奖式有奖销售活动，最高奖项为CK情侣表一对。2011年8月9日11时，某消费者凭购物小票抽中最高奖项CK情侣表一对，每块表价格2 650元，合计5 300元。中奖者领取奖品时当场交纳了个人所得税1 040元。

百货公司的行为违反了《反不正当竞争法》关于抽奖式有奖销售最高奖金额不得超过5 000元的规定，构成不正当竞争。2011年9月23日，安阳市工商局文峰分局依据《反不正当竞争法》第二十六条的规定，对当事人作出了责令停止违法行为，罚款10 000元上缴国库的行政处罚。

9.2.10 诋毁商誉行为

诋毁商誉行为是指经营者捏造、散布虚伪事实，损害竞争对手的商业信誉、商品声誉，从而削弱其竞争力，为自己取得竞争优势的行为。

诋毁商誉行为主要表现为以下几种形式。

（1）经营者在公开场合，用散发公开信、召开新闻发布会、在新闻媒体上刊播广告等形式，捏造、散布虚伪事实，贬低竞争对手的商业信誉和商品声誉。
（2）经营者利用虚假广告或比较广告，对自己的商品进行不符合事实的宣传，以贬低竞争对手的商品声誉，抬高自己企业或商品的地位。
（3）经营者在经营过程中，向业务客户或消费者编造、散布虚伪事实，损害竞争对手的商业信誉和商品声誉。
（4）直接在商品的包装说明或其他说明书上，对竞争对手的同类商品进行贬低。

案例9-3

2010年2月2日，北京瑞星信息技术有限公司（以下简称瑞星公司）利用其运营的官方网站广泛传播所谓"360给用户装'后门'"的文章，称360安全卫士在安装进用户电脑时，会私下开设"后门"，而此"后门"存在巨大安全隐患。黑客可以利用此后门对系统注册表和用户信息（文件）进行任意操作，例如读取、修改、删除等。此举引发北京奇虎科技有限公司（以下简称奇虎公司）的不满，奇虎公司认为瑞星公司的这些诽谤性质的不实言论给360安全产品的良好商誉造成极大的损害，是对360商业形象的严重诋毁，属于不正当竞争行为，奇虎公司起诉到北京市西城区人民法院，向瑞星公司索赔经济损失980万和精神损失赔偿1元。

西城区法院审理后认定，瑞星公司从事了侵犯奇虎公司商业信誉、商品声誉的不正当竞争行为，其行为构成不正当竞争，应当承担相应的侵权责任。因此判定，瑞星公司立即停止针对奇虎公司的不正当竞争行为，在媒体上连续十天发表道歉声明，并赔偿奇虎公司20万元。

9.2.11 串通投标行为

串通投标行为是指投标人相互串通投标报价，故意抬高标价或压低标价，损害招标人和其他投标人的利益；或者投标人与招标人串通，排挤其他投标人的公平竞争，损害国家利益、社会公共利益和他人合法利益的行为。《反不正当竞争法》第15条规定，投标者不得串通投标，抬高标价或者压低标价；投标者和招标者不得相互勾结，以排挤竞争对手的公平竞争。

串通投标行为主要表现为两种类形式，即投标人之间相互串通投标、招标人与投标人之间相互串通投标。

投标人之间相互串通投标行为的主要形式有：投标人之间相互约定，一致抬高或压低投标报价；投标人之间相互约定，在招标项目中轮流以高价位或低价位中标；投标人之间先进行内部竞价，内定中标人，然后再参加投标，约定给没有中标或弃标的其他投标人以"补偿费"。

招标人与投标人之间相互串通投标行为的主要形式有：招标人在公开开标前，开启标书，并将投标情况告知其他投标人，或者协助投标人撤换标书，更改报价；招标人向投标人泄露标底；投标人与招标人商定，在招标投标时压低或者抬高标价，中标后再给投标人或者招标人额外补偿；招标人预先内定中标者，在确定中标者时以此决定取舍；招标人在投标人做标书澄清事实说明时，故意做引导性提问，以促使其中标；招标实行差别对待；招标人故意让不合格的投标人中标；投标人贿赂招标人以获取招投标的信息。

9.3 对不正当竞争行为的监督检查

9.3.1 监督检查机关

根据《反不正当竞争法》的规定,县级以上工商行政管理部门是对不正当竞争行为进行监督检查的主要机关;有法律、行政法规明确规定的,以下机关也可以对不正当竞争行为进行监督检查:国家知识产权局、技术监督局、物价局、卫生局等。

县级以上监督检查部门对不正当竞争行为的受理,一般有3个途径:被侵害的经营者的告发;其他组织或者个人的检举揭发;在行使职权工作中发现的。

9.3.2 监督检查机关的职权

监督检查机关在监督检查不正当竞争行为时,有权行使下列职权。

(1) 调查询问权。按照规定程序询问被检查的经营者、利害关系人、主明人,并要求提供证明材料或者与不正当竞争行为有关的其他资料。

(2) 查询复制权。即查询、复制与不正当竞争行为有关的协议、账册、单据、文件、记录、业务函电和其他资料。

(3) 检查财物权。检查与欺骗性交易这种不正当竞争行为有关的财物。

(4) 强制措施权。在监督检查不正当竞争行为过程中,为了制止违法行为、保全证据,必要时可以责令被检查的经营者说明该商品的来源和数量,暂停销售,听候检查,不得转移、隐匿、销毁该财物。

(5) 行政处罚权。对查证属实、定性为不正当竞争的行为人,根据具体情况依法做出罚款、没收违法所得、责令停止违法行为、停业整顿、吊销营业执照等行政处罚。

监督检查机关工作人员在监督检查不正当竞争行为时,应当出示检查证件。监督检查部门在监督检查不正当竞争行为时,被检查的经营者、利害关系人和证明人应当如实提供有关资料或者情况。

9.4 不正当竞争行为的法律责任

不正当竞争行为的法律责任是指经营者违反《反不正当竞争法》,实施不正当竞争行为,在法律上应当承担的责任。其责任形式有3种:民事责任、行政责任和刑事责任。

9.4.1 民事责任

经营者违反《反不正当竞争法》的规定,实施不正当竞争行为,应承担民事责任,其责任形式主要有:停止侵害、消除影响、赔偿损失。《反不正当竞争法》对赔偿范围做了明确规定:经营者违法实施不正当竞争行为,给被侵害的经营者造成损害的,应当承担损害赔偿责任,被侵害的经营者的损失难以计算的,赔偿金额为侵权期间因侵权所获得的利润,并应当承担被侵害的经营者因调查该经营者侵害其合法权益的不正当竞争行为所支付的合理费用。

9.4.2 行政责任

行政责任是制裁不正当竞争行为的主要责任形式，主要包括：宣布行为无效、责令停止违法行为、没收违法所得、罚款、吊销营业执照等。《反不正当竞争法》对经营者实施不正当竞争行为应承担的行政责任做了以下规定。

（1）经营者假冒他人的注册商标，擅自使用他人的企业名称或者姓名，伪造或者冒用认证标志、名优标志等质量标志，伪造产地，对商品质量做引人误解的虚假表示的，依照《中华人民共和国商标法》、《中华人民共和国产品质量法》的规定处罚。经营者擅自使用知名商品特有的名称、包装、装潢，或者使用与知名商品近似的名称、包装、装潢，造成和他人的知名商品相混淆，使购买者误认为是该知名商品的，监督检查部门应当责令停止违法行为，没收违法所得，可以根据情节处以违法所得1倍以上3倍以下罚款；情节严重的，可以吊销营业执照。

（2）经营者采用财物或者其他手段进行贿赂以销售或者购买商品，不构成犯罪的，监督检查部门可以根据情节处以1万元以上20万元以下的罚款；有违法所得的，予以没收。

（3）公用企业或者其他具有独占地位的经营者，限定他人购买其指定的经营者的商品，以排挤其他经营者的公平竞争的，省级或者设区的市的监督检查部门应当责令停止违法行为，可以根据情节处以5万元以上20万元以下的罚款。被指定的经营者借此销售质次价高商品或者滥收费用的，监督检查部门应当没收违法所得，可以根据情节处以违法所得1倍以上3倍以下的罚款。

（4）经营者利用广告或者其他方法，对商品做引人误解的虚假宣传的，监督检查部门应当责令其停止违法行为，消除影响，并可以根据情节处以1万元以上20万元以下的罚款。广告的经营者，在明知或者应知的情况下，代理、设计、制作、发布虚假广告的，监督检查部门应当责令其停止违法行为，没收违法所得，并依法处以罚款。

（5）违反《反不正当竞争法》规定侵犯商业秘密的，监督检查部门应当责令其停止违法行为，并可以根据情节处以1万元以上20万元以下的罚款。

（6）经营者违反《反不正当竞争法》规定进行有奖销售的，监督检查部门应当责令其停止违法行为，并可以根据情节处以1万元以上10万元以下的罚款。

（7）投标者串通投标，抬高标价或者压低标价；投标者和招标者相互勾结，以排挤竞争对手的公平竞争的，其中标无效。监督检查部门可以根据情节处以1万元以上20万元以下的罚款。

9.4.3 刑事责任

经营者实施不正当竞争行为，情节严重，构成犯罪的，依法承担刑事责任。根据《反不正当竞争法》和《中华人民共和国刑法》的规定，有关不正当竞争行为的犯罪主要包括以下几种：假冒注册商标罪，侵犯商业秘密罪，虚假广告罪，损害商业信誉、商品信誉罪，串通投标罪，强迫交易罪。

练习与实训

1. 名词解释题

不正当竞争行为　　　商业秘密　　　诋毁商誉行为　　　低价倾销行为

2. 选择题

（1）根据《反不正当竞争法》，下列各项不属于经营者的是（　　）。
　　A. 商场　　　　　B. 理发店　　　　　C. 公立学校　　　　D. 美容院
（2）甲酒店向该市出租车司机承诺，为酒店每介绍一位客人，酒店向其支付该客人房费的20%作为奖励，与其相邻的乙酒店向有关部门举报了这一行为。有关部门调查发现甲酒店给付的奖励在公司的账面上皆有明确详细的记录。甲酒店的行为属于（　　）。
　　A. 正当的竞争行为　　　　　　　　　B. 商业贿赂行为
　　C. 限制竞争行为　　　　　　　　　　D. 低价倾销行为
（3）根据《反不正当竞争法》的规定，下列属于不正当竞争行为中混淆行为的是（　　）。
　　A. 甲厂在其产品说明书中作夸大其词的不实说明
　　B. 乙厂的矿泉水使用"清凉"商标，而"清凉矿泉水厂"是本地一知名矿泉水厂的企业名称
　　C. 丙商场在有奖销售中把所有的奖券刮奖区都印上"未中奖"字样
　　D. 丁酒厂将其在当地评奖会上的获奖证书复印在所有的产品包装上
（4）下列各项，不属于不正当竞争行为构成要件的是（　　）。
　　A. 经营者违反法律规定
　　B. 损害其他经营者的合法权益
　　C. 扰乱社会秩序
　　D. 不正当竞争行为给受害人造成了重大损失
（5）下列行为中，哪些属于法律规定的不正当竞争行为？（　　）
　　A. 某市政府发文规定，由于本市最近连续发生煤气中毒事件，因此各单位必须使用本市煤气公司生产的煤气安全阀
　　B. 天气渐暖，某商场决定所有皮衣六折优惠出售
　　C. 甲公司为提高本公司产品的市场占有率，通过座谈会的形式，向顾客宣传乙公司的产品不如甲公司的产品
　　D. 甲地（不属山东省）出产的苹果品质优良，但市场知名度不高，销路不畅，因此甲地的水果公司在其产品的外包装上全部印上"烟台苹果优质品牌"

3. 简答题

（1）简述不正当竞争行为的种类。
（2）简述混淆行为及其处理。
（3）简述侵犯商业秘密行为及其处理。

(4) 简述不正当竞争行为的法律责任。

4. 案例分析题

2011年12月，江苏省某保温瓶厂召集大型新闻发布会，发布一条骇人听闻的消息。新闻发布会称："沿用几十年至今的银色保温瓶胆存在渗漏银汞的严重缺陷。经过几年的精心研制，该厂生产出'无毒金胆'，'金胆'的诞生是保温瓶生产的一次革命，真正做到安全无毒。"随后，该厂开展银胆换金胆的销售活动，消费者只要交2元钱即可用一只银胆换一只金胆。该厂还发布广告，将在大庭广众下用压路机碾碎收缴的银胆。该竞争行为引起广大消费者的关注，担心中毒的使用者纷纷换购"金胆"。许多商业部门也纷纷要求进"金胆"的货。与此相对照的是，全国的银胆销售受到极大冲击，银胆无人问津，大量积压，甚至外国客商得此消息也纷纷提出退货和解除原合同。江苏某保温瓶厂对"金胆"产品的宣传及对银胆的贬低给其他生产保温瓶的厂家带来了巨大的经济损失。这一保温瓶行业的轩然大波引起了有关部门的重视，他们聘请有关专家对金胆和银胆进行认真鉴定和调查，经专家鉴定和调查，得出了以下结论：所谓银胆渗漏有毒物质，纯属捏造，无任何科学依据；所谓金胆只是在原银胆配方基础上加入一种新的着色剂，与银胆相比，根本没有安全可靠的改进，并无特殊的突破；所谓金胆方法早在40年代就已有了，并非是江苏某保温瓶厂首创。

问题：

江苏某保温瓶厂的行为属于哪类不正当竞争行为？对该厂的行为应如何处理？

5. 实训题

进行一次关于有奖销售活动的调研，提交调研报告，分析我国对不正当有奖销售行为法律规制的不足，并提出改进建议。

第 10 章

产品质量法

 学习目标

本章介绍了产品质量法的概念、立法宗旨和立法体系,重点分析了生产者、销售者的产品责任和义务,产品瑕疵担保责任,以及产品缺陷责任的构成要件、责任原则、责任主体及赔偿范围。通过本章的学习,应达到以下目标:
- ☑ 掌握产品及产品质量的含义;
- ☑ 掌握生产者、销售者的产品责任和义务;
- ☑ 掌握产品瑕疵担保责任的规定;
- ☑ 掌握产品缺陷责任的构成要件、责任原则、责任主体及赔偿范围。

 技能要求

熟悉生产者、销售者的产品责任和义务、产品瑕疵担保责任及产品缺陷责任的构成要件、责任原则、责任主体及赔偿范围,能够运用产品质量法解决社会生活中的实际问题,保护用户和消费者的合法权益。

10.1 产品质量法概述

10.1.1 产品质量法的概念

产品质量法是调整产品质量监督管理关系和产品责任关系的法律规范的总称,一般包括产品质量监督和管理、生产者和销售者的产品质量责任和义务、违反产品质量法的法律责任等方面的法律规定。

产品和产品质量是产品质量法的基础。产品质量法中的产品是指经过加工、制作,用于销售的产品,不包括初级农产品和不动产。建设工程不适用产品质量法的规定,但是建设工程使用的建筑材料、建筑构配件和设备属于产品定义范围的,适用产品质量法的规定。

产品质量通常是指产品满足需要的适用性、安全性、可靠性、耐用性、可维修性、经济性等特征和特性的总和。

10.1.2 产品质量法的立法宗旨与立法体系

1. 产品质量法的立法宗旨

《中华人民共和国产品质量法》规定，产品质量法的立法宗旨是：加强对产品质量的监督管理，明确产品质量责任，保护用户、消费者的合法权益，维护社会经济秩序。

2. 产品质量法的立法体系

1993年2月22日，第七届全国人民代表大会常务委员会第三十次会议通过了《中华人民共和国产品质量法》(以下简称《产品质量法》)，该法于1993年9月1日起施行。2000年7月8日第九届全国人民代表大会常务委员会第十六次会议对《产品质量法》进行了全面的修订，修订后的《产品质量法》自2001年1月1日起施行。

现行的产品质量法体系包括产品标准化制度、认证制度、产品质量抽查制度、产品质量检验制度、产品质量责任制度等。

10.2 产品质量监督管理

10.2.1 产品质量监督管理体制

产品质量监督管理体制是指产品质量监督管理组织机构的设置及其职权划分制度的统称。

1. 产品质量监督管理机构

我国产品质量监督管理实行统一管理与分工管理、层次管理与地域管理相结合的原则。根据我国《产品质量法》第8条的规定，产品质量监督管理机构包括以下几个。

(1) 国务院产品质量监督部门(即国家质量监督检验检疫总局，简称"国家质检总局")主管全国产品质量监督工作。

(2) 国务院有关部门(即国务院行业主管部门)在各自的职责范围内负责产品质量监督工作。

(3) 县级以上地方产品质量监督部门(即县级以上地方政府设置的质量监督与检验检疫机构)主管本行政区域内的产品质量监督工作。

(4) 县级以上地方人民政府有关部门(即县级以上地方政府设置的行业主管部门)在各自的职责范围内负责产品质量监督工作。

(5) 法律对产品质量的监督部门另有规定的，依照有关法律的规定执行。

2. 产品质量监督管理机构的权限职责

根据《产品质量法》的规定，各级产品质量监督管理机构应依法行使其职权。

(1) 县级以上产品质量监督部门根据已经取得的违法嫌疑证据或者举报，对涉嫌违反《产品质量法》规定的行为进行查处时，可以行使下列职权：① 对当事人涉嫌从事违反

《产品质量法》的生产、销售活动的场所实施现场检查；②向当事人的法定代表人、主要负责人和其他有关人员调查、了解与涉嫌从事违反《产品质量法》的生产、销售活动有关的情况；③查阅、复制当事人有关的合同、发票、账簿及其他有关资料；④对有根据认为不符合保障人体健康和人身、财产安全的国家标准、行业标准的产品或者有其他严重质量问题的产品，以及直接用于生产、销售该项产品的原辅材料、包装物、生产工具，予以查封或者扣押。

县级以上工商行政管理部门按照国务院规定的职责范围，对涉嫌违反《产品质量法》规定的行为进行查处时，可以行使以上职权。

（2）国务院和省、自治区、直辖市人民政府的产品质量监督部门应当定期发布其监督抽查的产品的质量状况公告。

（3）产品质量监督部门或者其他国家机关及产品质量检验机构不得向社会推荐生产者的产品，不得以对产品进行监制、监销等方式参与产品经营活动。

10.2.2 产品质量监督管理制度

1. 产品质量标准化制度

产品质量标准化管理是工业产品质量标准的制定、实施、监督、检查的各项规定的总和，是产品质量监督管理的依据和基础。我国现行标准化体系分为国家标准、行业标准、地方标准和企业标准。

产品质量标准制度的主要内容包括以下几个方面。

（1）产品质量应当检验合格，不得以不合格产品冒充合格产品。

（2）可能危及人体健康和人身、财产安全的工业产品，必须符合保障人体健康和人身、财产安全的国家标准、行业标准；未制定国家标准、行业标准的，必须符合保障人体健康和人身、财产安全的要求。

（3）禁止生产、销售不符合保障人体健康和人身、财产安全的标准和要求的工业产品。

2. 企业质量体系认证制度

《产品质量法》规定，国家根据国际通用的质量管理标准，推行企业质量体系认证制度。所谓"企业质量体系认证"，是指由国家认可的认证机构，根据企业申请，依据认证标准，按照规定的程序，对企业的质量保证体系，包括企业的质量管理制度、企业的生产技术条件等保证产品质量的诸因素进行全面的评审，对符合认证要求的，通过颁发认证证明书的形式，证明企业的质量保证能力符合相应标准的活动。

3. 产品质量认证制度

所谓产品质量认证，是由依法取得产品质量认证资格的认证机构，依据有关的产品标准和要求，按照规定的程序，对申请认证的产品进行工厂审查和产品检验等，对符合条件要求的，通过颁发认证证书和认证标志以证明该产品符合相应标准要求的活动。

《产品质量法》规定，国家参照国际先进的产品标准和技术要求，推行产品质量认证制度。企业根据自愿原则可以向国务院产品质量监督部门认可的或者国务院产品质量监督部门授权的部门认可的认证机构申请产品质量认证。经认证合格的，由认证机构颁发产品质量认证证书，准许企业在产品或者其包装上使用产品质量认证标志。

4. 产品质量监督检查制度

产品质量监督检查制度是指各级政府质量技术监督部门，根据国家有关法律、法规或规章的规定，按照各级政府赋予的职责，代表政府对生产、流通领域的产品质量实施的一种具有监督性质的检查制度。它既是一项强制性的行政措施，同时又是一项有效的法制手段。《产品质量法》第15条规定，国家对产品质量实行以抽查为主要方式的监督检查制度，对可能危及人体健康和人身、财产安全的产品，影响国计民生的重要工业产品及消费者、有关组织反映有质量问题的产品进行抽查。抽查的样品应当在市场上或者企业成品仓库内的待销产品中随机抽取。监督抽查工作由国务院产品质量监督部门规划和组织。县级以上地方产品质量监督部门在本行政区域内也可以组织监督抽查。法律对产品质量的监督检查另有规定的，依照有关法律的规定执行。

国家监督抽查的产品，地方不得另行重复抽查；上级监督抽查的产品，下级不得另行重复抽查。对依法进行的产品质量监督检查，生产者、销售者不得拒绝。抽查的产品质量不合格的，由实施监督抽查的产品质量监督部门责令其生产者、销售者限期改正。逾期不改正的，由省级以上人民政府产品质量监督部门予以公告；公告后经复查仍不合格的，责令停业，限期整顿；整顿期满后经复查产品质量仍不合格的，吊销营业执照。

案例 10-1

2008年9月17日，国家质检总局发布公告，决定从即日起，停止所有食品类生产企业获得的国家免检产品资格，相关企业要立即停止其国家免检资格的相关宣传活动，其生产的产品和印制在包装上已使用的国家免检标志不再有效。

公告称，鉴于近期石家庄三鹿集团股份有限公司生产的婴幼儿配方乳粉发生重大食品安全事故，部分企业生产的个别批次的婴幼儿配方乳粉检出不同含量的三聚氰胺，考虑到食品的特殊性和导致食品安全事故因素的复杂性，为进一步加大食品生产企业的监管力度，确保食品安全，切实维护消费者利益，经研究决定，停止实行食品类生产企业国家免检。

据介绍，为了促进企业提高质量，避免各种重复性的检查，减轻企业负担，从2000年开始，国务院产品质量监督部门组织实施了产品质量国家免检制度。企业获得免检，需自愿申报，产品必须达到质量长期稳定、市场占有率高、质量保障体系健全等条件，经国家或省级质量技术监督部门连续三次以上抽查合格后，才能确定为免检产品。免检产品生产企业必须定期报告质量状况。质检总局每年组织对免检产品开展国家监督抽查，实施严格监管，确保产品质量。

国家质检总局于近日发出公告，鉴于石家庄三鹿集团股份有限公司发生重大食品质量安全事故，现决定撤销石家庄三鹿集团股份有限公司生产的"三鹿"牌婴幼儿配方乳粉、乳粉、灭菌奶免检产品资格和名牌产品称号。

10.3 生产者、销售者的产品质量责任与义务

10.3.1 生产者的产品质量责任与义务

1. 生产者应当保证产品的内在质量

生产者生产的产品在质量上应当符合下列要求。

（1）不存在危及人身、财产安全的不合理的危险，有保障人体健康和人身、财产安全的国家标准、行业标准的，应当符合该标准。

（2）具备产品应当具备的使用性能，但是对产品存在使用性能的瑕疵做出说明的除外。

（3）符合在产品或者其包装上注明采用的产品标准，符合以产品说明、实物样品等方式表明的质量状况。

2. 产品或者其包装上的标识应当符合法律要求

产品标识就是用于识别产品及其质量、数量、特征、特殊性能和使用方法的标签，产品标识可以用文字、符号、数字、图案及其他说明物等表示。生产者应当在其生产的产品或包装上附加产品标识，产品标识应当符合以下法定要求。

（1）有产品质量检验合格证明。

（2）有中文标明的产品名称、生产厂厂名和厂址。

（3）根据产品的特点和使用要求，需要标明产品规格、等级、所含主要成分的名称和含量的，用中文相应予以标明；需要事先让消费者知晓的，应当在外包装上标明，或者预先向消费者提供有关资料。

（4）限期使用的产品，应当在显著位置清晰地标明生产日期和安全使用期或者失效日期。

（5）使用不当，容易造成产品本身损坏或者可能危及人身、财产安全的产品，应当有警示标志或者中文警示说明。裸装的食品和其他根据产品的特点难以附加标识的裸装产品，可以不附加产品标识。

（6）易碎、易燃、易爆、有毒、有腐蚀性、有放射性等危险物品及储运中不能倒置和其他有特殊要求的产品，其包装质量必须符合相应要求，依照国家有关规定做出警示标志或者中文警示说明，标明储运注意事项。

3. 不得从事法律禁止实施的行为

（1）生产者不得生产国家明令淘汰的产品。

（2）生产者不得伪造产地，不得伪造或者冒用他人的厂名、厂址。

（3）生产者不得伪造或者冒用认证标志等质量标志。

（4）生产者生产产品，不得掺杂、掺假，不得以假充真、以次充好，不得以不合格产品冒充合格产品。

掺杂、掺假是指在产品中掺入杂质或造假，致使产品有关物质的成分或者含量不符合国家有关法律、法规、标准规定要求的行为。

以假充真是指隐匿产品或物品原有名称、属性,以欺骗的手段,谎称是消费者所需要的产品进行销售,以此牟取利润。

以次充好是指产品质量、性能指标达不到或者完全达不到产品的标准或技术要求,但生产者、销售者却谎称产品完全符合标准或技术要求,以此来欺骗用户、消费者,达到推销产品的目标。

10.3.2 销售者的产品质量责任与义务

销售者的产品质量责任和义务主要包括以下几个方面。

1. 验收义务

销售者应当建立并执行进货检查验收制度,验明产品合格证明和其他标识。销售者履行验收义务,可以防止不合格产品进入市场。

2. 保持产品质量的义务

销售者应当采取措施,保持销售产品的质量,防止产品变质、腐烂,防止产品丧失或降低使用性能,防止产品产生危害人身、财产的瑕疵。

3. 有关产标识的义务

销售者销售的产品的标识应当符合法律的规定,不得更改产品标识,以保证产品标识的真实性。

4. 不得从事法律禁止的行为

具体包括:不得销售国家明令淘汰并停止销售的产品和失效、变质的产品;不得伪造产地,不得伪造或者冒用他人的厂名、厂址;不得伪造或者冒用认证标志等质量标志;销售者销售产品,不得掺杂、掺假,不得以假充真、以次充好,不得以不合格产品冒充合格产品。

10.4 违反产品质量法的责任

违反产品质量法的责任是指产品的生产者、销售者及对产品质量负有直接责任的其他主体违反《产品质量法》的规定而应当承担的法律责任。产品质量责任主要包括民事责任、行政责任和刑事责任。

10.4.1 民事责任

违反产品质量法的民事责任分为两种,一种是产品瑕疵担保责任,一种是产品缺陷责任。

1. 产品瑕疵担保责任

产品瑕疵担保责任是指生产、销售的产品存在瑕疵,违反了产品明示或默示的担保义务,生产者或销售者应当承担的法律责任。产品瑕疵担保责任实际上是一种合同责任。

我国《产品质量法》第 40 条规定,售出的产品有下列情形之一的,销售者应当负责修理、更换、退货;给购买产品的消费者造成损失的,销售者应当赔偿损失:① 不具备产品应当具备的使用性能而事先未作说明的;② 不符合在产品或者其包装上注明采用的产品标准的;③ 不符合以产品说明、实物样品等方式表明的质量状况的。

销售者依照上述规定负责修理、更换、退货、赔偿损失后,属于生产者的责任或者属于向销售者提供产品的其他销售者(即供货者)的责任的,销售者有权向生产者、供货者追偿。

销售者未按照上述规定给予修理、更换、退货或者赔偿损失的,由产品质量监督部门或者工商行政管理部门责令改正。

2. 产品缺陷责任

产品缺陷责任,一般也称为产品责任,是指产品的生产者、销售者因产品存在缺陷而给消费者造成人身伤害或者缺陷产品以外的其他财产损失时所应承担的赔偿责任。产品缺陷责任实质上是一种侵权责任。

1) 产品缺陷责任的构成要件

根据《产品质量法》的规定,产品缺陷责任的构成要件包括以下几个方面。

(1) 产品存在缺陷。产品缺陷是指产品存在危及人身、他人财产安全的不合理的危险;产品有保障人体健康、人身安全的国家标准、行业标准的,是指不符合该标准。产品缺陷具体可包括设计上的缺陷、制造上的缺陷和指示上的缺陷 3 种。

(2) 有损害事实的存在。即因产品缺陷造成了消费者、使用者或其他第三人的人身伤害或财产损失。如果产品有缺陷,但并未造成人身或财产损害,或者仅造成缺陷产品本身的损害,均不构成产品责任。在这种情况下,生产者或销售者仅按法律关于品质瑕疵担保责任的有关规定,承担修理、更换、退货或赔偿损失的责任。

(3) 产品缺陷与损害后果之间有因果关系,即损害的结果是由产品缺陷直接导致的。如果是由于消费者、使用者或其他第三者本身的过错或其他任何人的过错而造成损害事故的发生,就不存在产品责任的问题。

2) 产品缺陷责任的归责原则

根据我国产品质量法的规定,产品生产者适用的是无过错责任原则,销售者适用的是过错责任或过错推定责任原则。产品缺陷责任的归责原则具体体现为:因产品存在缺陷造成他人人身、缺陷产品以外的其他财产损害的,生产者应承担赔偿责任;由于销售者的过错使产品存在缺陷,造成人身、他人财产损害的,销售者应当承担赔偿责任,销售者既不能指明缺陷产品的生产者也不能指明缺陷产品的供货者的,销售者应当承担赔偿责任。

3) 产品缺陷责任的责任主体

因产品存在缺陷造成人身、缺陷产品以外的其他财产损害的,受害人可以向产品的生产者要求赔偿,也可以向产品的销售者要求赔偿。属于产品的生产者的责任,由产品的销售者进行赔偿的,产品的销售者有权向产品的生产者追偿;反之,属于产品的销售者的责任,由产品的生产者进行赔偿的,产品的生产者有权向产品的销售者追偿。

4) 产品缺陷责任的损害赔偿范围

因产品存在缺陷造成受害人人身伤害的,侵害人应当赔偿医疗费、治疗期间的护理费、因误工减少的收入等费用;造成残疾的,还应当支付残疾者生活自助器具费、生活补助费、残疾赔偿金及由其扶养的人所必需的生活费等费用;造成受害人死亡的,应当支付丧葬费、死亡赔偿金及由死者生前扶养的人所必需的生活费等费用。

因产品存在缺陷造成受害人财产损失的，侵害人应当恢复原状或者折价赔偿。受害人因此遭受其他重大损失的，侵害人应当赔偿损失。"其他重大损失"是指其他经济等方面的损失，包括可以获得的利益的损失。

案例 10-2

2007年3月8日晚，17岁的女孩贾某在北京市海淀区春海餐厅和家人聚餐时，卡式炉发生爆炸，致使贾某容貌被毁，医院诊断为面部、双手背部深Ⅱ度烧伤，面积为8%。经医院检查，贾某需数万元的治疗费用，且治疗后仍会遗留部分瘢痕。为此，贾某把生产卡式炉及罐装燃气的厂家告到北京市海淀区人民法院，要求赔偿损害并提出精神损害赔偿。2009年3月15日，海淀区人民法院做出一审判决，判令被告北京国际气雾剂有限公司、龙口市厨房配套设备用具厂连带赔偿原告贾某治疗费等共计17万余元，同时赔偿原告残疾赔偿金10万元。

5）生产者的免责情形

我国《产品质量法》规定，生产者能够证明下列情形之一的，不承担赔偿责任：① 未将产品投入流通的；② 产品投入流通时的科学技术水平尚不能发现缺陷存在的；③ 产品投入流通时，引起损害的缺陷尚不存在的。

6）产品缺陷责任的诉讼时效

按照《产品质量法》的规定，因产品存在缺陷受到损害要求赔偿的诉讼时效期间为2年，自当事人知道或者应当知道其权利受到损害时起计算。因产品存在缺陷受到损害要求赔偿的请求权，在造成损害的产品交付最初用户、消费者满10年后丧失；但是，尚未超过明示的安全使用期的除外。

10.4.2 行政责任

违反产品质量法应承担的行政责任方式主要有：责令停止生产、责令停止销售、没收违法所得、罚款、吊销营业执照等。具体体现在以下几个方面。

1. 生产者、销售者的违法行为及处罚

（1）生产、销售不符合保障人体健康和人身、财产安全的国家标准、行业标准的产品。

（2）在产品中掺杂、掺假，以假充真，以次充好，或者以不合格产品冒充合格产品。

（3）生产国家明令淘汰的产品，销售国家明令淘汰并停止销售的产品。

（4）销售失效、变质的产品。

（5）伪造产品产地的，伪造或者冒用他人厂名、厂址，伪造或者冒用认证标志等质量标志的。

（6）产品标识不符合《产品质量法》的相关规定。

生产者或销售者从事上述行为的，由产品质量监督管理部门责令其改正，并根据情节分别给予以下行政处罚：警告，罚款，没收违法所得，责令停止生产、销售，吊销营业执照。

2. 产品质量检验机构、认证机构的违法行为及处罚

（1）产品质量检验机构、认证机构伪造检验结果或者出具虚假证明的，责令改正，对单位处 5 万元以上 10 万元以下的罚款，对直接负责的主管人员和其他直接责任人员处 1 万元以上 5 万元以下的罚款；有违法所得的，并处没收违法所得；情节严重的，取消其检验资格、认证资格。

（2）产品质量检验机构、认证机构出具的检验结果或者证明不实，造成损失的，应当承担相应的赔偿责任；造成重大损失的，撤销其检验资格、认证资格。

（3）产品质量认证机构违反法律规定，对不符合认证标准而使用认证标志的产品，未依法要求其改正或者取消其使用认证标志资格的，对因产品不符合认证标准给消费者造成的损失，与产品的生产者、销售者承担连带责任；情节严重的，撤销其认证资格。

3. 产品质量监督部门或者其他国家机关的违法行为及处罚

（1）产品质量监督部门在产品质量监督抽查中超过规定的数量索取样品或者向被检查人收取检验费用的，由上级产品质量监督部门或者监察机关责令退还；情节严重的，对直接负责的主管人员和其他直接责任人员依法给予行政处分。

（2）产品质量监督部门或者其他国家机关违反法律规定，向社会推荐生产者的产品或者以监制、监销等方式参与产品经营活动的，由其上级机关或者监察机关责令改正，消除影响，有违法收入的予以没收；情节严重的，对直接负责的主管人员和其他直接责任人员依法给予行政处分。

（3）产品质量监督部门或者工商行政管理部门的工作人员滥用职权、玩忽职守、徇私舞弊，构成犯罪的，依法追究刑事责任；尚不构成犯罪的，依法给予行政处分。

（4）各级人民政府工作人员和其他国家机关工作人员有下列情形之一的，依法给予行政处分：包庇、放纵产品生产、销售中违反《产品质量法》规定行为的；向从事违反法律规定的生产、销售活动的当事人通风报信，帮助其逃避查处的；阻挠、干预产品质量监督部门或者工商行政管理部门依法对产品生产、销售中违反《产品质量法》规定的行为进行查处，造成严重后果的。

4. 其他违法行为及处罚

（1）知道或者应当知道属于法律规定禁止生产、销售的产品而为其提供运输、保管、仓储等便利条件的，或者为以假充真的产品提供制假生产技术的，没收全部运输、保管、仓储或者提供制假生产技术的收入，并处违法收入 50% 以上 3 倍以下的罚款。

（2）服务业的经营者将法律规定禁止销售的产品用于经营性服务的，责令停止使用；对知道或者应当知道所使用的产品属于《产品质量法》规定禁止销售的产品的，按照违法使用的产品（包括已使用和尚未使用的产品）的货值金额，依照《产品质量法》对销售者的处罚规定处罚。

10.4.3 刑事责任

生产者、销售者、产品质量检验机构、认证机构、产品质量监督部门或其他国家机关及其工作人员的违法行为，如果已经触犯刑法，构成犯罪的，依照《中华人民共和国刑法》的规定依法追究刑事责任。有关产品质量方面的犯罪主要有：生产、销售伪劣商品罪，玩忽职守罪，徇私枉法罪，妨害公务罪等。

练习与实训

1. 名词解释题

产品　　　产品质量　　　产品瑕疵担保责任　　　产品缺陷　　　产品缺陷责任

2. 选择题

（1）某日，李女士在家中做饭时高压锅突然爆炸，李女士被炸飞的锅盖击中头部，抢救无效死亡。后据质量检测专家鉴定，高压锅发生爆炸的直接原因是设计不尽合理，使用时造成排气孔堵塞而发生爆炸。本案中，可以以下列何种依据判定生产者承担责任？（　　）

　　A. 产品存在的缺陷　　　　　　　　B. 产品买卖合同约定
　　C. 产品默示担保条件　　　　　　　D. 产品明示担保条件

（2）某厂开发一种新型节能炉具，先后制造出 10 件样品，后样品有 6 件丢失。2012 年某户居民的燃气罐发生爆炸，查明原因是使用了某厂丢失的 6 件样品炉具中的一件，而该炉具存在重大缺陷。该户居民要求某厂赔偿损失，某厂不同意赔偿。下列理由中哪一个最能支持某厂的立场？（　　）

　　A. 该炉具尚未投入流通
　　B. 该户居民如何得到炉具的事实不清
　　C. 该户居民偷盗样品，由此造成的损失应由其自负
　　D. 该户居民应向提供给其炉具的人索赔

（3）下列产品中存在《产品质量法》所称的"缺陷"的有哪些？（　　）

　　A. 致人中毒的假酒
　　B. 口感不佳的劣酒
　　C. 易醉人的高度酒
　　D. 突然爆炸炸坏家具的汽酒（爆炸原因为气压过高）

（4）下列产品中应有警示标志或中文警示说明的有哪些？（　　）

　　A. 有副作用的药品　　　　　　　　B. 需稀释方可使用的农药
　　C. 易燃易爆物　　　　　　　　　　D. 书籍

（5）甲公司售与乙商场一批玻璃花瓶，称花瓶上有不规则的抽象花纹为新产品，乙商场接货后即行销售，后受到很多消费者投诉，消费者说花瓶上的花纹实际上是裂缝，花瓶漏水，要求乙商场退货并赔偿损失，乙商场与甲公司交涉，甲公司称此类花瓶是用于插装塑料花的，裂缝不影响使用，且有特殊的美学效果，拒绝承担责任。经查，消费者所述属实。下列答案中不正确的是哪一项？（　　）

　　A. 乙商场应予退换并赔偿损失
　　B. 乙商场退换并赔偿损失后可向甲公司追偿
　　C. 消费者丙被花瓶裂缝划伤，可向甲公司直接索赔
　　D. 乙商场无过错，不应当对此负责

3. 问答题

（1）产品质量法的立法宗旨是什么？
（2）我国的产品质量监督管理制度包括哪些？
（3）生产者、销售者的产品质量责任和义务分别有哪些？
（4）产品缺陷责任的构成要件有哪些？
（5）生产者的免责情形有哪些？

4. 案例分析题

2011年9月16日，张某在其所在城市的远大商场购买了一台电吹风机。当日，张某在正常使用该电吹风机的过程中，因电吹风机漏电而被电流击伤，虽救治及时仍造成手指残废。2012年11月8日，张某以远大商场为被告在法院提起诉讼，请求法院判令远大商场对其因触电致残承担赔偿责任。远大商场辩称：第一，根据《民法通则》的规定，因身体伤害要求赔偿的诉讼时效期间为1年，因此原告的起诉已过诉讼时效；第二，原告触电是由于电吹风机存在质量缺陷，被告作为产品销售者没有过错，因此原告无权要求远大商场承担赔偿责任，而应向电吹风机的生产者日升电器厂要求赔偿。

问题：
被告远大商场拒绝赔偿的理由是否成立？本案应如何处理？

5. 实训题

收集产品质量问题方面的案例，明确生产者和销售者的产品质量义务，熟悉产品责任的构成要件、产品责任的归责原则、责任主体、赔偿项目及其标准。

第 11 章

消费者权益保护法

 学习目标

本章介绍了消费者的涵义、消费者权益保护法的立法宗旨与基本原则,重点阐述了消费者的权利、经营者的义务、损害消费者权益的法律责任,以及消费者权益争议的解决方式。通过本章的学习,应达到以下目标:

☑ 掌握消费者的涵义;
☑ 掌握消费者权益保护法的立法宗旨及基本原则;
☑ 掌握消费者的权利、经营者的义务;
☑ 掌握损害消费者权益的法律责任。

 技能要求

1. 能够正确应用消费者权益争议的解决方式。
2. 能够依法维护消费者的权利。

11.1 消费者权益保护法概述

11.1.1 消费者的概念

《中华人民共和国消费者权益保护法》(以下简称《消费者权益保护法》)第 2 条规定:"消费者为生活消费需要购买、使用商品或者接受服务,其权益受本法保护;本法未作规定的,受其他有关法律、法规保护。"根据上述规定可以看出,消费者是指为满足生活消费需要而购买、使用商品或接受服务的人。这一概念包含了几个方面的含义:第一,消费者的消费性质属于生活消费;第二,消费者消费的客体是法律允许提供的商品或服务;第三,消费者的消费方式包括购买、使用商品或接受服务;第四,消费者的范围包括一切进行生活消费的个人或消费者群体。

11.1.2 消费者权益保护法的概念与适用范围

消费者权益是指消费者的权利及其利益。消费者权益保护法是调整在保护消费者权益过程中发生的社会关系的法律规范的总称。消费者权益保护法有广义和狭义之分。广义上的消费者权益保护法是指所涉及消费者保护的各种法律规范，包括《产品质量法》、《反不正当竞争法》等。狭义上的消费者权益保护法是指国家有关消费者权益保护的专门立法，即1993年10月31日第八届全国人大常委会第四次会议通过的《消费者权益保护法》。

《消费者权益保护法》从主体和行为的角度明确了该法的适用范围：消费者为生活消费需要购买、使用商品或者接受服务，其权益受本法保护。与之相对应，经营者为提供商品、接受服务，应当遵守《消费者权益保护法》的规定。

另外，《消费者权益保护法》也把一部分特定的生产消费纳入其调整范围。该法第54条规定："农民购买、使用直接用于农业生产的生产资料，参照本法执行。"即农民购买、使用直接用于农业生产的生产资料所产生的社会关系也适用《消费者权益保护法》。

11.1.3 消费者权益保护法的立法宗旨及基本原则

消费者在市场经济中处于弱者的地位，且人数众多，充分保护消费者利益，才能实现社会公平，稳定社会秩序。《消费者权益保护法》第1条明确规定："为保护消费者的合法权益，维护社会经济秩序，促进社会主义市场经济健康发展，制定本法。"可见，消费者权益保护法是维护消费者利益、保护消费者合法权益的基本法律，是国家对基于消费者弱势地位而给予的特别保护，是维护真正的公平交易市场秩序的法律。

《消费者权益保护法》的基本原则是指贯彻于消费者权益保护法之中的，保护消费者利益的基本准则。《消费者权益保护法》的基本原则有三项：一是自愿、平等、公平、诚实信用的原则；二是国家对消费者特别保护原则；三是国家保护与社会监督相结合的原则。

11.2 消费者的权利

消费者的权利是指消费者依法在消费领域做出一定行为或要求他人做出一定行为的权利。我国《消费者权益保护法》规定了消费者享有的9项权利，即安全权、知情权、自主选择权、公平交易权、求偿权、结社权、获得有关知识权、人格尊严和民族风俗习惯受尊重权、监督权。

1. 安全权

安全权是消费者最基本的权利，是指消费者在购买、使用商品和接受服务时，享有人身、财产安全不受损害的权利，即人身安全权和财产安全权。消费者在购买、使用商品和接受服务时，首先考虑的便是商品和服务的安全因素。为了保证安全权的实现，《消费者权益保护法》第7条规定："消费者在购买、使用商品和接受服务时享有人身、财产安全不受损害的权利。"只要是在购买、使用商品或接受服务过程中，消费者的人身、财产安全受到损害，消费者就有权要求赔偿。

案例 11-1

2011年1月6日,游客徐先生入住宁波市镇海区城北一家酒店,在洗澡时,淋浴房的钢化玻璃突然爆裂,导致其右手筋炸伤。意外发生后,酒店及时将其送至附近医院就治,并垫付了所有医药费。

事后,徐先生认为玻璃门爆裂是淋浴房质量有问题,酒店应负全责,除承担医疗费外,还应赔偿其误工费等损失共计2万余元;酒店方表示玻璃门碎裂与顾客操作不当、用力过猛有必然联系,酒店支付医疗费和200元的补偿费,已尽到了责任。双方协商不下,徐先生向镇海区消费者权益保护委员会投诉。

镇海区消费者权益保护委员会受理后,明确指出,酒店作为服务性行业应保证其所提供的服务场所符合保障人身安全的要求,对可能危及消费者人身安全的事宜,应当向其作出真实的说明和明确的警示,并采取防止危害发生的措施。最终,酒店方一次性赔偿徐先生医疗费、误工费、营养费、交通费等合计人民币12 090元。

2. 知情权

消费者享有知悉其购买、使用的商品或者接受的服务的真实情况的权利,简称知情权。消费者有权根据商品或者服务的不同情况,要求经营者提供商品的价格、产地、生产者、用途、性能、规格、等级、主要成分、生产日期、有效期限、检验合格证明、使用方法说明书、售后服务,或者服务的内容、规格、费用等有关情况。作为经营者,诚实信用是交易双方应遵守的基本准则,不得隐瞒实情,不得做虚假承诺,否则就构成对消费者知情权的侵犯,一旦发生争议或造成损害,消费者有权要求经营者给予赔偿。

3. 自主选择权

自主选择权是指消费者根据自己的消费要求、意向和兴趣,自主选择自己满意的商品和服务,决定是否购买或接受的权利。根据《消费者权益保护法》第9条的规定:消费者享有自主选择商品或者服务的权利。消费者有权自主选择提供商品或者服务的经营者,自主选择商品品种或者服务方式,自主决定购买或者不购买任何一种商品、接受或者不接受任何一项服务。消费者在自主选择商品或者服务时,有权进行比较、鉴别和挑选。

4. 公平交易权

消费者享有公平交易的权利。消费者在购买商品或者接受服务时,有权获得质量保障、价格合理、计量正确等公平交易条件,有权拒绝经营者的强制交易行为。经营者在提供商品或服务时,必须保证质量、价格合理、计量正确,不得违反平等自愿、公平交易的市场准则,违背消费者的意愿强制交易。

5. 求偿权

《消费者权益保护法》第11条规定:"消费者因购买、使用商品或者接受服务受到人身、财产损害的,享有依法获得赔偿的权利。"商品的购买者、商品的使用者、服务的接受者及在他人购买、使用商品或接受服务的过程中受到人身或财产损害的人,只要其人身、财产损害是因购买、使用商品或接受服务而引起的,都享有求偿权。

6. 结社权

消费者的结社权是指消费者为维护自身的合法权益有依法成立消费者组织的权利。消费者组织起来依法成立消费者社会团体，可以形成对商品和服务的广泛社会监督，对于及时处理侵害消费者权益的行为、指导消费者提高自我保护意识和能力、及时解决消费纠纷等具有重要的意义。

7. 获得有关知识权

获得消费知识权是指消费者有获得消费者权益保护方面的知识，包括消费观念知识，商品和服务的基本知识，市场基本知识，保护消费者权益的法律、法规和政策及保护消费者权益的机构和解决消费争议的知识等。消费者应当努力掌握所需商品或者服务的知识和使用技能，正确使用商品，提高自我保护意识。

8. 人格尊严和民族风俗习惯受尊重权

《消费者权益保护法》第 14 条规定："消费者在购买、使用商品和接受服务时，享有其人格尊严、民族风俗习惯得到尊重的权利。"经营者侵犯消费者人格尊严、民族风俗习惯的，应当承担相应的法律责任。

案例 11-2

2012 年 2 月 5 日，张某到自己家附近的一家超市购物，边看边选，大约逗留近一个小时，最后没有合适物品，便决定离开超市。在超市门口，被超市保安人员拉住，并被告知他们怀疑他偷了东西，要求到保卫科交涉。张某坚决否认，据理力争，无奈只好随两名保安人员到保卫科，检查其携带的皮包及身穿的外衣。折腾了半个小时，最后并没有发现其商店的物品，此时一位保安人员说："算你清白，你可以走了。"张某回家后深感不平，于是在事后的第二天向法院提起诉讼，以超市侵犯其名誉权与人身自由为由，要求超市向其公开赔礼道歉，恢复名誉，并赔偿精神损失。

《消费者权益保护法》规定，消费者在购买、使用商品和接受服务时享有人格尊严、民族风俗习惯得到尊重的权利，经营者不得对消费者进行侮辱、诽谤，不得搜查消费者身体及其携带的物品，不得侵犯消费者人身自由。经营者侵害消费者人格尊严或侵犯消费者人身自由的，应当停止侵害、恢复名誉、清除影响、赔礼道歉，并赔偿损失。

本案中超市怀疑消费者偷窃商品，对其身体擅自搜查，肆意侮辱，并限制李某自由达半小时之久，侵犯了李某的人格尊严，是严重的侵权行为。超市应公开向张某赔礼道歉，并赔偿张某精神损失费。

9. 监督权

消费者享有对商品和服务及保护消费者权益工作进行监督的权利。消费者有权检举、控告侵害消费者权益的行为和国家机关及其工作人员在保护消费者权益工作中的违法失职行为，有权对保护消费者权益工作提出批评、建议。通过消费者的监督，可以促进经营者提高商品质量和服务质量，进行公平竞争，维护良好的市场经济秩序。

11.3 经营者的义务

在市场交易中,经营者是与消费者相对应的一方主体,是通过市场为消费者直接或间接提供商品和服务的生产者、销售者、服务者。消费者权利的实现有赖于经营者正确履行自己的义务。根据《消费者权益保护法》的规定,经营者在经营过程中应承担以下义务。

1. 履行法定义务和约定义务

经营者向消费者提供商品或者服务,应当依照《产品质量法》和其他有关法律、法规的规定履行义务。经营者和消费者有约定的,应当按照约定履行义务,但双方的约定不得违背法律、法规的规定。

2. 接受监督的义务

经营者应当听取消费者对其提供的商品或者服务的意见,接受消费者的监督。这一义务是与消费者的监督权相对应的义务。规定这一义务,有助于改善消费者的地位,提高经营者的服务质量。

3. 保证人身和财产安全的义务

经营者应当保证其提供的商品或者服务符合保障人身、财产安全的要求。对可能危及人身、财产安全的商品和服务,应当向消费者做出真实的说明和明确的警示,并说明和标明正确使用商品或者接受服务的方法及防止危害发生的方法。

经营者发现其提供的商品或者服务存在严重缺陷,即使正确使用商品或者接受服务仍然可能对人身、财产安全造成危害的,应当立即向有关行政部门报告和告知消费者,并采取防止危害发生的措施。

4. 提供商品和服务真实信息的义务

经营者应当向消费者提供有关商品或者服务的真实信息,不得做引人误解的虚假宣传。

经营者对消费者就其提供的商品或者服务的质量和使用方法等问题提出的询问,应当做出真实、明确的答复。商店提供商品应当明码标价。

5. 标明真实名称和标记的义务

经营者应当标明其真实名称和标记。租赁他人柜台或者场地的经营者,应当标明其真实名称和标记。

6. 出具购货凭证或服务单据的义务

经营者提供商品或者服务,应当按照国家有关规定或者商业惯例向消费者出具购货凭证或者服务单据;消费者索要购货凭证或者服务单据的,经营者必须出具。

7. 保证商品和服务质量的义务

经营者应当保证在正常使用商品或者接受服务的情况下其提供的商品或者服务应当具有的质量、性能、用途和有效期限;但消费者在购买该商品或者接受该服务前已经知道其存在瑕疵的除外。

经营者以广告、产品说明、实物样品或者其他方式表明商品或者服务的质量状况的,应当保证其提供的商品或者服务的实际质量与标明的质量状况相符。

8. 履行"三包"或相应责任的义务

经营者提供商品或者服务，按照国家规定或者与消费者的约定，承担包修、包换、包退或者其他责任的，应当按照国家规定或者约定履行，不得故意拖延或者无理拒绝。

9. 不得以格式合同等方式排除或限制消费者权利的义务

经营者不得以格式合同、通知、声明、店堂告示等方式做出对消费者不公平、不合理的规定，或者减轻、免除其损害消费者合法权益应当承担的民事责任。格式合同、通知、声明、店堂告示等含有上述所列内容的，其内容无效。

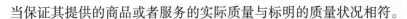

案例 11-3

消费者毕某于2011年3月购买中国移动通信公司廊坊分公司的SIM校园卡，资费标准为免月租、接打每分钟0.4元、来电显示每月10元。毕某于2011年12月通过1860自动台取消来电显示业务，并停止使用该卡，该卡不应发生任何费用。但2012年3月，毕某在查预存话费余额时，发现有两个月共发生话费30元。经询问，毕某才知道移动公司从2012年4月1日起实行"最低消费"标准，即使用户不打电话也要每月收费15元。毕某认为廊坊移动通信公司在没有告知用户情况下，单方面更改收费标准，侵犯了其合法权益。在与该公司交涉没有结果的情况下，毕某于2012年4月26日投诉到廊坊市消协，要求对方退回多收的30元话费，并增加赔偿30元。被诉方廊坊移动通信公司拒绝赔偿，理由是：移动通信应有偿使用号源，每月移动通信公司要向国家按时交纳资源使用费，而许多校园卡用户却占着号源不打电话，造成该服务品种的亏损。

通过与双方沟通，市消协做出调解意见：廊坊移动通信公司出于经营方面的原因，在原合同的基础上增加新的格式合同条款的行为属于合同变更。合同变更，立约双方应予协商，达成意思表示一致，但廊坊移动通信公司在消费者不知情的情况下，单方变更合同，实行最低收费标准，侵害了消费者的合法权益，廊坊移动通信公司应赔偿毕某30元话费损失。毕某提出的增加赔偿30元，由于不符合《消费者权益保护法》、《合同法》增加赔偿的条件，故消协不予支持。对于市消协的调解意见，投诉方与被诉方均表示接受，双方达成调解协议：廊坊移动通信公司负责返还毕某话费30元。

这是一起投诉标的较小但颇具代表性的反映垄断行业利用格式条款损害消费者合法权益的个案。移动通信公司为了规避经营风险，单方面实行"最低消费"标准，在消费者完全不知情的情况下，把消费者预存话费划走，违反了不得以格式合同等方式排除或限制消费者权利的义务，应当承担相应的法律责任。

10. 不得侵犯消费者人身权的义务

消费者的人身权是其基本人权，受到法律的保护。经营者不得对消费者进行侮辱、诽谤，不得搜查消费者的身体及其携带的物品，不得侵犯消费者的人身自由。

11.4 消费者权益保护的机构与职责

11.4.1 国家对消费者权益的保护

1. 立法保护

立法保护是指国家立法机关通过制定、修改、废止有关消费者权益保护的法律来保护消费者的合法权益。我国消费者权益保护方面的法律主要有：消费者权益保护法、产品质量法、反不正当竞争法、商标法、广告法等。这些法律规定了消费者的各项权利和经营者的义务，为国家行政机关和司法机关保护消费者权益提供了法律依据。

2. 行政保护

行政保护是指国家行政机关通过行政执法活动对消费者权益进行保护。各级人民政府及其行政部门在消费者权益保护方面具有重要的作用。

1）各级人民政府的职责

各级人民政府应当加强领导，组织、协调、督促有关行政部门做好保护消费者合法权益的工作；应当加强监督，预防危害消费者人身、财产安全行为的发生，及时制止危害消费者人身、财产安全的行为。

2）工商行政管理部门的职责

各级人民政府工商行政管理部门和其他有关行政部门应当依照法律、法规的规定，在各自的职责范围内采取措施，保护消费者的合法权益；有关行政部门应当听取消费者及其社会团体对经营者交易行为、商品和服务质量问题的意见，及时调查处理；有关国家机关应当依照法律、法规的规定，惩处经营者在提供商品和服务中侵害消费者合法权益的违法行为。

3. 司法保护

人民法院应当采取措施，方便消费者提起诉讼。对符合民事诉讼法起诉条件的消费者权益争议，必须受理，及时审理。

11.4.2 社会对消费者权益的保护

社会对消费者合法权益的保护是通过消费者及消费者民间组织进行的，其主要方式是消费者运动及随之产生的消费者组织。我国于1985年成立了消费者协会，对商品和服务进行社会监督。

消费者协会在性质属于社会团体。根据《消费者权益保护法》第32条的规定，消费者协会履行下列职能。

（1）向消费者提供消费信息和咨询服务。

（2）参与有关行政部门对商品和服务的监督、检查。

（3）就有关消费者合法权益的问题向有关行政部门反映、查询，提出建议。

（4）受理消费者的投诉，并对投诉事项进行调查、调解。

（5）投诉事项涉及商品和服务质量问题的，可以提请鉴定部门鉴定，鉴定部门应当告知鉴定结论。

(6) 就损害消费者合法权益的行为，支持受损害的消费者提起诉讼。

(7) 对损害消费者合法权益的行为，通过大价传播媒介予以揭露、批评。

11.5 消费者权益争议的解决与法律责任

11.5.1 消费者权益争议的解决途径

根据《消费者权益保护法》第 34 条的规定，消费者和经营者发生消费者权益争议的，可以通过下列途径解决：① 与经营者协商和解；② 请求消费者协会调解；③ 向有关行政部门申诉；④ 根据与经营者达成的仲裁协议提请仲裁机构仲裁；⑤ 向人民法院提起诉讼。

11.5.2 消费者权益争议责任主体的确定

1. 生产者、销售者、服务者的责任

消费者在购买、使用商品时，其合法权益受到损害的，可以向销售者要求赔偿。销售者赔偿后，属于生产者的责任或者属于向销售者提供商品的其他销售者的责任的，销售者有权向生产者或者其他销售者追偿。

消费者或者其他受害人因商品缺陷造成人身、财产损害的，可以向销售者要求赔偿，也可以向生产者要求赔偿。属于生产者责任的，销售者赔偿后，有权向生产者追偿；属于销售者责任的，生产者赔偿后，有权向销售者追偿。

消费者在接受服务时，其合法权益受到损害的，可以向服务者要求赔偿。

2. 企业变更后的责任承担

消费者在购买、使用商品或者接受服务时，其合法权益受到损害，因原企业分立、合并的，可以向变更后承担其权利义务的企业要求赔偿。

3. 营业执照的使用人或持有人的责任

使用他人营业执照的违法经营者提供商品或者服务，损害消费者合法权益的，消费者可以向其要求赔偿，也可以向营业执照的持有人要求赔偿。

4. 展销会举办者、柜台出租者的责任

消费者在展销会、租赁柜台购买商品或者接受服务，其合法权益受到损害的，可以向销售者或者服务者要求赔偿。展销会结束或者柜台租赁期满后，也可以向展销会的举办者、柜台的出租者要求赔偿。展销会的举办者、柜台的出租者赔偿后，有权向销售者或者服务者追偿。

5. 虚假广告的责任主体

消费者因经营者利用虚假广告提供商品或者服务，其合法权益受到损害的，可以向经营者要求赔偿。广告的经营者发布虚假广告的，消费者可以请求行政主管部门予以惩处。广告的经营者不能提供经营者的真实名称、地址的，应当承担赔偿责任。

11.5.3 消费者权益争议的法律责任

1. 民事责任

1) 关于承担民事责任的概括规定

经营者提供商品或者服务有下列情形之一的,除《消费者权益保护法》另有规定外,应当依照《中华人民共和国产品质量法》和其他有关法律、法规的规定,承担民事责任:① 商品存在缺陷的;② 不具备商品应当具备的使用性能而出售时未做说明的;③ 不符合在商品或者其包装上注明采用的商品标准的;④ 不符合商品说明、实物样品等方式表明的质量状况的;⑤ 生产国家明令淘汰的商品或者销售失效、变质的商品的;⑥ 销售的商品数量不足的;⑦ 服务的内容和费用违反约定的;⑧ 对消费者提出的修理、重作、更换、退货、补足商品数量、退还货款和服务费用或者赔偿损失的要求,故意拖延或者无理拒绝的;⑨ 法律、法规规定的其他损害消费者权益的情形。

2) 侵犯消费者人身权的民事责任

(1) 经营者提供商品或者服务,造成消费者或者其他受害人人身伤害的,应当支付医疗费、治疗期间的护理费、因误工减少的收入等费用;造成残疾的,还应当支付残疾者生活自助具费、生活补助费、残疾赔偿金及由其扶养的人所必需的生活费等费用。

(2) 经营者提供商品或者服务,造成消费者或者其他受害人死亡的,应当支付丧葬费、死亡赔偿金及由死者生前扶养的人所必需的生活费等费用;构成犯罪的,依法追究刑事责任。

(3) 经营者违反法律规定,侵害消费者的人格尊严或者侵犯消费者人身自由的,应当停止侵害、恢复名誉、消除影响、赔礼道歉,并赔偿损失。

3) 侵犯消费者财产权的民事责任

(1) 经营者提供商品或者服务,造成消费者财产损害的,应当按照消费者的要求,以修理、重作、更换、退货、补足商品数量、退还货款和服务费用或者赔偿损失等方式承担民事责任。消费者与经营者另有约定的,按照约定履行。

(2) 对国家规定或者经营者与消费者约定包修、包换、包退的商品,经营者应当负责修理、更换或者退货。在保修期内两次修理仍不能正常使用的,经营者应当负责更换或者退货。

对包修、包换、包退的大件商品,消费者要求经营者修理、更换、退货的,经营者应当承担运输等合理费用。

(3) 经营者以邮购方式提供商品的,应当按照约定提供。未按照约定提供的,应当按照消费者的要求履行约定或者退回货款,并应当承担消费者必须支付的合理费用。

(4) 经营者以预收款方式提供商品或者服务的,应当按照约定提供。未按照约定提供的,应当按照消费者的要求履行约定或者退回预付款,并应当承担预付款的利息、消费者必须支付的合理费用。

(5) 依法经有关行政部门认定为不合格的商品,消费者要求退货的,经营者应当负责退货。

(6) 经营者提供商品或者服务有欺诈行为的,应当按照消费者的要求增加赔偿其受到的损失,增加赔偿的金额为消费者购买商品的价款或者接受服务的费用的一倍。

案例 11-4

1995年3月25日，王海在北京隆福大厦二楼电讯商场，花170元买了两副标价85元一副的日本"索尼"耳机，后又在该商场加买了10副该种耳机。王海把这些"索尼"耳机拿到东城区工商局，经鉴定为假货。遂根据《消费者权益保护法》第49条的商品欺诈"双倍赔偿"的规定向隆福大厦索赔，但隆福大厦拒绝对全部的"索尼"耳机进行双倍赔偿，只同意退赔先买的两副"索尼"耳机，后10副"索尼"耳机属于"知假买假"，所以只退不赔，考虑到对方耽误的时间和浪费的精力，同意给200余元补偿金。王海表示拒绝。此事后来被诸多媒体报道，王海随之成为新闻人物。时隔半年后，王海又在北京的其他10家商场买假进行双倍索赔获得成功，在一个月内获赔偿金近8 000元。1995年12月5日，北京隆福大厦终于在拖延了8个月之后，同意加倍赔偿王海在隆福大厦购买的10副假冒"索尼"耳机。王海对商品欺诈进行的首次挑战，获得圆满的结局。

此案件是我国自《消费者权益保护法》施行以来第一个依据该法第49条主张双倍赔偿，向商品欺诈的经营者宣战的案件，是依法向商品欺诈行为开的第一枪，在我国消费者维权运动中具有极为重大的意义。

2. 行政责任

《消费者权益保护法》规定的行政责任有责令改正、警告、没收非法所得、罚款、责令停业整顿、吊销营业执照等，具体体现在该法的第50条。经营者有下列情形之一，《中华人民共和国产品质量法》和其他有关法律、法规对处罚机关和处罚方式有规定的，依照法律、法规的规定执行；法律、法规未做规定的，由工商行政管理部门责令改正，可以根据情节单处或者并处警告、没收违法所得、处以违法所得一倍以上五倍以下的罚款，没有违法所得的处以一万元以下的罚款；情节严重的，责令停业整顿、吊销营业执照：① 生产、销售的商品不符合保障人身、财产安全要求的；② 在商品中掺杂、掺假，以假充真，以次充好，或者以不合格商品冒充合格商品的；③ 生产国家明令淘汰的商品或者销售失效、变质的商品的；④ 伪造商品的产地，伪造或者冒用他人的厂名、厂址，伪造或者冒用认证标志、名优标志等质量标志的；⑤ 销售的商品应当检验、检疫而未检验、检疫或者伪造检验、检疫结果的；⑥ 对商品或者服务做引人误解的虚假宣传的；⑦ 对消费者提出的修理、重作、更换、退货、补足商品数量、退还货款和服务费用或者赔偿损失的要求，故意拖延或者无理拒绝的；⑧ 侵害消费者人格尊严或者侵犯消费者人身自由的；⑨ 法律、法规规定的对损害消费者权益应当予以处罚的其他情形。

经营者对行政处罚决定不服的，可以自收到处罚决定之日起15日内向上一级机关申请复议；对复议决定不服的，可以自收到复议决定书之日起15日内向人民法院提起诉讼，也可以直接向人民法院提起诉讼。

3. 刑事责任

经营者造成消费者人身伤害、死亡构成犯罪的，实施欺诈等违法行为构成犯罪的，非法限制人身自由构成犯罪的，依法应当追究刑事责任。经营者或其他人员以暴力、威胁等方法阻碍有关行政部门人员执行公务的，应当追究刑事责任。国家工作人员玩忽职守或者包庇侵害消费者权益行为构成犯罪的，应当依法追究刑事责任。

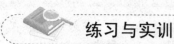

练习与实训

1. 名词解释题

消费者　　安全权　　知情权　　自主选择权　　公平交易权

2. 选择题

（1）甲厂生产一种易拉罐装碳酸饮料。消费者丙从乙商场购买这种饮料后，在开启时被罐内强烈气流炸伤眼部。下列各项中最正确的是哪一项？（　　）
　　A. 丙只能向乙索赔
　　B. 丙只能向甲索赔
　　C. 丙只能向消费者协会投诉，请其确定向谁索赔
　　D. 丙可向甲、乙中的一个索赔

（2）甲公司租赁乙公司大楼举办展销会，向众商户出租展台，消费者李某在其中丙公司的展台购买了一台丁公司生产的家用电暖器，使用中出现质量问题并造成伤害，李某索赔时遇上述公司互相推诿。上述公司的下列哪些主张是错误的？（　　）
　　A. 丙公司认为属于产品质量问题，应找丁公司解决
　　B. 乙公司称自己与产品质量问题无关，不应承担责任
　　C. 丁公司认为产品已交丙公司包销，自己不再负责
　　D. 甲公司称展销会结束后，丙公司已撤离，自己无法负责

（3）下列是某店堂的告示内容，其中符合法律规定的是（　　）。
　　A. 本店商品一旦售出，概不退换　　B. 购物总额十元以下者，本商场不开发票
　　C. 钱物请当面点清，否则后果自负　　D. 如售假药，包赔顾客2万元

（4）王某在电脑公司购买了一台电脑，在"三包"有效期内出现故障，后经两次修理仍无法正常使用，此时市场上已无同型号电脑。依照有关法律规定（　　）。
　　A. 电脑公司应予以退货，但需抵交折旧费　　B. 电脑公司应无条件退货或予以更换
　　C. 王某只能要求再次修理　　D. 王某只能要求调换其他型号的电脑

（5）甲为其3岁儿子购买某品牌的奶粉，小孩喝后上吐下泻，住院7天才恢复健康。经鉴定，该品牌奶粉属劣质品，甲打算为此采取维权行动。下列是甲的一些维权措施，其中属于不当措施的是（　　）。
　　A. 请媒体曝光，并要求工商管理机关严肃查处
　　B. 向出售该奶粉的商场索赔，或向生产该奶粉的厂家索赔
　　C. 直接提起诉讼，要求商场赔偿医疗费、护理费、误工费、交通费等
　　D. 直接提起仲裁，要求商场和厂家连带赔偿全家所受的精神损害

3. 简答题

（1）简述消费者的含义。

(2) 简述《消费者权益保护法》的适用范围、立法宗旨和基本原则。
(3) 简述消费者的权利。
(4) 简述经营者应承担的义务。
(5) 简述消费争议的解决途径。
(6) 简述发生消费争议时承担责任的主体及其法律责任。

4. 案例分析题

案例1

小张某天逛街时,看到某商场服装柜台正在打折销售一批过季的服装,便上前挑了一条打5折的长裙。由于人多,当时未及细看。买回家后发现,裙子有一些做工方面的瑕疵,小张便当天拿回商场要求给换一件。营业员却指着柜台边立着的一块告示牌说:"我们的牌子上事先明明写着'打折商品,当面看清,概不退换',谁让你没注意。这条裙子肯定不能给换。"

问题:
(1) 商场以告示牌作为不予换货的理由是否合法,为什么?
(2) 根据我国《消费者权益保护法》的有关规定,小张可以通过哪些途径来解决该起争议?

案例2

2012年3月,张某在一家数码商店购买照相机,由于商店马上要下班了,张某仓促中挑选了其中一款价值2 000多元的数码相机,刚付完款老板便开始催着关门,弄得张某最后连发票也没有拿到。结果用了不到两天,相机外壳就出现大面积脱色。因为自己工作太忙,3天后,张某把相机拿回商店要求退货。但商店老板坚持说是张某自己刮掉的,还理直气壮地说相机肯定不是从他店里买的,因此拒绝承担责任。张某一气之下起诉到法院,请求法院判令数码商店退货。

问题:
本案中,张某能否要求数码商店承担责任?在本案的诉讼中,可能对张某最不利的一点是什么?本案对于我们有哪些启示,作为消费者应如何维护自己的权利?

5. 实训题

任课教师提供常见的侵犯消费者权益的案例,由学生模拟进行一次"消费维权"的法律咨询活动,熟悉消费者的权利内容及经营者的义务。

第 5 篇

宏观经济调控法

第12章 财政税收法

 学习目标

本章介绍了财政法、预算法、税法的有关内容,重点介绍税收法律的相关规定。通过对本章的学习,应达到以下学习目标:

- ☑ 了解财政法的主要内容;
- ☑ 了解预算法的主要内容;
- ☑ 掌握税收、税种的基本知识;
- ☑ 掌握重点税种的主要内容;
- ☑ 了解税收征管的有关内容。

 技能要求

能够运用本章知识和法律规定分析税法案例,处理与税法相关的实际问题。

12.1 财政法

12.1.1 财政法概述

1. 财政的概念与特征

财政就是国家为了实现其职能的需要,凭借政治权力参与一部分社会产品和国民收入分配和再分配的活动,简称为以国家为主体的分配活动。

财政具有以下特征。

(1) 国家主体性。即财政活动必须在国家统一组织下实施,财政活动的主体是国家或政府,分配的对象、范围和规则都由国家确定。

(2) 强制性。国家在处理财政分配关系、组织实施财政收支时,是依靠国家的政治权力，运用法律手段强制实施的。

(3) 无偿性。财政不具有营利性，其目的是为了满足公共需要，向社会提供公共产品。

2. 财政的职能

财政一般具有以下职能。

(1) 分配职能。即以国家为主体参与社会产品分配的职能，包括组织财政收入和安排财政支出两个方面。

(2) 经济调节职能。即根据宏观政策目标，通过调整财政分配以调节国民经济发展的职能。

(3) 监督职能。即对财政的分配、调节过程及其相关方面实施监察、督促和制约的职能。它是财政分配职能、经济调节职能完满实现的条件。

财政的三大职能相互联系、相互制约，其中分配职能是基本职能，调节职能和监督职能是由分配职能所派生的。

3. 财政法的概念与调整对象

财政法是调整财政关系的法律规范的总称。

财政法的调整对象是财政关系。所谓财政关系，是指国家凭借政治权力对一部分社会产品和国民收入进行分配和再分配过程中所形成的以国家为一方主体的一种分配关系。财政关系具体包括以下几个方面。

(1) 国家预算关系，即国家预算管理过程中形成的财政关系。

(2) 财政管理体制关系，即中央和地方在财权和事权划分过程中形成的财政关系。

(3) 税务关系，即税收征纳过程中形成的财政关系。

(4) 财务管理关系，即企业、行政、事业单位财务管理活动中形成的财政关系。

(5) 国家信用关系，即在国债发行、偿还等过程中形成的财政关系。

(6) 国有资产管理关系，即在国有资产管理过程中形成的财政关系。

(7) 财政监督关系，即财政机关对行政机关、企事业单位及其他组织执行财税法律法规和政策的情况及对涉及财政收支、会计资料和国有资本金管理等事项依法进行监督检查过程中形成的财政关系。

与此相对应，我国财政法主要包括预算法、税法、转移支付法、国有资产管理法、政府采购法、财政监督法等内容，其中最主要的是预算法和税法。

12.1.2 财政管理体制与财政管理机构

1. 财政管理体制

财政管理体制是国家财政最基本的管理制度。财政管理体制有广义和狭义两种含义，广义的财政体制不仅包括中央政府和地方政府之间及地方各级政府之间划分财政资金支配权的根本制度，而且包括国家和自然人、企事业单位之间分配资金的根本制度。财政管理体制主要包括国家预算管理体制、国家税收管理体制、国有企业财务管理体制、行政事业单位财务管理体制、财政投融资管理体制和国有资产管理体制。狭义的财政管理体制是指中央和地方及地方政府之间划分财政收支管理权和分配权的制度，即指国家预算管理体制。本书指的是狭义的财政管理体制。

财政管理体制与国家行政管理体制紧密相关，有一级政府，就有相应的一级财政。目前，我国实行中央、省、市、县、乡五级财政管理体制。

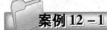

案例 12-1

1994年实行分税制改革后，地方财政收入占全国财政收入的比重从1993年的78%降至44.3%，降低了33.7个百分点。尽管之后地方财力有所回升，1997年达到51.1%，但仍大大低于1993年以前的水平。但从地方的财政支出来看，同期地方财政支出占全国财政支出中的比重并未降低，反而上升了，1996年达到72.9%。地方财政收入与支出的巨大差距，导致了地方财政自给率明显降低，仅为60%左右。地方财政缺乏必要的财权，对中央财政的依赖性依然很强，地方在预算外寻求资金来源的情况有所加强，行政性收费在地方财政收入中的比重逐年加重。

当前我国是由多层次的政府组成的，不同层次的政府承担着不同的职能。为完成其所担负的职能，各级政府必须具备一定的财政收入。合理确定各层次政府的职能并相应划分各层次政府的财政收入范围是现代财政管理体制所要解决的核心问题，也是充分发挥现代财政职能的基础性环节。但从本案例所提供的数据来看，我国的财政收支划分体制存在相当多的问题，财政收支划分法还有待于进一步的完善。

2. 财政管理机构

我国专门从事财政管理的政府机构主要是指政府财政机关、审计机关、税务机关和海关。后两种机关主要负责政府公共收入的筹集和管理。

政府财政机关是我国从事财政管理的核心部门。根据我国目前政府机构的设置情况，中央政府设置财政部。财政部是国务院的组成部门，负责国家预算的编制、执行与决策工作；全国财政、财务管理制度的制定与执行；国民经济和社会发展各行业、各个方面的财务管理并制定相应的会计制度；财经纪律的监督检查等。省一级设财政厅、市县设财政局，县以下设乡级财政所，负责相应的财政管理工作。

财政部内设国家税务总局，在省、设区的市、县设立相应的国税局和地税局，乡设税务所，负责各种税收的征收管理工作。

海关是专门负责征收关税和对进口货物代征增值税、消费税的国家机关。海关所征收的税款全部解缴国家金库。

各级政府设立的审计机关是专门从事公共财政管理的控制和监督的政府机关。我国县级以上的政府均已设立了审计机关，其职责是对政府部门、国有企事业单位的公共资金的筹集与使用进行审查与监督。

12.2 预算法

12.2.1 预算与预算法

预算是指经法定程序批准的政府、机关、团体和企事业单位一定期间内的收支计划。预算可以分为国家预算和单位预算，国家预算是指经法定程序批准的国家在财政年度内的收支计划，一般由中央预算和地方预算组成。国家预算反映了政府活动的范围、方向和政策。单位预算是指实行预算管理的机关、部队、事业单位的经费预算和国有企业的财务收支计划中与预算有关的部分。

预算法是财政法的核心，是调整国家在进行预算资金的筹集和取得、使用和分配、监督和管理等过程中所发生的社会关系的法律规范的总称。预算法有广义和狭义之分，广义的预算法包括国家权力机关和政府有关部门发布的各种有关预算的法律、行政法规、规章和规范性文件等；狭义的预算法是指1994年3月22日第八届全国人民代表大会第二次会议通过的《中华人民共和国预算法》（以下简称《预算法》），该法自1995年1月1日起施行。

12.2.2 预算管理体制

我国《预算法》规定，国家实行一级政府一级预算，设立中央，省、自治区、直辖市，设区的市、自治州，县、自治县、不设区的市、市辖区，乡、民族乡、镇五级预算。不具备设立预算条件的乡、民族乡、镇，经省、自治区、直辖市政府确定，可以暂不设立预算。

根据《预算法》的规定，全国人民代表大会及其常务委员会、县级以上人民代表大会是预算的审批机构，国务院及县以上地方各级政府是预算的编制和管理机构。

1. 预算审批机关

（1）全国人民代表大会审查中央和地方预算草案及中央和地方预算执行情况的报告；批准中央预算和中央预算执行情况的报告；改变或者撤销全国人民代表大会常务委员会关于预算、决算的不适当的决议。全国人民代表大会常务委员会监督中央和地方预算的执行；审查和批准中央预算的调整方案；审查和批准中央决算；撤销国务院制定的同宪法、法律相抵触的关于预算、决算的行政法规、决定和命令；撤销省、自治区、直辖市人民代表大会及其常务委员会制定的同宪法、法律和行政法规相抵触的关于预算、决算的地方性法规和决议。

（2）县级以上地方各级人民代表大会审查本级总预算草案及本级总预算执行情况的报告；批准本级预算和本级预算执行情况的报告；改变或者撤销本级人民代表大会常务委员会关于预算、决算的不适当的决议；撤销本级政府关于预算、决算的不适当的决定和命令。县级以上地方各级人民代表大会常务委员会监督本级总预算的执行；审查和批准本级预算的调整方案；审查和批准本级政府决算（以下简称本级决算）；撤销本级政府和下一级人民代表大会及其常务委员会关于预算、决算的不适当的决定、命令和决议。

2. 预算编制和管理机关

国务院编制中央预算、决算草案；向全国人民代表大会做关于中央和地方预算草案的报告；将省、自治区、直辖市政府报送备案的预算汇总后报全国人民代表大会常务委员会备案；组织中央和地方预算的执行；决定中央预算预备费的动用；编制中央预算调整方案；监督中央各部门和地方政府的预算执行；改变或者撤销中央各部门和地方政府关于预算、决算的不适当的决定、命令；向全国人民代表大会、全国人民代表大会常务委员会报告中央和地方预算的执行情况。

县级以上地方各级政府编制本级预算、决算草案；向本级人民代表大会做关于本级总预算草案的报告；将下一级政府报送备案的预算汇总后报本级人民代表大会常务委员会备案；

组织本级总预算的执行；决定本级预算预备费的动用；编制本级预算的调整方案；监督本级各部门和下级政府的预算执行；改变或者撤销本级各部门和下级政府关于预算、决算的不适当的决定、命令；向本级人民代表大会、本级人民代表大会常务委员会报告本级总预算的执行情况。

12.2.3 预算收支范围

预算由预算收入和预算支出组成。预算收入划分为中央预算收入、地方预算收入、中央和地方预算共享收入。预算收入包括：① 税收收入；② 依照规定应当上缴的国有资产收益；③ 专项收入；④ 其他收入。

预算支出划分为中央预算支出和地方预算支出。预算支出包括：① 经济建设支出；② 教育、科学、文化、卫生、体育等事业发展支出；③ 国家管理费用支出；④ 国防支出；⑤ 各项补贴支出；⑥ 其他支出。

预算收入应当统筹安排使用；确需设立专用基金项目的，须经国务院批准。上级政府不得在预算之外调用下级政府预算的资金。下级政府不得挤占或者截留属于上级政府预算的资金。

案例 12-2

近年来，我国财政部门加大了对社会保障和就业的支持力度，2011 年中央财政社会保障和就业支出 4 715.77 亿元，比上年增长 23.9%。新型农村社会养老保险覆盖范围扩大到 60% 以上地区，连续 7 年提高企业退休人员基本养老金，进一步健全企业职工基本养老保险省级统筹制度。各地普遍建立了社会救助和保障标准与物价上涨挂钩的联动机制，落实优抚对象等人员抚恤和生活补助政策。2012 年中央财政安排社会保障和就业支出 5 750.73 亿元，增长 21.9%，重点支持实现新型农村和城镇居民养老保险制度全覆盖，进一步提高城乡居民最低生活补助标准、企业退休人员基本养老金水平，加大就业扶持政策力度等。

完善的社会保障体系是维护社会稳定和国家长治久安的重要保障。国内外实践表明，没有公共财政的大力支持，就没有健全、完善的社会保障制度体系。今后，我国还应继续发挥公共财政的主导作用，扩大社会保障覆盖面和提高社会保障水平。

12.2.4 预（决）算管理程序

1. 预算编制

预算的编制就是制定预算收入和预算支出的年度计划。各级政府、各部门、各单位应当按照国务院规定的时间编制预算草案。

《预算法》规定，中央预算和地方各级政府预算，应当参考上一年预算执行情况和本年度收支预测，按照复式预算编制，即按经常性预算和建设性预算编制。

预算的编制应当符合以下几个原则。

（1）平衡性原则。中央政府公共预算不列赤字。中央预算中必需的建设投资的部分资金，可以通过举借国内和国外债务等方式筹措，但是借债应当有合理的规模和结构。地方各级预算按照量入为出、收支平衡的原则编制，不列赤字。除法律和国务院另有规定外，地方政府不得发行地方政府债券。

（2）真实性原则。预算编制必须真实可靠，符合客观实际情况，不得弄虚作假。各级预算收入的编制，应当与国民生产总值的增长率相适应。对必须列入预算的收入，不得隐瞒、少列，也不得将上年的非正常收入作为编制预算收入的依据。

（3）合理性原则。各级预算支出的编制，应当贯彻厉行节约、勤俭建国的方针。各级预算支出的编制，应当统筹兼顾、确保重点，在保证政府公共支出合理需要的前提下，妥善安排其他各类预算支出。在预算编制中，必须树立全局观念，区分轻重缓急，首先保证政府公共支出的合理需要，编制预算时必须先安排好政府公共预算，然后再合理安排其他预算。中央预算和有关政府预算中，还应当安排必要的资金，用于扶助经济不发达的民族自治地方、革命老根据地、边远地区、贫困地区发展经济文化建设事业。

国家预算编制的程序是：国务院于每年11月10日前向省、自治区、直辖市政府和中央各部门下达编制下一年度预算草案的指示，提出编制预算草案的原则和要求。财政部根据国务院编制下一年度预算草案的指示，部署编制预算草案的具体事项，规定预算收支科目、报表格式、编报方法，并安排财政收支计划。中央各部门布置所属各单位编制预算草案，于每年12月10日前报财政部审核。省、自治区、直辖市政府根据国务院的指示和财政部的部署，结合本地区的具体情况，提出本行政区域编制预算草案的要求，县级以上地方各级政府财政部门审核本级各部门的预算草案，编制本级政府预算草案，汇编本级总预算草案，经本级政府审定后，按照规定期限报上一级政府。省、自治区、直辖市政府财政部门汇总本级总预算草案，于下一年1月10日前报财政部。财政部审核中央各部门的预算草案，编制中央预算草案；汇总地方预算草案，汇编中央和地方预算草案。

各级政府财政部门应当在每年本级人民代表大会会议举行的1个月前，将本级预算草案的主要内容提交本级人民代表大会财政经济委员会或有关的专门委员会进行初步审查。

2. 预算的审查和批准

预算草案编制完成后，必须经国家权力机关审查批准后才能生效。中央预算由全国人民代表大会审查和批准，国务院在全国人民代表大会举行会议时，向大会做关于中央和地方预算草案的报告。地方各级政府预算由本级人民代表大会审查和批准，地方各级政府在本级人民代表大会举行会议时，向大会做关于本级总预算草案的报告。

乡、民族乡、镇政府应当及时将经本级人民代表大会批准的本级预算报上一级政府备案。县级以上地方各级政府应当及时将经本级人民代表大会批准的本级预算及下一级政府报送备案的预算汇总，报上一级政府备案。

县级以上地方各级政府将下一级政府依照上述规定报送备案的预算汇总后，报本级人民代表大会常务委员会备案。国务院将省、自治区、直辖市政府依照上述规定报送备案的预算汇总后，报全国人民代表大会常务委员会备案。

各级政府预算经本级人民代表大会批准后，本级政府财政部门应当及时向本级各部门批复预算。各部门应当及时向所属各单位批复预算。

国家预算一经批准，就成为正式的国家预算，具有法律效力，非经法定程序不得更改，任何单位和个人必须遵守。

3. 预算的执行

国家预算经审查批准后，即具有了法律效力，各地区、各部门、各单位必须认真执行。各级预算由本级政府组织执行，具体工作由本级政府财政部门负责。预算收入征收部门必须依照法律、行政法规的规定，及时、足额征收应征的预算收入，不得违反法律、行政法规规定，擅自减征、免征或者缓征应征的预算收入，不得截留、占用或者挪用预算收入。各级政府财政部门必须依照法律、行政法规和国务院财政部门的规定，及时、足额地拨付预算支出资金，加强对预算支出的管理和监督。县级以上各级预算必须设立国库，具备条件的乡、民族乡、镇也应当设立国库，各级国库必须按照国家有关规定，及时准确地办理预算收入的收纳、划分、留解和预算支出的拨付。除法律、行政法规规定外，未经本级政府财政部门同意，任何部门、单位和个人都无权动用国库库款或者以其他方式支配已入库的库款。

4. 预算调整

预算调整是指经全国人民代表大会批准的中央预算和经地方各级人民代表大会批准的本级预算，在执行中因特殊情况需要增加支出或者减少收入，使原批准的收支平衡的预算的总支出超过总收入，或者使原批准的预算中举借债务的数据增加的部分变更。

在预算年度内，如有重大事件发生、国家经济政策调整，对预算执行产生重大影响时，可以依法进行预算调整。各级人民政府对于必须进行的预算调整，应当编制调整方案，提请本级人民代表大会常务委员会审批，未经批准，不得调整预算。

5. 决算

决算是指各级政府、各部门、各单位编制的经法定程序审查和批准的预算收支的年度执行结果。国家决算由中央决算和地方总决算组成。决算草案由各级政府、各部门、各单位，在每一预算年度终了后按照国务院规定的时间编制。编制决算草案的具体事项由国务院财政部门部署。编制决算草案，必须符合法律、行政法规的决定，做到收支数额准确、内容完整、报送及时。国务院财政部门编制中央决算草案，报国务院审定后，由国务院提请全国人民代表大会常务委员会审查和批准。县级以上地方各级政府财政部门编制本级决算草案，报本级政府审定后，由本级政府提请本级人民代表大会常务委员会审查和批准。

12.2.5 预算、决算监督

全国人民代表大会及其常务委员会对中央和地方预算、决算进行监督。县级以上地方各级人民代表大会及其常务委员会对本级和下级政府预算、决算进行监督。乡、民族乡、镇人民代表大会对本级预算、决算进行监督。各级人民代表大会和县级以上各级人民代表大会常务委员会有权就预算、决算中的重大事项或者特定问题组织调查，有关的政府、部门、单位和个人应当如实反映情况和提供必要的材料。各级人民代表大会和县级以上各级人民代表大会常务委员会举行会议时，人民代表大会代表或者常务委员会组成人员可以依照法律规定程序就预算、决算中的有关问题提出询问或者质询，受询问或者受质询的有关政府或者财政部门必须及时给予答复。各级政府应当在每一预算年度内至少两次向本级人民代表大会或者其常务委员会做预算执行情况的报告。

各级政府监督下级政府的预算执行；下级政府应当定期向上一级政府报告预算执行情况。各级政府财政部门负责监督检查本级各部门及其所属各单位预算的执行，并向本级政府和上一级政府财政部门报告预算执行情况。各级政府审计部门对本级各部门、各单位和下级政府的预算执行、决算实行审计监督。

12.3 税法

12.3.1 税法概述

1. 税收的概念和特征

税收是指以国家为主体，为实现国家职能，凭借政治权力，依照法律规定，强制、无偿取得财政收入的一种特定分配形式。税收是国家财政收入的主要来源，也是国家实现宏观调控的重要经济杠杆。

税收具有以下3个特征。

（1）强制性。税收的强制性是指税收是国家凭借政治权力依法强制征收的，不以纳税人的意愿为征税的要件。纳税人必须依法纳税，否则要受到法律的制裁。

（2）无偿性。税收的无偿性是指国家向纳税人征税不以支付任何代价为前提。纳税人依法纳税后，财产所有权归国家所有，成为国家的财政收入，不再直接偿还给纳税人，而是用于满足实现国家的各项职能。

（3）固定性。税收的固定性是指国家是按照预先制定的税收法律进行征税的，税法对纳税人、征税对象和税率等基本税收要素均做了明确规定，不仅纳税人必须严格依法及时足额纳税，而且国家也只能按照这种预定的标准征税，不能随意不征、少征或多征税。

2. 税法的概念及我国的税收立法

税法是调整税收关系的法律规范的总称。税法的调整对象是税收关系，税收关系主要包括税收分配关系和税收征纳程序关系。所有调整税收分配关系和征纳程序关系的法律、行政法规等规范性法律文件都是税法的表现形式。税法可分为实体税法和程序税法。实体税法是指规定国家征税和纳税人纳税的实体权利和义务的法律规范的总称，其内容包括流转税法、所得税法、财产税法、行为税法等，具体由《中华人民共和国个人所得税法》、《中华人民共和国企业所得税法》、《中华人民共和国增值税暂行条例》、《中华人民共和国个人所得税法实施条例》等法律、行政法规组成。程序税法是指规定税务管理、征税和纳税程序方面的法律规范的总称，其主要表现形式是《中华人民共和国税收征收管理法》。

3. 税法的构成要素

税法的构成要素主要包括以下内容。

（1）纳税主体，又称纳税义务人或纳税人，是指一切履行纳税义务的法人、自然人及其他组织。

（2）征税对象，又称课税对象，主要是指税收法律关系中征纳双方权利义务所指向的物或行为。每一税种都有自己的征税对象，例如：增值税的征税对象是增值额，营业税的征税对象是商品的营业额。

（3）税目，是各个税种所规定的具体征税项目，是征税对象的具体化。

（4）税率，是对征税对象的征收比例或征收额度。税率是税收的核心要素，是计算税额的尺度，也是衡量税负轻重与否的重要标志。

我国现行的税率主要有以下 3 种。

① 比例税率。即对同一征税对象，不分数额大小，规定相同的征收比例。我国的增值税、营业税、资源税、企业所得税等采用的是比例税率。

② 累进税率。累进税率又称等级税率，指征收比例随着征税对象数额增加而逐级提高的税率，即根据征税对象的数额或者相对比例设置若干级距，分别适用由低到高的不同税率。累进税率一般适用于对所得额的征税。累进税率又分为全额累进税率和超额累进税率。全额累进税率是指把征税对象按数额的大小划分为若干不同的等级，对每一个等级分别规定不同的税率，当征税对象达到那个等级，就对其全部数额适用该级别的税率征税。超额累进税率是指把征税对象按数额的大小分成若干等级，每一等级规定一个税率，税率依次提高，但每一纳税人的征税对象则依所属等级同时适用几个税率分别计算，将计算结果相加后得出应纳税款的税率。目前采用这种税率的有个人所得税。

③ 定额税率。即按征税对象确定的计算单位，直接规定一个固定的税额。目前采用定额税率的有资源税、车船使用税等。

（5）纳税环节，主要指税法规定的征税对象在从生产到消费的流转过程中应当缴纳税款的环节。

（6）纳税期限，是指纳税人按照税法规定缴纳税款的期限。

（7）减税免税，主要是对某些纳税人和征税对象采取减少征税或者免予征税的特殊规定。

（8）法律责任，是税法规定的纳税人和征税工作人员违反税法规定应当承担的法律后果。

12.3.2　我国现行的主要税种

1．流转税

流转税是以纳税人的商品流转额和非商品流转额为征税对象的一类税收。商品流转额是指商品交换的金额，对销售方来说，是销售收入额；对购买方来说，是商品的采购金额。非商品流转额是指各种劳务收入或服务性业务收入的金额。我国现行的增值税、消费税、营业税、关税都属于流转税类。

1）增值税

增值税是流转税中最重要的税种，是对生产、销售商品或者提供劳务过程中实现的增值额征收的一种税收。所谓增值额，是指纳税人销售某种商品或提供劳务所取得的收入价格与商品或劳务的购进价格之间的差额。

（1）增值税的纳税主体。增值税的纳税主体是在我国境内销售货物或提供加工、修理修配劳务及进口货物的单位和个人。增值税纳税人分为一般纳税人和小规模纳税人。小规模纳税人是指年应税销售额在规定标准以下并且会计核算不健全的纳税人。年应税销售额超过小规模纳税人标准的个人、非企业性单位、不经常发生应税行为的企业视同小规模纳税人。一般纳税人是指实行根据增值税专用发票上注明的税款抵扣制度的纳税人。

（2）增值税的征税范围。增值税的基本征税范围包括销售货物或者提供加工、修理修配劳务及进口货物。

(3) 增值税的税率。增值税的税率有3档,即**基本税率、低税率和零税率**。基本税率是17%,一般纳税人销售货物、进口货物及提供加工、修理修配劳务,一般按17%的税率征收增值税。低税率为13%,纳税人销售或进口下列货物,按照低税率计征增值税:粮食,食用植物油;自来水、暖气、冷气、热水、煤气、石油液化气、天然气、沼气、居民用煤类制品;图书、报纸、杂志;饲料、化肥、农药、农机、农膜;国务院规定的其他货物。零税率为零,出口货物适用零税率,但黄金、援外货物和国家禁止出口的货物除外。

另外,对于小规模纳税人则不按上述税率计税和使用增值税专用发票抵扣进项税款,而是实行按销售额3%的征收率计算应纳税额。

(4) 增值税的税收减免。下列项目免征增值税:农业生产者销售的自产农业产品;避孕药品和用具;古旧图书;直接用于科学研究、科学试验和教学的进口仪器、设备;外国政府、国际组织无偿援助的进口物资和设备;来料加工、来件装配和补偿贸易所需进口的设备;由残疾人组织直接进口供残疾人专用的物品;销售的自己使用过的物品。

2) 消费税

消费税是对一些特定消费品和消费行为征收的一种税。消费税的特点是:征收范围具有选择性,一般只选择部分消费品和消费行为进行征税;征税环节具有单一性,只在消费品的生产、流通和消费的某一个环节征税;征收方法具有选择性,采取从价税率、从量定额等多种方法;税率、税额具有差别性,不同的消费品税率不同;税负具有转嫁性,无论在哪个环节征税,消费税款最终都由消费者承担。

(1) 消费税的纳税主体。在我国境内生产、委托加工和进口应税消费品的单位和个人,为消费税的纳税义务人。

(2) 消费税的征税范围。自1994年开始征收的消费税征税范围主要有烟、酒及酒精、化妆品、护肤护发品、贵重首饰及珠宝玉石、鞭炮焰火、汽油、柴油、汽车轮胎、小汽车、摩托车等11个项目。2006年3月财政部、国家税务总局联合下发通知,从2006年4月1日起,对我国原有消费税的税目、税率及相关政策进行调整,新增高尔夫球及球具、高档手表、游艇、木制一次性筷子、实木地板等税目。增列成品油税目,原汽油、柴油税目作为此税目的两个子目,同时新增石脑油、溶剂油、润滑油、燃料油、航空煤油5个子目。取消"护肤护发品"税目。调整后,消费税的税目由11个增至14个。

(3) 消费税的税率。消费税多数为比例税率,少数为定额税率。

3) 营业税

营业税是对提供应税劳务、转让无形资产或销售不动产的单位和个人,就其取得的营业额所课征的一种税。营业税是财政收入的重要来源,其特点是:征收范围广,税源普遍;税收负担轻、税负均衡,较好地体现了公平税负的原则;计算简单,操作方便。

(1) 营业税的纳税主体。营业税的纳税主体是在我国境内提供应税劳务、转让无形资产或者销售不动产的单位和个人。

(2) 营业税的征税范围。营业税的征税范围为在我国境内提供应税劳务、转让无形资产和销售的行为。提供应税劳务包括交通运输业、建筑业、金融保险业、邮电通信业、文化体育业、娱乐业、服务业等税目。转让无形资产包括转让土地使用权、专利权、非专利技术、商标权、著作权、商誉等。销售不动产包括销售建筑物及其他土地附着物等。

(3) 营业税的税率。营业税实行差别比例税率，共设有3个税率：交通运输业、建筑业、邮电通信业、文化体育业的税率为3%；金融保险业、服务业、转让无形资产、销售不动产的税率为5%；娱乐业的税率为5%～20%。

(4) 营业税的税收减免。托儿所、幼儿园、养老院、残疾人福利机构提供的育养服务、婚姻介绍、殡葬服务；残疾人员个人为社会提供的劳务；医院、诊所和其他医疗机构提供的医疗服务；学校和其他教育机构提供的教育劳务，学生勤工俭学提供的劳务；农业机耕、排灌、病虫害防治、植物保护、农牧业保险及相关的技术培训业务，家禽、牲畜、水生动物的配种和疾病防治；纪念馆、博物馆、文化馆、美术馆、展览馆、书画院、图书馆、文物保护单位举办文化活动的门票收入，宗教场所举办文化、宗教活动的门票收入，可以免征营业税。

4) 关税

关税是指一国海关对进出境的货物或者物品征收的一种税。关税分为进口税和出口税。

(1) 关税的纳税主体。关税的纳税主体包括进口货物的收货人、出口货物的发货人、进出境物品的所有人（持有人）及进口邮件的收件人。

(2) 关税的征税对象。关税的征税对象包括进出境的货物和物品。货物是指贸易性的进出口商品；物品是指非贸易性的属于入境旅客随身携带的行李物品，个人邮递进境的物品，各种运输工具上的服务人员携带进口物品、馈赠物品，以及其他方式进入关境的个人物品。

(3) 关税的税率。关税采用比例税率，又分为出口税率和进口税率。进口税率分普通税率和优惠税率两种差别税率。对产自与中国订有互惠协议的国家或地区的进口货物，适用优惠税率，否则一律适用普通税率。为了鼓励出口，国家只对部分商品征收出口税。

(4) 关税的减免。下列货物，经海关审查无误，可以免税：关税税额在人民币10元以下的一票货物；无商业价值的广告品和货样；外国政府、国际组织无偿赠送的物资；进出境运输工具装载的途中必需的燃料、物料和饮食用品。有下列情形之一的进口货物，海关可以酌情减免关税：在境外运输途中或者在起卸时遭受损坏或者损失的；起卸后海关放行前因不可抗力遭受损坏或者损失的；海关检验时已经破漏、损坏或者腐烂，经证明不是保管不慎造成的。

2. 所得税

所得税，也称为收益税，是指国家对自然人、法人和其他经济组织在一定时期内的各种所得征收的一类税收。我国原有税收立法将所得税分为企业所得税、外商投资企业和外国企业所得税、个人所得税。2007年3月16日，第十届全国人民代表大会第五次会议审议通过了《中华人民共和国企业所得税法》，内资、外资企业适用统一的企业所得税法，因此我国现行税制中的所得税只包括企业所得税、个人所得税两个税种。

1) 企业所得税

企业所得税是以企业的生产经营所得和其他所得为征税对象所征收的一种税。

(1) 企业所得税的纳税主体。在中华人民共和国境内，企业和其他取得收入的组织为企业所得税的纳税人。其中，企业分为居民企业和非居民企业。所谓居民企业，是指依法在中国境内成立，或者依照外国（地区）法律成立但实际管理机构在中国境内的企业。居民企业应当就其来源于中国境内、境外的所得缴纳企业所得税。所谓非居民企业，是指依照外国（地区）法律成立且实际管理机构不在中国境内，但在中国境内设立机构、场所的，或者在中国境内未设立机构、场所，但有来源于中国境内所得的企业。非居民企业在中国境内设立机构、场所的，应当就其所设机构、场所取得的来源于中国境内的所得，以及发生在中国境外但与其所设机构、场所有实际联系的所得，缴纳企业所得税。非居民企业在中国境内未设立机构、场所的，或者虽设立机构、场所但取得的所得与其所设机构、场所没有实际联系的，应当就其来源于中国境内的所得缴纳企业所得税。

（2）企业所得税的征税范围。企业所得税的征税范围为企业的生产经营所得，也就是应纳税所得额。企业每一纳税年度的收入总额，减除不征税收入、免税收入、各项扣除及允许弥补的以前年度亏损后的余额，为应纳税所得额。纳税人的收入总额包括：销售货物收入；提供劳务收入；转让财产收入；股息、红利等权益性投资收益；利息收入；租金收入；特许权使用费收入；接受捐赠收入；其他收入。计算应纳税所得额时准予扣除的项目是指与纳税人取得收入有关的、合理的支出，包括成本、费用、税金、损失和其他支出。企业发生的公益性捐赠支出，在年度利润总额12%以内的部分，准予在计算应纳税所得额时扣除。按照规定，下列支出不得扣除：向投资者支付的股息、红利等权益性投资收益款项；企业所得税税款；税收滞纳金；罚金、罚款和被没收财物的损失；公益性捐赠支出以外的捐赠支出；赞助支出；未经核定的准备金支出；与取得收入无关的其他支出。

（3）企业所得税的税率。企业所得税的税率为25%。非居民企业在中国境内未设立机构、场所的，或者虽设立机构、场所但取得的所得与其所设机构、场所没有实际联系的，就其来源于中国境内的所得缴纳企业所得税，适用20%的税率。

（4）企业所得税的减免。企业的下列收入为免税收入：国债利息收入；符合条件的居民企业之间的股息、红利等权益性投资收益；在中国境内设立机构、场所的非居民企业从居民企业取得与该机构、场所有实际联系的股息、红利等权益性投资收益；符合条件的非营利组织的收入。企业的下列所得，可以免征、减征企业所得税：从事农、林、牧、渔业项目的所得；从事国家重点扶持的公共基础设施项目投资经营的所得；从事符合条件的环境保护、节能节水项目的所得；符合条件的技术转让所得；非居民企业在中国境内未设立机构、场所的，或者虽设立机构、场所但取得的所得与其所设机构、场所没有实际联系的，就其来源于中国境内的所得缴纳企业所得税时可以免征、减征企业所得税。

2）个人所得税

个人所得税是对个人取得的各项所得征收的一种所得税。

（1）个人所得税的纳税主体。在中国境内有住所，或者无住所而在境内居住满一年的个人，从中国境内和境外取得的所得；在中国境内无住所又不居住或者无住所而在境内居住不满一年的个人，从中国境内取得的所得，依照规定缴纳个人所得税。

（2）个人所得税的征税范围。下列各项个人所得，应纳个人所得税：工资、薪金所得；个体工商户的生产、经营所得；对企事业单位的承包经营、承租经营所得；劳务报酬所得；稿酬所得；特许权使用费所得；利息、股息、红利所得；财产租赁所得；财产转让所得；偶然所得；经国务院财政部门确定征税的其他所得。

（3）个人所得税的税率。个人所得税实行超额累进税率和比例税率相结合的税率。工资、薪金所得，适用超额累进税率，税率为5%～45%；个体工商户的生产、经营所得和对企事业单位的承包经营、承租经营所得，适用5%～35%的超额累进税率；稿酬所得，适用比例税率，税率为20%，并按应纳税额减征30%；劳务报酬所得，适用比例税率，税率为20%，对劳务报酬所得一次收入畸高的，可以实行加成征收；特许权使用费所得、利息、股息、红利所得，财产租赁所得，财产转让所得，偶然所得和其他所得，适用比例税率，税率为20%。

（4）个人所得税的减免。下列各项个人所得，免纳个人所得税：省级人民政府、国务院部委和中国人民解放军军以上单位，以及外国组织、国际组织颁发的科学、教育、技术、文化、卫生、体育、环境保护等方面的奖金；国债和国家发行的金融债券利息；按照国家统一规定发给的补贴、津贴；福利费、抚恤金、救济金；保险赔款；军人的转业费、复员费；按照国家统一规定发给干部、职工的安家费、退职费、退休工资、离休工资、离休生活补助费；依照我国有关法律规定应予免税的各国驻华使馆、领事馆的外交代表、领事官员和其他人员的所得；中国政府参加的国际公约、签订的协议中规定免税的所得；经国务院财政部门批准免税的所得。有下列情形之一的，经批准可以减征个人所得税：残疾、孤老人员和烈属的所得；因严重自然灾害造成重大损失的；其他经国务院财政部门批准减税的。

3. 财产、行为和资源税

1）财产税

财产税是以纳税人所有或支配的财产额为征税对象所征收的一类税收。财产税主要包括房产税和契税。

（1）房产税。房产税是以城市、县城、建制镇和工矿区的房产为征税对象征收的一种税。房产税由产权所有人缴纳。产权属于全民所有的，由经营管理的单位缴纳。产权出典的，由承典人缴纳。产权所有人、承典人不在房产所在地的，或者产权未确定及租典纠纷未解决的，由房产代管人或者使用人缴纳。房产税的税率，依照房产余值计算缴纳的，税率为1.2%；依照房产租金收入计算缴纳的，税率为12%。

下列房产免纳房产税：国家机关、人民团体、军队自用的房产；由国家财政部门拨付事业经费的单位自用的房产；宗教寺庙、公园、名胜古迹自用的房产；个人所有非营业用的房产；经财政部批准免税的其他房产。

（2）契税。契税是土地、房屋权属转移时向其承受者征收的一种税收。在我国境内转移土地、房屋权属，承受的单位和个人为契税的纳税人，应当依照规定缴纳契税。取得土地、房屋权属包括下列方式：国有土地使用权出让，土地使用权转让（包括出售、赠与和交换），房屋买卖、赠与和交换。以下列方式转移土地房屋权属的，视同土地使用权转让、房屋买卖或者房屋赠与征收契税：以土地、房屋权属作价投资、入股，以土地、房屋权属抵偿债务，以获奖的方式承受土地、房屋权属，以预购方式或者预付集资建房款的方式承受土地、房屋权属。契税实行3%~5%的幅度比例税率。有下列情形之一的，减征或者免征契税：国家机关、事业单位、社会团体、军事单位承受土地、房屋用于办公、教学、医疗、科研和军事设施的，免征；城镇职工按规定第一次购买公有住房的，免征；因不可抗力灭失住房而重新购买住房的，酌情准予减征或者免征；财政部规定的其他减征、免征契税的项目。

2）行为税

行为税是指对某些特定行为征收的税。行为税包括印花税、车船使用税、屠宰税和筵席税。

（1）印花税。印花税是对经济活动和经济交往中书立、领受的凭证征收的一种税。印花税的纳税主体是在中国境内书立、领受应税凭证的单位和个人。下列凭证为应纳税凭证：购销、加工承揽、建设工程承包、财产租赁、货物运输、仓储保管、借款、财产保险、技术合同或者具有合同性质的凭证；产权转移书据；营业账簿；权利、许可证照；经财政部确定征的其他凭证。印花税税率分为比例税率和定额税率两种。

（2）车船使用税。车船使用税是对拥有并且使用车船的单位和个人征收的一种税。车船使用税的纳税人为在我国境内拥有并使用车船的单位和个人。车船使用税的征税对象是行驶于公共道路的车辆和航行于国内河流、湖泊或领海口岸的船舶。车船使用税实行定额税率。车船使用税的计税标准分为车辆计税标准和船舶计税标准两类：车辆的计税标准为应纳税车辆的数量或者净吨位；船舶的计税标准为应纳税的净吨位或者载重吨位。

（3）屠宰税。屠宰税是对屠宰猪、牛、羊等几种法定牲畜的单位和个人征收的一种税。屠宰税的纳税主体是屠宰猪、牛、羊等牲畜的单位和个人。屠宰税的计税依据有两种：按实际重量计征及按每头定额税率计征。

（4）筵席税。筵席税是指对在我国境内设立的饭店、酒店、宾馆、招待所及其他饮食营业场所举办筵席的单位和个人征收的一种税。凡在我国境内设立的饭店、酒店、宾馆、招待所及其他饮食营业场所举办筵席的单位和个人，都是筵席税的纳税人。筵席税的征税对象是举办筵席的活动，具体包括婚丧嫁娶、宴请宾客等举办筵席的行为。筵席税采取按次从价计征，税率采用15%～20%的幅度比例税率。具体适用税率由各省、直辖市、自治区人民政府结合本地实际情况，在上述规定的幅度内确定。筵席税的征税起点为：一次筵席支付金额（包括菜肴、酒、饭、面、点、饮料、水果、香烟等价款金额）人民币200～500元；达到或者超过征税起点的，按支付金额全额计算征收筵席税。具体适用税率由各省、直辖市、自治区人民政府结合本地实际情况，在上述规定的起征点幅度内确定。

3）资源税

资源税是以各种自然资源为课税对象、为了调节资源级差收入并体现国有资源有偿使用而征收的一种税。资源税的纳税人是在我国境内开采应税矿产品或者生产盐的单位和个人。资源税的征收范围包括矿产品和盐，具体有原油、天然气、煤炭、其他非金属矿原矿、黑色矿原矿、有色金属矿原矿和盐。资源税实行定额幅度税率，即按照开采或生产应税产品的课税数量，规定有上下幅度的单位税额。

12.3.3 税收征收管理

税收征收管理是国家税务机关依法征收税款和进行税务监督管理的活动。税收征管法是指调整税收征收与税收管理过程中发生的社会关系的法律规范的总称。1992年9月4日第七届全国人民代表大会常务委员会第二十七次会议通过了《中华人民共和国税收征收管理法》（以下简称《税收征收管理法》）。1995年2月28日，第八届全国人民代表大会常务委员会第十二次会议对该法进行了修正。2001年4月28日，第九届全国人民代表大会常务委员会第二十一次会议再次修订了《税收征收管理法》，自2001年5月1日起施行。

1. 税务管理

1）税务登记

企业，企业在外地设立的分支机构和从事生产、经营的场所，个体工商户和从事生产、经营的事业单位（以下统称从事生产、经营的纳税人）自领取营业执照之日起30日内，持有关证件，向税务机关申报办理税务登记。税务机关应当自收到申报之日起 30 日内审核并发给税务登记证件。

从事生产、经营的纳税人，税务登记内容发生变化的，自工商行政管理机关办理变更登记之日起 30 日内或者在向工商行政管理机关申请办理注销登记之前，持有关证件向税务机关申报办理变更或者注销税务登记。

2）账簿、凭证管理

账簿、凭证管理是税务管理的重要内容，它直接关系到征税依据的真实性。纳税人、扣缴义务人按照有关法律、行政法规和国务院财政、税务主管部门的规定设置账簿，根据合法、有效凭证记账；进行核算。从事生产、经营的纳税人的财务、会计制度或者财务、会计处理办法和会计核算软件，应当报送税务机关备案。从事生产、经营的纳税人、扣缴义务人必须按照国务院财政、税务主管部门规定的保管期限保管账簿、记账凭证、完税凭证及其他有关资料。

3）纳税申报

纳税人必须依照法律、行政法规规定或者税务机关依照法律、行政法规的规定确定的申报期限、申报内容如实办理纳税申报，报送纳税申报表、财务会计报表及税务机关根据实际需要要求纳税人报送的其他纳税资料。

扣缴义务人必须依照法律、行政法规规定或者税务机关依照法律、行政法规的规定确定的申报期限、申报内容如实报送代扣代缴、代收代缴税款报告表及税务机关根据实际需要要求扣缴义务人报送的其他有关资料。

案例 12-3

某税务局（县级）2012 年 8 月 15 日在实施税务检查中发现，辖区内某饭店自 2012 年 2 月 10 日办理工商营业执照以来，一直没有办理税务登记证，也没有申报纳税。根据检查情况，该饭店应纳未纳税款为 1 500 元，税务局于 8 月 16 日做出如下处理决定：① 责令该饭店 8 月 20 日前申报办理税务登记并处以 500 元罚款；② 补缴税款、加收滞纳金，并处不缴税款 1 倍，即 1 500 元的罚款。

本案是一起纳税人违反义务的案例。根据《税收征收管理法》第 60 条的有关规定："未按照规定期限申报办理税务登记、变更或者注销税务登记的，由税务机关责令限期改正，可以处 2 000 元以下的罚款；情节严重的，处 2 000 元以上 10 000 元以下的罚款。"《税收征收管理法》第 64 条规定："纳税人不进行纳税申报，不缴或者少缴应纳税款的，由税务机关追缴其不缴或者少缴的税款、滞纳金，并处不缴或者少缴的税款 50% 以上 5 倍以下的罚款。"

2. 税款征收

税务机关应依照法律、行政法规的规定征收税款，不得违反法律、行政法规的规定开征、停征、多征、少征、提前征收、延缓征收或者摊派税款。除税务机关、税务人员及经税务机关依照法律、行政法规委托的单位和人员外，任何单位和个人不得进行税款征收活动。

扣缴义务人依照法律、行政法规的规定履行代扣、代收税款的义务。扣缴义务人依法履行代扣、代收税款义务时，纳税人不得拒绝。

纳税人、扣缴义务人按照法律、行政法规规定或者税务机关依照法律、行政法规的规定确定的期限，缴纳或者解缴税款。纳税人因有特殊困难，不能按期缴纳税款的，经省、自治区、直辖市国家税务局、地方税务局批准，可以延期缴纳税款，但是最长不得超过 3 个月。

纳税人未按照规定期限缴纳税款的，扣缴义务人未按照规定期限解缴税款的，税务机关除责令限期缴纳外，从滞纳税款之日起，按日加收滞纳税款万分之五的滞纳金。

纳税人可以依照法律、行政法规的规定书面申请减税、免税。减税、免税的申请须经法律、行政法规规定的减税、免税审查批准机关审批。地方各级人民政府、各级人民政府主管部门、单位和个人违反法律、行政法规规定，擅自做出的减税、免税决定无效。

3．税务检查

纳税人、扣缴义务人必须接受税务机关依法进行的税务检查，如实反映情况，提供有关资料，不得拒绝、隐瞒。税务机关派出的人员进行税务检查时，应当出示税务检查证和税务检查通知书，并有责任为被检查人保守秘密。未出示税务检查证和税务检查通知书的，被检查人有权拒绝检查。

税务机关有权进行下列税务检查。

（1）检查纳税人的账簿、记账凭证、报表和有关资料，检查扣缴义务人代扣代缴、代收代缴税款账簿、记账凭证和有关资料。

（2）到纳税人的生产、经营场所和货物存放地检查纳税人应纳税的商品、货物或者其他财产，检查扣缴义务人与代扣代缴、代收代缴税款有关的经营情况。

（3）责成纳税人、扣缴义务人提供与纳税或者代扣代缴、代收代缴税款有关的文件、证明材料和有关资料。

（4）询问纳税人、扣缴义务人与纳税或者代扣代缴、代收代缴税款有关的问题和情况。

（5）到车站、码头、机场、邮政企业及其分支机构检查纳税人托运、邮寄应纳税商品、货物或者其他财产的有关单据、凭证和有关资料。

（6）经县以上税务局（分局）局长批准，凭全国统一格式的检查存款账户许可证明，查询从事生产、经营的纳税人、扣缴义务人在银行或者其他金融机构的存款账户。税务机关在调查税收违法案件时，经设区的市、自治州以上税务局（分局）局长批准，可以查询案件涉嫌人员的储蓄存款。税务机关查询所获得的资料，不得用于税收以外的用途。

12.3.4 违反税法的行为及法律责任

1．纳税人、扣缴义务人的违法行为及法律责任

1）违反税务管理规定的法律责任

（1）纳税人有下列行为之一的，由税务机关责令限期改正，可以处 2 000 元以下的罚款；情节严重的，处 2 000 元以上 1 万元以下的罚款：未按照规定的期限申报办理税务登记、变更或者注销登记的；未按照规定设置、保管账簿或者保管记账凭证和有关资料的；未按照规定将财务、会计制度或者财务、会计处理办法和会计核算软件报送税务机关备查的；未按照规定将其全部银行账号向税务机关报告的；未按照规定安装、使用税控装置，或者损毁或者擅自改动税控装置的。

纳税人不办理税务登记的,由税务机关责令限期改正;逾期不改正的,经税务机关提请,由工商行政管理机关吊销其营业执照。

纳税人未按照规定使用税务登记证件,或者转借、涂改、损毁、买卖、伪造税务登记证件的,处2 000元以上1万元以下的罚款;情节严重的,处1万元以上5万元以下的罚款。

(2) 扣缴义务人未按照规定设置、保管代扣代缴、代收代缴税款账簿或者保管代扣代缴、代收代缴税款记账凭证及有关资料的,由税务机关责令限期改正,可以处2 000元以下的罚款;情节严重的,处2 000元以上5 000元以下的罚款。

(3) 纳税人未按照规定的期限办理纳税申报和报送纳税资料的,或者扣缴义务人未按照规定的期限向税务机关报送代扣代缴、代收代缴税款报告表和有关资料的,由税务机关责令限期改正,可以处2 000元以下的罚款;情节严重的,可以处2 000元以上1万元以下的罚款。

2) 偷税、逃税、抗税的法律责任

(1) 纳税人伪造、变造、隐匿、擅自销毁账簿、记账凭证,或者在账簿上多列支出或者不列、少列收入,或者经税务机关通知申报而拒不申报或者进行虚假的纳税申报,不缴或者少缴应纳税款的,是偷税。对纳税人偷税的,由税务机关追缴其不缴或者少缴的税款、滞纳金,并处不缴或者少缴的税款50%以上5倍以下的罚款;构成犯罪的,依法追究刑事责任。

扣缴义务人采取上述所列手段,不缴或者少缴已扣、已收税款,由税务机关追缴其不缴或者少缴的税款、滞纳金,并处不缴或者少缴的税款50%以上5倍以下的罚款;构成犯罪的,依法追究刑事责任。

(2) 纳税人欠缴应纳税款,采取转移或者隐匿财产的手段,妨碍税务机关追缴欠缴的税款的,由税务机关追缴欠缴的税款、滞纳金,并处欠缴税款50%以上5倍以下的罚款;构成犯罪的,依法追究刑事责任。

(3) 以暴力、威胁方法拒不缴纳税款的,是抗税,除由税务机关追缴其拒缴的税款、滞纳金外,依法追究刑事责任。情节轻微,未构成犯罪的,由税务机关追缴其拒缴的税款、滞纳金,并处拒缴税款1倍以上5倍以下的罚款。

2. 税务机关及税务人员的违法行为及法律责任

(1) 税务机关违反规定擅自改变税收征收管理范围和税款入库预算级次的,责令限期改正,对直接负责的主管人员和其他直接责任人员依法给予降级或者撤职的行政处分。

(2) 税务人员徇私舞弊,对依法应当移交司法机关追究刑事责任的不移交,情节严重的,依法追究刑事责任。

税务人员利用职务上的便利,收受或者索取纳税人、扣缴义务人财物或者谋取其他不正当利益,构成犯罪的,依法追究刑事责任;尚不构成犯罪的,依法给予行政处分。

税务人员徇私舞弊或者玩忽职守,不征或者少征应征税款,致使国家税收遭受重大损失,构成犯罪的,依法追究刑事责任;尚不构成犯罪的,依法给予行政处分。

税务人员滥用职权,故意刁难纳税人、扣缴义务人的,调离税收工作岗位,并依法给予行政处分。

税务人员对控告、检举税收违法违纪行为的纳税人、扣缴义务人及其他检举人进行打击报复的,依法给予行政处分;构成犯罪的,依法追究刑事责任。

3. 税务争议的解决程序

纳税人、扣缴义务人、纳税担保人同税务机关在纳税上发生争议时，必须先依照税务机关的纳税决定缴纳或者解缴税款及滞纳金或者提供相应的担保，然后可以依法申请行政复议；对行政复议决定不服的，可以依法向人民法院起诉。

当事人对税务机关的处罚决定、强制执行措施或者税收保全措施不服的，可以依法申请行政复议，也可以依法向人民法院起诉。

当事人对税务机关的处罚决定逾期不申请行政复议也不向人民法院起诉、又不履行的，做出处罚决定的税务机关可以采取强制执行措施，或者申请人民法院强制执行。

练习与实训

1. 名词解释题

财政   财政法   预算   税收   流转税   所得税

2. 选择题

（1）下列关于预算体系组成的表述，错误的是（   ）。
　　A. 地方各级政府预算由本级各部门的预算组成
　　B. 各部门预算由本部门所属各单位的预算组成
　　C. 各部门预算由列入部门预算的国家机关、社会团体和其他单位的收支组成
　　D. 预算组成不受限制
（2）我国《预算法》规定的预算支出中主要的部分是（   ）。
　　A. 国防支出　　　　　　　　　　　　B. 经济建设支出
　　C. 国家管理费用支出　　　　　　　　D. 国家物资储备支出
（3）下列哪一项税种不属于行为税？（   ）
　　A. 印花税　　　B. 屠宰税　　　C. 房产税　　　D. 筵席税
（4）下列销售货物中，适用17%的增值税税率的是（   ）。
　　A. 鲜奶　　　B. 食用盐　　　C. 水果罐头　　　D. 食用植物油
（5）根据现行消费税政策，下列业务应缴纳消费税的有（   ）。
　　A. 汽车厂赞助比赛用雪地车　　　　B. 酒厂以福利形式发放给职工白酒
　　C. 化妆品厂无偿发放香水试用　　　D. 金银饰品商店销售白金饰品

3. 简答题

（1）简述财政的概念和特征。
（2）简述我国的财政管理体制。
（3）简述我国的预（决）算管理程序。
（4）简述税法的构成要素。
（5）简述流转税的基本内容。

（6）简述所得税的基本内容。
（7）简述税务管理的主要内容。

4. 案例分析题

某公司开业并办理了税务登记。两个月后的一天，税务机关发来一份税务处理通知书，称该公司未按规定办理纳税申报（每月1—7日为申报期限），并处罚款。公司经理对此很不理解，跑到税务机关辩称，本公司虽然已经开业两个月，但未做成一笔生意，没有收入又如何办理申报呢？

问题：

请依照《税收征收管理法》的规定，分析并指出该公司的做法有无错误，应如何处理。

5. 实训题

根据税法进行增值税、营业税、企业所得税、个人所得税的计算，加深对税收实体法与税收征管法的理解和运用。

第 13 章

金 融 法

 学习目标

本章介绍了金融法的有关内容,具体包括中国人民银行法、商业银行法、票据法的相关法律制度。通过对本章的学习,应达到以下学习目标:
- ☑ 了解金融法的概念和调整对象;
- ☑ 掌握中国人民银行的法律地位和职责;
- ☑ 掌握商业银行的经营范围、经营原则和业务活动规则;
- ☑ 掌握票据行为及票据权利的取得与行使。

 技能要求

能够运用本章知识和法律规定分析实际案例,并正确使用汇票、本票、支票。

13.1 金融法概述

13.1.1 金融与金融法

1. 金融的概念

金融即货币资金的融通,一般是指与货币流通和银行信用有关的一切经济活动。金融的内容可概括为货币的发行与回笼,存款的吸收与付出,贷款的发放与回收,金银、外汇的买卖,有价证券的发行与转让,保险、信托、国内、国际的货币结算,票据的贴现和银行同业拆借,各种财产保险和人身保险,信托投资,融资租赁及外汇管理等。在我国,一切金融业务活动都必须通过中央银行、国有专业银行、政策性银行、商业银行和其他非银行金融机构进行。

2. 金融法的概念和调整对象

金融法是调整金融关系的法律规范的总称。金融法的调整对象即金融关系，金融关系是银行或者其他金融机构在从事金融管理和金融经营活动过程中与其他政府机构、市场主体和社会个人之间发生的经济关系。金融关系一般可分为两类：一是金融管理关系，主要指国家金融主管机关对各类金融机构和各种金融活动实施的监督、管理过程中发生的社会关系，例如货币管理关系、外汇管理关系、证券管理关系等；二是金融业务关系，主要指金融机构之间及它们与客户之间在从事相应业务过程中发生的社会关系，例如存款业务关系、结算业务关系、信托业务关系、保险业务关系等。

13.1.2 我国金融法的体系

我国金融法的体系主要包括：《中华人民共和国中国人民银行法》（以下简称《中国人民银行法》）、《中华人民共和国商业银行法》（以下简称《商业银行法》）、《中华人民共和国票据法》（以下简称《票据法》）、《中华人民共和国证券法》（以下简称《证券法》）、《中华人民共和国保险法》（以下简称《保险法》）、《中华人民共和国银行业监督管理法》（以下简称《银行业监督管理法》）、《中华人民共和国外汇管理条例》、《外汇管理条例》等法律法规。

13.2 银行法

13.2.1 中国人民银行法

为了确立中国人民银行的地位，明确其职责，保证国家货币政策的正确制定和执行，建立和完善中央银行宏观调控体系，维护金融稳定，1995年3月18日第八届全国人民代表大会第三次会议通过了《中国人民银行法》，对中国人民银行的性质和地位、货币政策、组织机构和业务范围、人民币的发行管理、中国人民银行的监督管理及法律责任等做出了明确规定。为了进一步适应经济发展的需要，2003年12月27日第十届全国人民代表大会常务委员会第六次会议对《中国人民银行法》进行了修正，并于公布之日起实施。

1. 中国人民银行的法律地位和职责

1）中国人民银行的法律地位

中国人民银行是中华人民共和国的中央银行，是国务院领导下的国家机关。中国人民银行在国务院的领导下制定和执行货币政策，防范和化解金融风险，维护金融稳定。

2）中国人民银行的职责

中国人民银行作为国家的中央银行，具有发行的银行、政府的银行、银行的银行的职能。中国人民银行履行下列职责：发布与履行其职责有关的命令和规章；依法制定和执行货币政策；发行人民币，管理人民币流通；监督管理银行间同业拆借市场和银行间债券市场；实施外汇管理，监督管理银行间外汇市场；监督管理黄金市场；持有、管理、经营国家外汇储备、黄金储备；经理国库；维护支付、清算系统的正常运行；指导、部署金融业反洗钱工作,负责反洗钱的资金监测;负责金融业的统计、调查、分析和预测;作为国家的中央银行,从事有关的国际金融活动;国务院规定的其他职责。

案例 13-1

中国人民银行决定,自 2012 年 6 月 8 日起下调金融机构人民币存贷款基准利率,金融机构一年期存款基准利率下调 0.25 个百分点,一年期贷款基准利率下调 0.25 个百分点;其他各档次存贷款基准利率及个人住房公积金存贷款利率相应调整。这是近三年半以来央行首次降息(上次降息是 2008 年 12 月 23 日)。距离该次降息还不到一个月时间,央行于 7 月 5 日晚间再次宣布下调金融机构存贷款基准利率,金融机构一年期存款基准利率下调 0.25 个百分点,一年期贷款基准利率下调 0.31 个百分点;其他各档次存贷款基准利率及个人住房公积金存贷款利率相应调整。

从国际环境看,随着全球通胀压力回落,近期欧洲经济疲弱等促使主要发达经济体和新兴经济体都重新转向货币宽松。央行的两次降息,是根据国内外经济运行情况做出的灵活审慎的货币政策安排,保持了与国际趋势的一致性,也显示稳增长再次成为当前各国经济政策的重点。

2. 中国人民银行的组织机构

中国人民银行设行长一人,副行长若干人。中国人民银行行长的人选,根据国务院总理的提名,由全国人民代表大会决定;全国人民代表大会闭会期间,由全国人民代表大会常务委员会决定,由中华人民共和国主席任免。中国人民银行副行长由国务院总理任免。

中国人民银行实行行长负责制。行长领导中国人民银行的工作,副行长协助行长工作。

中国人民银行设立货币政策委员会。货币政策委员会的职责、组成和工作程序,由国务院规定,报全国人民代表大会常务委员会备案。

中国人民银行根据履行职责的需要设立分支机构,作为中国人民银行的派出机构。中国人民银行对分支机构实行统一领导和管理。分支机构根据中国人民银行的授权,维护本辖区的金融稳定,承办有关业务。

3. 人民币的发行和管理

中国人民银行依法制定和实施货币政策,发行人民币,并管理人民币流通。

人民币是中华人民共和国的法定货币。以人民币支付中华人民共和国境内的一切公共的和私人的债务,任何单位和个人不得拒收。人民币的单位为元,人民币辅币的单位为角、分。

人民币的发行应坚持集中统一发行、计划发行和经济发行的原则。人民币由中国人民银行统一印制、发行,任何单位和个人不得印制、发售代币票券,以代替人民币在市场上流通。中国人民银行发行新版人民币,应当将发行时间、面额、图案、式样、规格予以公告。

禁止伪造、变造人民币;禁止出售、购买伪造、变造的人民币;禁止运输、持有、使用伪造、变造的人民币;禁止故意毁损人民币;禁止在宣传品、出版物或者其他商品上非法使用人民币图样。残缺、污损的人民币,按照中国人民银行的规定兑换,并由中国人民银行负责收回、销毁。

4. 中国人民银行的业务范围

中国人民银行的业务活动主要有依法制定和执行货币政策、提供金融服务，但中国人民银行从事金融业务活动不以营利为目的，不直接对一般工商企业和个人提供服务，而是以执行货币政策、保证货币政策目标实现为指导原则，以政府和金融机构为服务对象。

（1）中国人民银行可以运用下列货币政策工具执行货币政策：① 要求银行业金融机构按照规定的比例交存存款准备金；② 确定中央银行基准利率；③ 为在中国人民银行开立账户的银行业金融机构办理再贴现；④ 向商业银行提供贷款；⑤ 在公开市场上买卖国债、其他政府债券和金融债券及外汇；⑥ 国务院确定的其他货币政策工具。

（2）中国人民银行依照法律、行政法规的规定经理国库。

（3）中国人民银行可以代理国务院财政部门向各金融机构组织发行、兑付国债和其他政府债券。

（4）中国人民银行可以根据需要，为银行业金融机构开立账户，但不得对银行业金融机构的账户透支。

（5）中国人民银行应当组织或者协助组织银行业金融机构相互之间的清算系统，协调银行业金融机构相互之间的清算事项，提供清算服务。

（6）中国人民银行根据执行货币政策的需要，可以决定对商业银行贷款的数额、期限、利率和方式，但贷款的期限不得超过一年。

中国人民银行在执行业务时不得违反以下规定：不得对政府财政透支，不得直接认购、包销国债和其他政府债券；不得向地方政府、各级政府部门提供贷款，不得向非银行金融机构及其他单位和个人提供贷款，但国务院决定中国人民银行可以向特定的非银行金融机构提供贷款的除外；不得向任何单位和个人提供担保。

5. 中国人民银行的金融监督管理

中国人民银行有权对金融机构及其他单位和个人的下列行为进行检查监督：① 执行有关存款准备金管理规定的行为；② 与中国人民银行特种贷款有关的行为；③ 执行有关人民币管理规定的行为；④ 执行有关银行间同业拆借市场、银行间债券市场管理规定的行为；⑤ 执行有关外汇管理规定的行为；⑥ 执行有关黄金管理规定的行为；⑦ 代理中国人民银行经理国库的行为；⑧ 执行有关清算管理规定的行为；⑨ 执行有关反洗钱规定的行为。

13.2.2 商业银行法

商业银行是指依法设立的吸收公众存款、发放贷款、办理结算等业务的企业法人。商业银行法是调整商业银行组织关系和经营业务关系的法律规范的总称。1995年5月10日第八届全国人民代表大会常务委员会第十三次会议通过了《商业银行法》，对商业银行的设立和组织机构、业务的基本规则、监督管理及法律责任等做出了具体规定。2003年12月27日第十届全国人民代表大会常务委员会第六次会议对该法进行了修正。

1. 商业银行的设立

设立商业银行，应当具备下列条件。

（1）有符合《商业银行法》和《公司法》规定的章程。

（2）有符合法律规定的注册资本最低限额。其中，设立全国性商业银行的注册资本最低限额为 10 亿元人民币，设立城市商业银行的注册资本最低限额为 1 亿元人民币，设立农村商业银行的注册资本最低限额为 5 000 万元人民币。

（3）有具备任职专业知识和业务工作经验的董事、高级管理人员。

（4）有健全的组织机构和管理制度。

（5）有符合要求的营业场所、安全防范措施和与业务有关的其他设施。

设立商业银行，申请人应当经国务院银行业监督管理机构审查批准。经审查符合条件的，申请人应填写正式申请表，并提交法律规定的文件、资料。对正式批准设立的商业银行，由国务院银行业监督管理委员会颁发经营许可证。申请人凭该经营许可证，向工商机关办理注册登记，领取企业法人营业执照。经批准设立的商业银行分支机构，也应由国务院银行业监督管理机构颁发经营许可证，并凭该许可证向工商行政管理部门办理登记，领取营业执照。商业银行分支机构不具有法人资格，在总行授权范围内依法开展业务，其民事责任由总行承担。

商业银行采取有限责任公司和股份有限责任公司的组织形式。

2. 商业银行的业务

1）商业银行的经营范围

商业银行可以经营下列部分或者全部业务：吸收公众存款；发放短期、中期和长期贷款；办理国内外结算；办理票据承兑与贴现；发行金融债券；代理发行、代理兑付、承销政府债券；买卖政府债券、金融债券；从事同业拆借；买卖、代理买卖外汇；从事银行卡业务；提供信用证服务及担保；代理收付款项及代理保险业务；提供保管箱服务；经国务院银行业监督管理机构批准的其他业务。

2）商业银行的经营原则和业务活动规则

商业银行以安全性、流动性、效益性为经营原则，实行自主经营、自担风险、自负盈亏、自我约束。

商业银行依法开展业务，不受任何单位和个人的干涉。商业银行开展业务应遵守以下规则。

（1）商业银行办理个人储蓄存款业务，应当遵循存款自愿、取款自由、存款有息、为存款人保密的原则。对个人储蓄存款，商业银行有权拒绝任何单位或者个人查询、冻结、扣划，但法律另有规定的除外。对单位存款，商业银行有权拒绝任何单位或者个人查询，但法律、行政法规另有规定的除外；有权拒绝任何单位或者个人冻结、扣划，但法律另有规定的除外。商业银行应当按照中国人民银行规定的存款利率的上下限，确定存款利率，并予以公告。商业银行应当按照中国人民银行的规定，向中国人民银行交存存款准备金，留足备付金。商业银行应当保证存款本金和利息的支付，不得拖延、拒绝支付存款本金和利息。

（2）商业银行根据国民经济和社会发展的需要，在国家产业政策指导下开展贷款业务。商业银行贷款，应当对借款人的借款用途、偿还能力、还款方式等情况进行严格审查。商业银行贷款，应当实行审贷分离、分级审批的制度。商业银行贷款，借款人应当提供担保。商业银行应当对保证人的偿还能力，抵押物、质物的权属和价值及实现抵押权、质权的可行性进行严格审查。商业银行应当按照中国人民银行规定的贷款利率的上下限，确定贷款利率。商业银行不得向关系人发放信用贷款；向关系人发放担保贷款的条件不得优于其他借款人同类贷款的条件。

案例 13-2

甲市某机械生产企业在一周内分三次从同一商业银行设在该市的三家支行各获得200万元、300万元、400万元的贷款，并从该银行设在乙市的分行再获得100万元贷款。这些贷款到期后经商业银行多次催还，均无着落，该商业银行诉至法院。经查，这些贷款中的一半已被该企业投资于房地产，另一半则转贷给房地产公司，以牟取高额利息，现因房地产不景气，资金无法收回。而且，商业银行在发放贷款时，未要求该企业提供任何担保，贷款手续亦由各分、支行长一手办理，也未按规定向有关机构报备贷款情况。

本案中商业银行在发放贷款时多处违反法律规定：第一，发放贷款未要求借款企业提供任何担保；第二，没有实行审贷分离制；第三，乙市分行发放异地贷款未按规定向当地人民银行分支机构备案；第四，没有对借款企业进行贷后检查。正是由于该银行违反规定发放贷款，才使银行遭受重大损失。

（3）商业银行办理票据承兑、汇兑、委托收款等结算业务，应当按照规定的期限兑现、收付入账，不得压单、压票或者违反规定退票。有关兑现、收付入账期限的规定应当公布。商业银行发行金融债券或者到境外借款，应当依照法律、行政法规的规定报经批准。

3. 商业银行的监督管理

国务院银行业监督管理机构和中国人民银行对商业银行进行监督管理。商业银行应当按照有关规定，制定本行的业务规则，建立、健全本行的风险管理和内部控制制度，并按照规定向国务院银行业监督管理机构、中国人民银行报送资产负债表、利润表及其他财务会计、统计报表和资料。

商业银行应当建立、健全本行对存款、贷款、结算、呆账等各项情况的稽核、检查制度。国务院银行业监督管理机构有权随时对商业银行的存款、贷款、结算、呆账等情况进行检查监督。

商业银行应当依法接受审计机关的审计监督。

13.3 票据法

13.3.1 票据法概述

1. 票据与票据法

1) 票据的概念与特征

票据有广义和狭义之分。广义的票据是指商业上各种具有财产价值体现民事权利的凭证，包括汇票、本票、支票、提单、股票、仓单等一切有价证券。狭义的票据是指由出票人签发的、承诺自己或委托他人于到期日无条件支付给受款人或持票人一定金额的有价证券。狭义的票据主要包括汇票、本票和支票。本书中所指的票据是狭义上的票据。

票据具有以下特征。

（1）票据是完全的有价证券。票据权利的发生必须作成票据；票据权利的转移必须背书或交付；票据权利的行使必须提示票据。

（2）票据是设权证券。所谓设权证券，是指票据上的权利完全是由票据行为所创设。票据的作成是为了创设一定的权利，票据权利产生于票据作成之后，票据作成前票据权利不存在。

（3）票据是无因证券。所谓无因，是指票据权利的行使只以持有票据为必要，持票人无须证明其取得票据的原因。也就是说，占有票据的当事人就是票据权利人，就可以对票据债务人行使票据上的权利。至于票据权利人取得票据的原因，票据权利发生的原因均可不问。这些原因是否存在、是否生效，都与票据权利无关。

（4）票据是要式证券。所谓要式证券，是指票据的作成必须具备法定的要件，才能发生票据效力。如果票据的作成缺少法定的要件或不符合法定的要件，会导致票据的无效。

（5）票据是文义证券。所谓文义证券，是指票据上的权利与义务都以票据上记载的文字内容为准，不受票据文义以外的任何事项的影响。即使票面记载与实际情况不符，也不允许以票载文字以外的证据加以变更。

案例 13-3

2011年11月20日，某百货商场为购买一批洗衣机，向某洗衣机厂签发了一张远期银行承兑汇票，付款行为某商业银行，付款期限为出票后3个月，票载金额为人民币200万元，收款人为某洗衣机厂。2012年1月8日，某洗衣机将该票据提示承兑，同日将该票据背书转让给某钢材厂。2012年2月5日，钢材厂又将该票据转让给某煤炭厂。2012年2月15日，煤炭厂持该汇票要求商业银行付款，商业银行以煤炭厂所供的煤炭质量不符合合同约定为由予以退票。同年5月10日，煤炭厂向法院起诉，要求商业银行承担票据责任。

本案中，该商业银行拒绝付款的理由不正确。票据最大的特征就在于票据的无因性和流通性，票据签发后，票据关系即与原因关系发生分离，付款人或承兑人不能以原因关系对抗持票人的票据权利。本案中，商业银行不能以煤炭厂提供的煤炭质量不合格为由对抗持票人煤炭厂的票据权利，商业银行必须承担付款责任。

2）票据的种类

按照我国《票据法》的规定，票据包括汇票、本票和支票。票据还可以从不同的角度进行不同的分类。

以票据由自己付款还是委托他人付款为划分标准，票据可以分为允诺式证券和委托式证券。出票人约定自己于到期日无条件支付票面金额的，为允诺式证券，本票属于允诺式证券。出票人委托他人于到期日无条件按票面金额付款的，为委托式证券，汇票和支票属于委托式证券。

以票据的功能为划分标准，票据可以分为信用证券和支付证券。票据主要用于信用的，为信用证券，本票、汇票属于信用证券。票据主要用于支付的，为支付证券，支票属于支付证券。

以票据的到期日为划分标准，票据可以分为远期票据和即期票据。以将来某一期日届至为付款日的，属于远期票据，如定日付款、出票后定期付款的汇票。见票即付的票据为即期票据，支票属于即期票据。

3）票据法

票据法是规定票据制度，调整票据关系的法律规范的总称。1995年5月10日，第八届全国人民代表大会常务委员会第十三次会议通过了《票据法》；2004年8月28日，第十届全国人民代表大会常务委员会第十一次会议对《票据法》进行了修正。

2. 票据行为

票据行为有广义和狭义两种理解。狭义的票据行为是指产生票据债权债务关系的行为；广义的票据行为是产生、变更、消灭票据上债权债务关系的行为。狭义的票据行为有出票、背书、承兑、保证、参加承兑、保付等。广义的票据行为除了以上几种外，还包括付款、参加付款、划线、变造等。

根据票据行为的性质，票据行为分为基本票据行为和附属票据行为。基本票据行为是指创造票据的原始票据行为。出票是基本票据行为。附属票据行为是指在已签发的票据上实施的非原始的票据行为，包括背书、承兑、保证等。

3. 票据权利

1）票据权利的概念

票据权利是持票人向票据债务人请求支付一定票据金额的权利，包括付款请求权和追索权。其中，付款请求权是第一次请求权，是指票据的持票人向票据的债务人按票据上记载的金额要求付款的权利。追索权是第二次请求权，是指持有票据的债权人在票据债务人不履行或不能履行票据义务时，依法向其请求偿付票据金额的权利，是行使付款请求权未果时才可以行使的权利。

2）票据权利的取得

票据权利的取得分为原始取得和继受取得。原始取得是指出票人作成票据并交付给受款人后，受款人即从出票人处得到票据权利。继受取得是指持票人从有正当处分权的人那里依背书转让或者交付程序而取得票据，如因背书而取得，因税收、继承、赠与而取得，因公司合并而取得等。

从票据取得的主观状态看，分为善意取得和恶意取得。持票人在善意和无重大过失的情况下，依照《票据法》规定的方式，支付对价后取得的票据，为善意取得。持票人善意取得的票据，应当享有票据权利。持票人明知转让票据者无处分或交付票据的权利，或者虽然不是明知但应当或者可能知道让与人无处分权而由于过错或疏忽大意未能得知而取得票据，为恶意取得。持票人恶意取得票据的，不得享有票据权利。

根据我国《票据法》的规定，票据权利的取得有两项限制：第一，以欺诈、偷盗或者胁迫等手段取得票据的，或者明知有前列情形，出于恶意取得票据的，或者有重大过失取得票据的，不得享有票据权利；第二，以无偿或者不以相当对价取得票据的，不得享有优于其前手的票据权利。

3）票据权利的行使和保全

（1）票据权利的行使。票据权利的行使是票据权利人请求票据债务人履行其票据债务的行为，包括请求付款和进行追索。票据权利行使的方式为票据的提示，即由持票人向票据债务人出示票据。提示包括提示承兑和提示付款两种。提示承兑仅指定日付款和出票后定期付款汇票而言，提示付款包括汇票和本票的提示。

（2）票据权利的保全。票据权利的保全是指票据权利人为防止票据权利的丧失而采取的行为。票据权利的保全方法主要有两种。第一，提示票据。票据债务人为防止票据权利的丧失，必须依照票据法的规定向票据债务人提示票据，提示票据一方面是票据权利人请求付款或者承兑，另一方面票据权利人的提示遭到拒绝后，可以进一步行使票据追索权。因此，提示票据具有二重性，即权利行使和权利保全。第二，拒绝证明。拒绝证明是指在票据权利人行使票据权利，即提示承兑或提示付款而未获承兑或未获付款时，必须在规定的期间内作成拒绝证明。如果票据债权人未在规定的时间内作成拒绝证明，即丧失对前手的追索权。因而，作成拒绝证明是保全票据权利的主要方法。

4）票据权利的消灭

票据权利的消灭是指基于一定的法律事实出现，从而使票据上的付款请求权和追索权失去法律效力。票据权利的消灭具体包括以下几种情况。

（1）票据权利因付款而消灭。这里说的付款是指狭义上的付款，即票据债务人向票据债权人履行了支付票据上记载金额的义务，从而使持票人的票据权利消失。在这种情况下，持票人不仅消灭了付款请求权，而且消灭了追索权。

（2）票据权利因时效届满而消灭。票据时效届满的，票据权利因此而消灭。但是，由于持票人对出票人、承兑人、背书人的权利的时效期间不同，所以只有对所有票据债务人的时效期间都届满的，才发生票据权利绝对消灭。

（3）票据权利因其他原因而消灭。其他原因主要是指一般债权消灭的原因，其中包括抵销、免除、混同、提存等原因，也包括票据被销毁等原因。

4．票据的伪造、变造与更改

1）票据的伪造

票据的伪造是指假冒他人名义所做的票据行为，包括票据本身的票据伪造和在票据上签名的票据伪造。票据本身的票据伪造是指假冒他人的名义作为出票人签发票据。票据上签名的票据伪造是指假冒他人名义而做发票以外的其他票据行为。

伪造的票据无法律上的效力，持票人无论是善意还是恶意，被伪造的人均不承担票据责任。伪造人因其未在票据上签名，故也不承担票据责任。基于票据行为的独立性，票据上有伪造的签章的，不影响票据上其他真实签章的效力。例如，甲伪造乙的签名向丙签发票据，丙取得票据后又将该票据背书给丁。甲与乙都不承担责任，丙的签章是真实的，因而丙对丁应承担票据责任。

2）票据的变造

所谓票据的变造，是指无权变更票据记载事项的人，擅自变更票据上的（除签章外）的记载事项的行为，例如变造票据的记载金额、票据的到期日等。

票据变造的，仍属有效。我国《票据法》规定，除票据的日期、金额、收款人等记载外，票据上其记载事项被变造的，在变造前签章的人，对原记载事项负责；在变造之后签章的人，对变造后记载事项负责；不能辨别是在票据被变造之前或之后签章的，视同在变造之前签章。

3）票据的更改

票据的更改是指有权变更票据记载事项的人变更票据记载事项的行为。票据的更改不得违反法律，我国《票据法》规定，金额、日期、收款人名称不得更改，更改的票据无效。对票据上的其他记载事项，原记载人可以更改，更改时应由原记载人签章证明，票据更改后依更改后的文义发生效力。

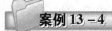

案例 13-4

王某为某私营纺织厂的业主，2012年4月间，在搬迁厂房和办公场所的过程中，不慎遗失空白支票格式凭证3张。后所遗失的其中一张支票格式凭证被孙某拾到并伪刻名称为"某某建材公司"的财务章加以签署。支票的收款人处空白，金额填写为20万元。其后，孙某又持该伪造支票及身份证，到某商场购物，当场将该商场填写为支票的收款人。商场将该支票送银行入账时，遭到退票。经公安机关循支票格式凭证编号查实，该支票格式凭证系王某所遗失，但无任何证据显示上述骗购货物事件与王某有关；而且，"某某建材公司"则根本不存在。某商场起诉王某，要求他支付该支票票款或赔偿货物损失。

本案中，王某不需要承担票据责任，因为王某丢失的是支票格式凭证，并非经签章的空白支票。王某因为没有在票据上签章，未进行任何票据行为，故不承担票据责任。某商场在本案中不享有票据权利。由于伪造的票据为实质无效票据，直接从伪造出票的人手中取得票据，不能获得支付请求权。同时，在本案的伪造出票据上，无任何真实签章，即无任何真实票据行为人承担票据义务。这一点与伪造的票据经真实的承兑或背书签章后，再流入持票人手中的情形不同。

5. 票据的抗辩

票据抗辩是指票据债务人根据票据法的规定对票据债权人拒绝履行义务的行为。票据抗辩分为对物的抗辩和对人的抗辩。

1）对物的抗辩

对物的抗辩是指票据债务人可以对抗一切票据债权人的抗辩。物的抗辩的特点是可以对抗任何票据债权人。因为物的抗辩事由产生于票据关系本身，即票据本身存在影响票据效力的因素，因此对于任何票据债权人均可以抗辩。属于对物的抗辩包括：① 票据欠缺应记载的内容；② 票据到期日未到；③ 票据已经依法付款；④ 票据经判决为无效；⑤ 票款已依法提存；⑥ 欠缺票据行为能力；⑦ 票据系伪造及变造；⑧ 票据因时效而消灭；⑨ 与票据记载不符的抗辩等。对于前5项，任何票据债务人都有权拒绝支付票款。对于后4项，只限于特定债务人可以对所有债权人进行抗辩。比如对伪造票据，由于被伪造者并未在票据上签字，因而被伪造者可以对任何债权人进行抗辩。

2）对人的抗辩

对人的抗辩是指票据债务人对抗特定票据债权人的抗辩。对人的抗辩的特点是，它是票据债务人和特定的票据债权人之间的关系，一旦持票人发生变更，就不得再进行抗辩。属于对人的抗辩包括：① 票据原因关系不合法，比如为支付赌债而签发的支票；② 原因关系不存在或消灭，比如为购货而签发票据但对方没有发货；③ 欠缺对价，比如持票人未按约提供与票款相当的商品或劳务等；④ 票据债务已经清偿、抵销或免除而未载于票据上，可对直接当事人抗辩；⑤ 票据交付前被盗或遗失，可对盗窃人或拾得人抗辩。

3）票据抗辩的限制

票据为流通票据，为维护票据的流通性应对票据抗辩加以限制。票据抗辩的限制主要针对人的抗辩，票据债务人可以对不履行义务的与自己有直接债权债务关系的持票人进行抗辩。票据抗辩的限制包括两种情况：一是票据债务人不得以自己与出票人之间所存在的抗辩事由对抗善意的持票人；二是票据债务人不得以自己与持票人的前手之间存在票据抗辩事由对抗善意持票人。

13.3.2 汇票

1. 汇票的概念与种类

汇票是出票人签发的，委托付款人在见票时或者在指定日期无条件支付确定的金额给收款人或者持票人的票据。汇票关系一般涉及三方当事人，即出票人、付款人、收款人。出票人是签发票据并委托他人按票载金额支付票款的一方，付款人是受出票人委托支付票款的一方，收款人是依出票人签发享有票据权利的一方。

按照不同的划分标准，可以将汇票划分为不同的种类。

（1）按照出票人的不同，可将汇票分为商业汇票和银行汇票。商业汇票是由从事商业行为的法人、其他组织或自然人签发的汇票。商业汇票须经过付款人的承兑。依承兑人的不同，商业汇票又可以分为商业承兑汇票和银行承兑汇票。银行汇票是由银行签发的汇票，银行汇票的出票银行是银行汇票的付款人。

（2）按照付款时间的不同，可以将汇票分为即期汇票与远期汇票。即期汇票也称为见票即付的汇票，是指收款人或持票人在法定期限内提示汇票时，付款人在见票后即付款的汇票。远期汇票是指付款人不是在见票时而是在汇票所规定的到期日付款的汇票，包括定日付款的汇票、出票后定期付款的汇票、见票后定期付款的汇票。

（3）按照记载收款人的方式的不同，可以将汇票分为记名汇票、指示汇票和无记名汇票。记名汇票是指出票人在汇票上明确记载收款人姓名或名称的汇票。这种汇票可由收款人以背书并交付的方式进行转让指示汇票是指出票人在汇票上记载收款人姓名或名称，并附加"或其指定的人"的文句的汇票。这种汇票也可由收款人以背书并交付的方式进行转让。无记名汇票是指出票人在汇票上未记载收款人姓名或名称，或仅记载"付来人"的汇票。这种汇票在流通时无需背书，只要让与人将汇票交付给受让人即可达到转让的目的。

2. 汇票的出票

出票是指出票人签发票据并将其交付给收款人的行为。出票必须符合两个条件：一是依法定的款式做成汇票，二是将做成的汇票交付给收款人。

1）出票的格式

出票的格式是指出票的形式要件，即出票人在汇票上应当记载的有关事项。由于汇票是要式证券，所以汇票记载的内容必须符合票据法的规定，才能产生票据的效力。我国《票据法》规定，汇票必须记载下列事项：① 表明"汇票"的字样；② 无条件支付的委托；③ 确定的金额；④ 付款人名称；⑤ 收款人名称；⑥ 出票日期；⑦ 出票人签章。

汇票上未记载上述规定事项之一的，汇票无效。

2）出票的法律效力

出票的法律效力主要体现在以下几个方面。

（1）对出票人的效力。出票人在完成出票行为后，应承担担保承兑和担保付款的义务。收款人在请求付款人承兑或付款时如果遭到拒绝，就可以向出票人进行追索，出票人应承担付款义务。

（2）对收款人或持票人的效力。收款人取得票据后，即取得了票据权利，即付款请求权和追索权。

（3）对付款人的效力。由于出票行为是单方法律行为，该行为并不直接对付款人产生票据关系上的效力，付款人并不因出票行为就承担付款义务，付款人是否承兑或付款是他的自由，持票人不能强行要求付款人承兑，即使付款人拒绝承兑进而拒绝付款，持票人也不能向法院起诉，只能向其前手和出票人进行追索。但是，一旦付款人对汇票进行了承兑，就应当承担付款义务。

3. 汇票的背书

背书是以转让票据权利或其他内容为目的，由持票人在票据背面或粘单上记载有关事项并签名的行为。行为人在转让或授权他人行使汇票权利时，除了背书外还应将汇票交付给受让人。背书按照其目的可以分为两类：一是转让背书，即以转让票据权利为目的的背书；二是非转让背书，即以设立委托收款或票据质押为目的的背书。相应地，非转让背书分为委托取款背书和设质背书。

1）背书的形式要件

我国《票据法》的规定，背书应符合下列条件：背书必须记载背书人和被背书人的名称；背书必须连续，即转让汇票的背书人与受让汇票的被背书人在汇票上的签章必须依次前后衔接；背书不得附条件，如果背书附有条件，所附条件不具有汇票上的效力；背书不得转让汇票金额的一部分，也不得将汇票金额分别转让给两个以上的人。

2）背书的法律效力

背书的法律效力主要体现为以下几个方面。

（1）权利转移的效力。转让背书成立后，票据上的一切权利均转移给被背书人，包括付款请求权、追索权、对保证人的权利及再次转让票据的权利等。委托取款背书成立后，被背书人取得了代背书人收款的权利。设质背书成立后，被背书人取得了票据质权。

（2）责任担保的效力。除了委托取款背书外，其他背书行为成立后，背书人应当担保汇票的承兑和付款。持票人未获得承兑或付款的，有权向背书人追索，背书人应负责清偿。

（3）权利证明的效力。持票人以背书的连续证明其汇票的权利。连续背书的汇票的持有人只要持有汇票，就推定其是合法的票据权利人，他不必说明票据实际移转过程即可行使票据权利。

4. 汇票的承兑

所谓承兑，简单地说，就是承诺兑付，是指汇票付款人承诺在到期日支付汇票金额的一种票据行为。承兑是汇票特有的行为，只发生在远期汇票的有关活动中。票据承兑后，付款人便成为票据债务人，负付款义务。付款人拒绝承兑的，收款人、持票人可以行使追索权，而不问票据是否到期。

1) 承兑的程序

承兑须经过承兑提示和承兑两个过程。

(1) 承兑提示。承兑提示是指持票人向付款人出示票据，要求付款人承诺付款的行为。承兑提示必须在法定期限内进行。我国《票据法》规定，定日付款或出票后定期付款的汇票，持票人应当在汇票到期前向付款人提示承兑；见票后定期付款的汇票，持票人应当自出票日起 1 个月内向付款人提示承兑。未在法定期限内提示承兑的，持票人丧失对其前手（不包括持票人）的追索权。

(2) 承兑。承兑的方式通常是由付款人在汇票正面记载"承兑"字样并签章及注明承兑日期。根据我国《票据法》的规定，承兑的必要记载事项是：在汇票正面记载"承兑"字样；承兑人签章；见票后定期付款的汇票，记载付款日期。除了必要记载事项外，还记载相对必要记载事项，如承兑日期，汇票上未记载承兑日期的，以承兑期限的最后一日为承兑日期。

2) 承兑的法律效力

付款人承兑后应依照票据记载文义负担支付票款的责任。我国《票据法》第 44 条规定："付款人承兑汇票后，应当承担到期付款的责任。"若承兑人到期不付款，合法的持票人可以直接向承兑人提起诉讼。同时，即使付款人对汇票做了承兑，但在汇票到期日拒绝付款，持票人仍然有权在法定期限内对其前手和出票人行使追索权。

5. 汇票的保证

汇票的保证是指汇票的债务人以外的第三人以担保特定的汇票债务人承担汇票付款为目的，在汇票上签章及记载必要事项的票据行为。在票据保证关系中，保证人是进行保证行为的当事人；被保证人是票据关系中的债务人，他可以是出票人、背书人、承兑人；保证关系中的债权人是被保证人的后手，被保证人如果是承兑人的，持票人是保证关系中的债权人。

1) 保证的形式

保证人在进行汇票的保证行为时，应由保证人在汇票上或汇票粘单上记载"保证"或其他类似的字句，并签名和注明保证人的住所及保证的日期。如果未注明保证的日期，一般以出票的日期为保证的日期。同时，保证人还应在汇票上或汇票粘单上记载被保证人的名称，未记载的，视出票人为被保证人。

2) 保证的效力

保证具有以下法律效力。

(1) 被保证的汇票，保证人应当与被保证人对持票人承担连带责任，汇票到期后得不到付款的，持票人有权向保证人请求付款。

(2) 保证人为两人以上的，保证人之间承担连带责任。

(3) 保证人的保证责任不因被保证人的债务因实质条件欠缺导致无效而受影响。即使被保证人因无行为能力或受欺诈、胁迫而主张其抗辩权，保证人仍应承担保证责任。

(4) 被保证人的债务因票据欠缺形式要件而无效时，保证人不承担保证责任。

(5) 保证人清偿汇票债务后，可以行使持票人对被保证人及其前手的追索权。

6. 汇票的付款

付款是票据上的付款人或担当付款人支付票据金额以消灭票据关系的行为。付款是票据关系的最后一个环节，付款人依法足额付款后，全体票据债务人的责任解除。但需要注意的是，并不是任何票据债务人所为的支付汇票金额的行为都可以消灭票据关系，只有汇票上的第一债务人即付款人向持票人支付票款后，才能收回票据，消灭票据关系。至于汇票的出票人、背书人、保证人履行偿还义务支付票据金额后，只能使追索权发生转移，并不能当然消灭票据关系。

1）付款的程序

付款一般经过付款提示与付款两个环节。

（1）付款提示是指持票人向付款人或担当付款人出示汇票，请求其支付票据金额的行为。

付款提示由持票人向付款人（或承兑人）进行。票据上记载担当付款人的，应向担当付款人进行。付款人或担当付款人拒绝付款的，票据上有参加承兑人记载的，应向参加承兑人提示付款。

付款提示必须在法定期限内进行。根据我国《票据法》的规定，付款提示的期间是：见票即付的汇票，自出票日起1个月内；定日付款、出票后定期付款或见票后定期付款的汇票，自到期日起10日内。

（2）付款。持票人于提示期间内提示付款时，付款人应当审查汇票背书的连续性，并审查提示付款人的合法身份证明或有效证件。但付款人审查背书的连续性仅指从汇票形式上审查，而不是审查背书签名的真伪。确认无误后，付款人应当在提示付款的当日付款。而且，付款人应当按票据金额足额付款，不允许部分付款。持票人获得付款的，应当在汇票上签收，并将汇票交给付款人。

2）付款的法律效力

（1）票据法律关系消灭。付款人按照票载文义全部支付票据金额后，票据法律关系因此而全部归于消灭，付款人和全体票据债务人的票据责任也因此而被免除，同时付款人有权要求持票人交出票据以便向出票人求偿。但是，付款人以恶意或者有重大过失而付款的，不发生票据法上的付款效力。

（2）付款人取得向出票人求偿的权利。由于付款人是基于出票人的委托而支付票据金额的，二者之间是委托代理关系，所以在出票人未向付款人提供资金的情况下，付款人于付款后即取得向出票人求偿的权利，有权请求出票人偿还其支付给持票人的票据金额。

7. 汇票的追索

追索是指汇票持票人在汇票到期不能获得付款或期前不能获得承兑或有其他法定事由时，请求具有担保付款义务的票据债务人偿还票据金额及其他法定款项的行为。持票人的这种权利称为追索权。

1）行使追索权的原因

根据我国《票据法》第61条的规定，行使追索权的原因包括：①汇票到期被拒绝付款的；②汇票被拒绝承兑；③承兑人或者付款人死亡、逃匿；④承兑人或者付款人被依法宣告破产或者因违法被责令终止业务活动。具有以上事由之一的，持票人可以依照《票据法》

规定的形式和程序行使追索权。

2）行使追索权的程序

（1）持票人在法定期限内作成拒绝证书。拒绝证书是指证明持票人已进行票据权利的行使及保全行为，以及行使票据权利后未获结果的一种要式证明文件。拒绝证书是行使追索权的形式要件，未制作拒绝证书或未在法定期间内作成拒绝证书将丧失追索权。

我国《票据法》对拒绝证书主要有如下规定：持票人提示承兑或提示付款遭到拒绝的，承兑人或付款人必须出具拒绝证明，或者出具退票理由，否则须承担由此产生的民事责任；同时，持票人若因承兑人或付款人死亡、逃匿或其他原因不能取得拒绝证明的，可依法取得其他证明；若承兑人、付款人被法院依法宣告破产的，法院的有关司法文书具有拒绝证明书的效力；承兑人或付款人因违法被责令终止业务活动的，有关主管部门的处罚决定具有拒绝证明的效力；若持票人不能出示拒绝证明或未按规定期限提供合法证明的，丧失对其前手的追索权，但承兑人或付款人仍应对持票人承担付款的责任。

（2）将拒绝事由通知前手。持票人取得拒绝证书后，应在法定期限内将拒绝事由通知其前手。根据我国《票据法》的规定，持票人应自收到有关拒绝证明之日起3日内将被拒绝事由通知前手；其前手应当自收到通知之日起3日内通知其再前手。持票人也可以同时向各汇票债务人发出书面通知，未按照这一期限通知的，在票据有效期间内仍可行使追索权，但因超期通知而给其前手或出票人造成损失的，由该未通知的当事人在汇票金额范围内承担赔偿责任。

3）行使追索权时可请求的金额

持票人在行使追索权时可要求偿还的金额一般包括：被拒绝付款的金额；票据金额自到期日或提示付款日起至清偿日止的利息；作成拒绝证明或其他同等声明与通知的费用及其他费用。

被追索人可向其前手请求偿还的金额包括：向追索人已支付的总金额；前项金额的利息；所支付的其他任何必要的费用。

4）追索权的法律效力

在票据关系中，出票人、背书人及持票人的其他债务人对持票人承担连带责任，因此持票人可以向票据债务人中的任何一人行使追索权。持票人行使追索权时，可以不分票据债务的发生先后，也可以不依票据债务人的次序。持票人可以选择票据债务中的任何一人或数人行使追索权，还可以向全体票据债务人行使追索权。持票人对票据债务人中的一人或数人已经进行追索的，对其他债务人仍可以行使追索权。被追索人清偿债务后，取得持票人的地位，与持票人享有同一权利。

13.3.3 本票与支票

1. 本票

1）本票的概念与特征

本票是指由出票人签发的，承诺自己在见票时无条件支付确定的金额给收款人或持票人的票据。

本票具有以下特征。

（1）本票是由出票人承诺自己付款的票据。本票中的出票人就是付款人，被称为"自付证券"。

（2）本票无承兑制度。本票自出票时就确定了付款责任，因而无须通过承兑方式明确责任。

（3）本票为信用证券。多数国家的票据法规定，出票人既可以约定自己在见票时付款，也可以约定自己在某一到期日届满时付款。这说明本票不同于支票，可用于即期和远期，可以发挥信用功能。

2）本票的种类

本票的种类与汇票的划分方法基本相同。根据出票人的不同，可以将本票分为银行本票和商业本票；根据到期日的不同，可以将本票分为出票后定期付款的本票、定日付款的本票、见票后定期付款的本票、见票即付的本票。我国《票据法》只规定了银行本票，不承认商业本票，本票的到期日也只有见票即付一种。

本票与汇票有很多相同的地方，本票的出票、背书、付款、拒绝证书及追索等制度与汇票相同，可以适用《票据法》中有关汇票的规定。

2．支票

1）支票的概念与特征

支票是指由出票人签发的，委托办理支票存款业务的银行或其他金融机构在见票时无条件支付确定的金额给收款人或持票人的票据。

支票具有以下特征。

（1）支票的付款人限于银行或其他金融机构。支票是委托证券，与汇票相同，但支票只能由金融机构付款。

（2）支票的出票人与付款人之间在支票签发前就具有资金关系。

（3）支票无承兑制度。

2）支票的种类

（1）按照支票上记载收款人的方式的不同，可以将支票分为记名支票和无记名支票。记名支票是指记载收款人姓名或名称的支票；无记名支票是指未记载收款人姓名或名称的支票。

（2）按照付款方式的不同，可以将支票分为现金支票和转账支票。专门用于支取现金的支票称为现金支票；转账支票只能用于转账，不能用于支取现金。

（3）按照支票上有无特别限制或特别担保，可以将支票分为普通支票与特别支票。无特别限制和保障的，为普通支票；有特别限制或保障的，为特别支票。特别支票包括划线支票和保付支票。划线支票只指在支票正面划两道平行线的支票。如果平行线内加载有"银行"字样的，则只能在银行间转账，不能取现。如果平行线内记载有特定银行名称的，称为记名平行线支票，这种支票的付款人只能对特定银行划付。保付支票是指付款银行在支票票面上记载有"保付"或"照付"字样并盖章的支票，支票一经保付，付款人要负绝对付款责任。

支票的出票、背书、付款、追索权的行使等与汇票大体相同，可参照有关汇票的立法。

练习与实训

1. 名词解释题

金融　　　商业银行　　　票据　　　汇票　　　本票　　　支票

2. 选择题

(1) 下列选项中哪些符合《商业银行法》的规定？（　　）
　　A. 商业银行发放贷款应以担保为主
　　B. 商业银行发放贷款应遵循资产负债比例管理的规定
　　C. 商业银行对关系人不能发放贷款
　　D. 商业银行可以发放短期、中期和长期贷款

(2) 对背书人记载"不得转让"字样的汇票，其后手再背书转让的，将产生的法律后果是（　　）。
　　A. 该汇票无效
　　B. 该背书转让无效
　　C. 背书人对后手的被背书人不承担保证责任
　　D. 背书人对后手的被背书人承担保证责任

(3) 2012年4月7日甲向乙签发一张本票，乙持票后将该本票背书给丙，丙又背书给丁。丁于6月9日向甲提示付款，因手续欠缺，未得到付款。丁可以向（　　）行使追索权。
　　A. 甲　　　　　　　　　　　　　B. 乙
　　C. 丙　　　　　　　　　　　　　D. 甲、乙、丙中的任何一个、数人和全体

(4) 下列情况中，属于票据伪造的有（　　）。
　　A. 甲以乙的名义出票
　　B. 甲以乙的名义在票据上更改付款日期
　　C. 甲以乙的名义在票据上更改票据金额
　　D. 甲以乙的名义在票据上签章背书

(5) 下列各项中，可以导致汇票无效的情形有（　　）。
　　A. 汇票上未记载付款日期　　　　B. 汇票上未记载出票日期
　　C. 汇票上未记载收款人名称　　　D. 汇票金额的中文大写和数码记载不一致

3. 简答题

(1) 简述金融法的概念和调整对象。
(2) 简述中国人民银行的法律地位和职责。
(3) 简述商业银行的经营范围。
(4) 简述商业银行的经营原则和业务活动规则。
(5) 简述票据的概念与特征。

（6）简述票据行为。
（7）简述票据权利的取得与行使。

4. 案例分析题

蓝天公司采购员林某需携带10万元金额的支票到某市采购原料。该支票由蓝天公司张某负责填写，由该公司财务主管加盖了财务章及财务人员的印鉴，收款人一栏则授权林某填写。以上记载均有支票存根记录为证。林某携该支票到某市某私营企业购买了价值10万元的原料，该私营企业老板王某是林某的朋友，其见该支票上的笔迹为林某所为，以自己最近资金周转陷入困境为由，请求林某帮忙将支票上的金额改为25万元以渡难关。林某碍于朋友情面而应允，使用王某提供的涂改剂将金额改成了25万元，因此从外观上看不出涂改的痕迹。其后，王某为支付货款将该支票背书转让给了某化工厂。此事败露后，蓝天公司起诉某化工厂和王某，要求返还多占用的15万元票款。

请问：
（1）本案中林某的行为在票据法上属于什么性质的行为？为什么？
（2）本案应如何处理？为什么？

5. 实训题

模拟填制票据，加深对票据流程的理解，提高运用票据进行支付结算的能力。

第 14 章 会计法与审计法

 学习目标

本章介绍了会计法、审计法的概念及立法宗旨,重点阐述了会计核算、会计监督、违反会计法的法律责任及审计机关的职责和权限、审计的程序、违反审计法的法律责任。通过对本章的学习,应达到以下学习目标:
- ☑ 掌握会计法的立法宗旨和适用范围,了解会计法的基本原则;
- ☑ 掌握会计核算的内容、基本要求和程序,掌握会计监督的内容;
- ☑ 掌握违反会计法的法律责任;
- ☑ 了解审计法的基本原则,掌握审计机关的职责和权限;
- ☑ 掌握审计的程序;
- ☑ 掌握违反审计法的法律责任。

 技能要求

熟练掌握会计法、审计法的有关内容,能够运用会计法、审计法相关理论知识解决实际问题。

14.1 会计法

14.1.1 会计法概述

1. 会计与会计法的概念

会计是以货币为主要计量单位,对企业、事业、机关、团体及其他经济组织的经济活动进行记录、计算、控制、分析、报告,以提供财务和管理信息的工作。会计的职能主要是反映和控制经济活动过程,保证会计信息的合法、真实、准确和完整,为管理经济提供必要的财务资料，并参与决策，谋求最佳的经济效益。

会计法是调整会计关系的法律规范的总称。会计法有广义和狭义之分。广义的会计法是指由国家权力机关和行政机关制定的调整各种会计关系的规范性文件的总称，包括会计法律、行政法规、行政规章等。狭义的会计法专指全国人民代表大会常务委员会通过的《中华人民共和国会计法》（以下简称《会计法》）。

《会计法》于1985年1月21日由第六届全国人民代表大会常务委员会第九次会议通过，同年5月1日起施行。1993年12月29日，第八届全国人民代表大会常务委员会第五次会议通过了《关于修改〈中华人民共和国会计法〉的决定》，对会计法做了修改。1999年10月31日，第九届全国人民代表大会常务委员会第十二次会议对《会计法》再次进行了修改。新修改的《会计法》对会计工作总的原则、会计核算、会计监督、会计机构、会计人员和法律责任等做了详细规定。重新修订后的会计法，自2000年7月1日起施行。

2. 会计法的立法宗旨和适用范围

我国会计法的立法宗旨是：规范会计行为，保证会计资料真实、完整，加强经济管理和财务管理，提高经济效益，维护社会主义市场经济秩序。

根据《会计法》的规定，国家机关、社会团体、公司、企业、事业单位和其他组织办理会计事务，都要遵守会计法的规定。个体工商户设置会计账簿，进行会计核算，由国务院财政部门依据《会计法》的原则另行规定。

3. 会计法的基本原则

（1）真实性原则。真实性是会计工作的基本要求。我国《会计法》规定，各单位必须依法设置会计账簿，并保证其真实、完整。单位负责人对本单位的会计工作和会计资料的真实性、完整性负责。

案例 14-1

2012年10月，胜利公司因产品销售不畅，新产品研发受阻，公司财会部预测公司本年度将发生600万元亏损。刚刚上任的公司总经理责成总会计师秦某千方百计实现当年盈利目标，并说："实在不行，可以对会计报表做一些会计技术处理。"总会计师很清楚公司本年度亏损已成定局，要落实总经理的盈利目标，只能在财务会计报告上做手脚。总会计师感到左右为难：如果不按总经理的意见去办，自己以后在公司不好待下去；如果按照总经理意见办，对自己也有风险。为此，总会计师思想负担很重，不知如何是好。

本案中总会计师秦某应当拒绝总经理的要求。因为总经理的要求违反了《会计法》第4条"单位负责人对本单位的会计工作和会计资料的真实性、完整性负责"、第5条"任何单位或者个人不得以任何方式授意、指使、强令会计机构、会计人员伪造、变造会计凭证、会计账簿和其他会计资料，提供虚假财务会计报告"的规定，同时还违背了会计职业道德中的会计人员应当诚实守信、客观公正、坚持准则的要求。

（2）合法性原则。国家机关、社会团体、公司、企业、事业单位和其他组织办理会计事务，必须遵守《会计法》。会计机构、会计人员依照《会计法》的规定进行会计核算，实行会计监督。

（3）统一性原则。会计工作由财政部门统一领导、分级管理。《会计法》规定，国家实行统一的会计制度。国务院财政部门主管全国的会计工作，县级以上地方各级人民政府财政部门管理本行政区域内的会计工作。

14.1.2 会计核算

1. 会计核算的概念

会计核算是以货币为计量单位，运用专门的会计方法，对生产经营活动或者预算执行过程及其结果进行连续、系统、全面的记录、计算和分析，定期编制并提供财务会计报告和其他一系列内部管理所需的会计资料，为做出经营决策和宏观经济管理提供依据的一项会计活动。

2. 会计核算的内容

根据《会计法》的规定，下列经济业务事项，应当办理会计手续，进行会计核算：① 款项和有价证券的收付；② 财物的收发、增减和使用；③ 债权债务的发生和结算；④ 资本、基金的增减；⑤ 收入、支出、费用、成本的计算；⑥ 财务成果的计算和处理；⑦ 需要办理会计手续、进行会计核算的其他事项。

3. 会计年度和记账单位

我国的会计年度采用公历制，自公历1月1日起至12月31日止。会计年度与我国的计划年度、预算年度是一致的。会计年度要求在以一年为单位的会计期限内定期总结各个单位的经济活动和财务收支的结果，并在会计制度上将生产经营和业务活动按时间划分期限（年、季、月），以便加强管理。

关于记账单位，《会计法》规定，会计核算以人民币为记账本位币。业务收支以人民币以外的货币为主的单位，可以选定其中一种货币作为记账本位币，但是编报的财务会计报告应当折算为人民币。

4. 会计核算的基本要求

《会计法》规定，会计核算应遵守以下基本要求。

（1）各单位必须根据实际发生的经济业务事项进行会计核算，填制会计凭证，登记会计账簿，编制财务会计报告。任何单位不得以虚假的经济业务事项或者资料进行会计核算。

（2）会计凭证、会计账簿、财务会计报告和其他会计资料，必须符合国家统一的会计制度的规定。使用电子计算机进行会计核算的，其软件及其生成的会计凭证、会计账簿、财务会计报告和其他会计资料，也必须符合国家统一的会计制度的规定。

（3）任何单位和个人不得伪造、变造会计凭证、会计账簿及其他会计资料，不得提供虚假的财务会计报告。

5. 会计核算的程序

会计核算应按以下程序进行。

（1）凡应当办理会计手续，进行会计核算的事项，必须填制或取得原始凭证，及时送交会计机构。会计机构必须对原始凭证进行审核，对不真实、不合法的原始凭证，有权不予接受，并向单位负责人报告。对不正确、不完整的原始凭证，有权退回更正、补充，并根据经过审核过的原始凭证及有关资料编制记账凭证。

（2）会计机构以经过审核的会计凭证为依据，并按照有关法律、行政法规和国家统一的会计制度的规定进行会计账簿登记。会计账簿包括总账、明细账、日记账和其他辅助性账簿。会计账簿应当按照连续编号的页码顺序登记。单位发生的各项经济业务事项应当在依法设置的会计账簿上统一登记、核算，不得违反《会计法》和国家统一的会计制度的规定私设会计账簿登记、核算。

（3）各单位应当定期将会计账簿记录与实物、款项及有关资料相互核对，保证会计账簿记录与实物及款项的实有数额相符、会计账簿记录与会计凭证的有关内容相符、会计账簿之间相对应的记录相符、会计账簿记录与会计报表的有关内容相符。

（4）财务会计报告应当根据经过审核的会计账簿记录和有关资料编制，并符合《会计法》和国家统一的会计制度关于财务会计报告的编制要求、提供对象和提供期限的规定。

财务会计报告应当由单位负责人和主管会计工作的负责人、会计机构负责人（会计主管人员）签名并盖章；设置总会计师的单位，还须由总会计师签名并盖章。单位负责人应当保证财务会计报告真实、完整。

6. 建立会计档案制度

会计档案资料是各单位经济活动的历史记录和证据，充分利用会计档案资料，对于指导生产经营管理、查证经济财务问题都具有重要意义。《会计法》规定，单位对会计凭证、会计账簿、财务会计报告和其他会计资料应当建立档案，妥善保管。会计档案的保管期限和销毁办法，由国务院财政部门会同有关部门制定。

7. 公司、企业会计核算的特别规定

公司、企业进行会计核算，除应当遵守《会计法》的一般要求外，还应当符合以下要求。

（1）公司、企业必须根据实际发生的经济业务事项，按照国家统一的会计制度的规定确认、计量和记录资产、负债、所有者权益、收入、费用、成本和利润。

（2）公司、企业进行会计核算不得有下列行为：① 随意改变资产、负债、所有者权益的确认标准或者计量方法，虚列、多列、不列或者少列资产、负债、所有者权益；② 虚列或者隐瞒收入，推迟或者提前确认收入；③ 随意改变费用、成本的确认标准或者计量方法，虚列、多列、不列或者少列费用、成本；④ 随意调整利润的计算、分配方法，编造虚假利润或者隐瞒利润；⑤ 违反国家统一的会计制度规定的其他行为。

14.1.3 会计监督

会计监督是指会计机构和会计人员依照法律的规定，通过会计手续对经济活动的合法性、合理性和有效性进行的一种监督。加强会计监督对于强化单位内部的经营管理、维护国家财经法规具有重要作用。会计监督可以分为内部监督和外部监督。

1. 内部监督

内部监督是指各单位的会计机构、会计人员对本单位实行的会计监督。

关于内部监督，《会计法》规定：各单位应当建立、健全本单位内部会计监督制度。单位内部会计监督制度应当符合下列要求。

（1）记账人员与经济业务事项和会计事项的审批人员、经办人员、财物保管人员的职责权限应当明确，并相互分离、相互制约。

（2）重大对外投资、资产处置、资金调度和其他重要经济业务事项的决策和执行的相互监督、相互制约程序应当明确。

（3）财产清查的范围、期限和组织程序应当明确。

（4）对会计资料定期进行内部审计的办法和程序应当明确。

单位负责人应当保证会计机构、会计人员依法履行职责，不得授意、指使、强令会计机构、会计人员违法办理会计事项。

会计机构、会计人员对违反《会计法》和国家统一的会计制度规定的会计事项，有权拒绝办理或者按照职权予以纠正。

会计机构、会计人员发现会计账簿记录与实物、款项及有关资料不相符的，按照国家统一的会计制度的规定有权自行处理的，应当及时处理；无权处理的，应当立即向单位负责人报告，请求查明原因，做出处理。

2．外部监督

外部监督是指审计、财政和税务等部门依照法律规定对各单位进行的会计监督。

根据《会计法》的规定，财政部门对各单位的下列情况实施监督：① 是否依法设置会计账簿；② 会计凭证、会计账簿、财务会计报告和其他会计资料是否真实、完整；③ 会计核算是否符合本法和国家统一的会计制度的规定；④ 从事会计工作的人员是否具备从业资格。

除财政部门外，审计、税务、人民银行、证券监管、保险监管等部门应当依照有关法律、行政法规规定的职责，对有关单位的会计资料实施监督检查。

上述监督检查部门对有关单位的会计资料依法实施监督检查后，应当出具检查结论。有关监督检查部门已经做出的检查结论能够满足其他监督检查部门履行本部门职责需要的，其他监督检查部门应当加以利用，避免重复查账。实施监督检查的部门及其工作人员对在监督检查中知悉的国家秘密和商业秘密负有保密义务。

各单位必须依照有关法律、行政法规的规定，接受有关监督检查部门依法实施的监督检查，如实提供会计凭证、会计账簿、财务会计报告和其他会计资料及有关情况，不得拒绝、隐匿、谎报。

14.1.4 会计机构与会计人员

1．会计机构的设置

各单位应当根据会计业务的需要，设置会计机构，或者在有关机构中设置会计人员并指定会计主管人员；不具备设置条件的，应当委托经批准设立从事会计代理记账业务的中介机构代理记账。

国有的和国有资产占控股地位或者主导地位的大、中型企业必须设置总会计师。总会计师的任职资格、任免程序、职责权限由国务院规定。

会计机构内部应当建立稽核制度。出纳人员不得兼任稽核、会计档案保管和收入、支出、费用、债权债务账目的登记工作。

2. 会计人员

从事会计工作的人员必须取得会计从业资格证书。担任单位会计机构负责人（会计主管人员）的，除取得会计从业资格证书外，还应当具备会计师以上专业技术职务资格或者从事会计工作3年以上的经历。

因有提供虚假财务会计报告，做假账，隐匿或者故意销毁会计凭证、会计账簿、财务会计报告，贪污，挪用公款，职务侵占等与会计职务有关的违法行为被依法追究刑事责任的人员，不得取得或者重新取得会计从业资格证书。

除上述规定的人员外，因违法违纪行为被吊销会计从业资格证书的人员，自被吊销会计从业资格证书之日起5年内，不得重新取得会计从业资格证书。

3. 会计人员的交接

会计人员调动工作或者离职，必须与接管人员办清交接手续。一般会计人员办理交接手续，由会计机构负责人（会计主管人员）监交；会计机构负责人（会计主管人员）办理交接手续，由单位负责人监交，必要时主管单位可以派人会同监交。

案例 14-2

2012年1月，王伟被公司从办公室调到财务科担任出纳，公司原出纳李南调到销售科。王伟与李南在办理会计工作交接手续后，因会计科长在外地出差，遂指定财务科一名会计负责监交工作。在办理交接中，王伟发现存在"白条顶库"问题，就打电话向会计科长汇报，会计科长指示王伟先办理完交接手续，并责成王伟接管出纳工作后再对"白条顶库"问题逐个查清处理。随后，王伟、李南及监交人在移交清册上签字并盖章。

本案中王伟与李南办理会计工作交接中有不符合规定之处。首先，监交人不符合规定，制度规定一般会计人员办理交接手续，由会计机构负责人（会计主管人员）监交。其次，对交接中发现的"白条顶库"问题处理不正确。制度规定接替人员发现"白条顶库"现象时，移交人员应在规定期限内负责查清处理。

14.1.5 违反会计法的法律责任

1. 不依法进行会计管理、核算和监督的法律责任

违反《会计法》规定，有下列行为之一的，由县级以上人民政府财政部门责令限期改正，可以对单位并处3 000元以上5万元以下的罚款；对其直接负责的主管人员和其他直接责任人员，可以处2 000元以上2万元以下的罚款；属于国家工作人员的，还应当由其所在单位或者有关单位依法给予行政处分：

（1）不依法设置会计账簿的；

（2）私设会计账簿的；

（3）未按照规定填制、取得原始凭证或者填制、取得的原始凭证不符合规定的；

（4）以未经审核的会计凭证为依据登记会计账簿或者登记会计账簿不符合规定的；

（5）随意变更会计处理方法的；

（6）向不同的会计资料使用者提供的财务会计报告编制依据不一致的；

(7) 未按照规定使用会计记录文字或者记账本位币的;

(8) 未按照规定保管会计资料,致使会计资料毁损、灭失的;

(9) 未按照规定建立并实施单位内部会计监督制度或者拒绝依法实施的监督或者不如实提供有关会计资料及有关情况的;

(10) 任用会计人员不符合本法规定的。

有上述所列行为之一,构成犯罪的,依法追究刑事责任。会计人员有第一项所列行为之一,情节严重的,由县级以上人民政府财政部门吊销会计从业资格证书。有关法律对第一项所列行为的处罚另有规定的,依照有关法律的规定办理。

2. 伪造、变造、编制虚假会计资料的法律责任

伪造、变造会计凭证、会计账簿,编制虚假财务会计报告,构成犯罪的,依法追究刑事责任。

有上述行为,尚不构成犯罪的,由县级以上人民政府财政部门予以通报,可以对单位并处5 000元以上10万元以下的罚款;对其直接负责的主管人员和其他直接责任人员,可以处3 000元以上5万元以下的罚款;属于国家工作人员的,还应当由其所在单位或者有关单位依法给予撤职直至开除的行政处分;对其中的会计人员,由县级以上人民政府财政部门吊销其会计从业资格证书。

3. 隐匿或者故意销毁会计资料的法律责任

隐匿或者故意销毁依法应当保存的会计凭证、会计账簿、财务会计报告,构成犯罪的,依法追究刑事责任。

有上述行为,尚不构成犯罪的,由县级以上人民政府财政部门予以通报,可以对单位并处5 000元以上10万元以下的罚款;对其直接负责的主管人员和其他直接责任人员,可以处3 000元以上5万元以下的罚款;属于国家工作人员的,还应当由其所在单位或者有关单位依法给予撤职直至开除的行政处分;对其中的会计人员,由县级以上人民政府财政部门吊销其会计从业资格证书。

4. 授意、指使、强令会计机构、会计人员及其他人员伪造、变造、编制、故意销毁会计资料的法律责任

授意、指使、强令会计机构、会计人员及其他人员伪造、变造会计凭证、会计账簿,编制虚假财务会计报告或者隐匿、故意销毁依法应当保存的会计凭证、会计账簿、财务会计报告,构成犯罪的,依法追究刑事责任;尚不构成犯罪的,可以处5 000元以上5万元以下的罚款;属于国家工作人员的,还应当由其所在单位或者有关单位依法给予降级、撤职、开除的行政处分。

5. 单位负责人对会计人员实行打击报复的法律责任

单位负责人对依法履行职责、抵制违反制度规定行为的会计人员以降级、撤职、调离工作岗位、解聘或者开除等方式实行打击报复,构成犯罪的,依法追究刑事责任;尚不构成犯罪的,由其所在单位或者有关单位依法给予行政处分。对受打击报复的会计人员,应当恢复其名誉和原有职务、级别。

6. 其他违反会计法的法律责任

财政部门及有关行政部门的工作人员在实施监督管理中滥用职权、玩忽职守、徇私舞弊

或者泄露国家秘密、商业秘密，构成犯罪的，依法追究刑事责任；尚不构成犯罪的，依法给予行政处分。收到检举的部门、负责处理的部门违反规定，将检举人姓名和检举材料转给被检举单位和被检举人个人的，由所在单位或者有关单位依法给予行政处分。

14.2 审计法

14.2.1 审计法概述

1. 审计与审计法

1）审计的概念与种类

审计是独立于被审计单位的机构和人员，对被审计单位的财政、财务收支及其有关的经济活动的真实、合法和效益进行检查、评价、公证的一种监督活动。

> **案例 14-3**
>
> 2012年8月13日，审计署网站公布了2011年绩效报告。报告指出，2011年，审计署从完善国家治理、推进深化改革出发，密切关注审计发现问题背后的深层次因素，密切关注改革发展中的新情况新问题，努力提高审计工作的宏观性和建设性。根据该报告，2011年，审计署审计（调查）单位673个，全年查出主要问题金额866.8亿元，其中：查出违规问题金额718.2亿元，查出损失浪费问题金额148.6亿元。上述审计发现的问题有93%已经整改。此外，通过审计发现问题的整改，还为国家增收节支94.6亿元，挽回（避免）损失60.7亿元，促进资金拨付到位3.7亿元，核减投资（结算）额2.3亿元。这充分体现了审计监督对促进问题整改和解决的重要作用。

按照不同的分类方法，可将审计分为不同的种类。

按照审计主体的不同，审计可分为国家审计、部门和单位审计及社会审计。国家审计一般是指国家审计机关实施的审计。部门和单位审计是指由本部门和本单位内部专职的审计组织，对系统内和单位内所实施的审计。社会审计是指由社会审计机构进行的审计，我国社会审计组织主要是会计师事务所。

按照审计的内容划分，审计可分为财政财务审计和经济效益审计。财政财务审计是指对被审计单位财政财务收支活动和会计资料是否真实、正确、合法和有效所进行的审计。经济效益审计是以审查评价实现经济效益的程度和途径为内容，以促进经济效益提高为目的所实施的审计。

2）审计法的概念及调整范围

审计法是调整审计关系的法律规范的总称。审计关系是指从事审计工作的专职机构和专职人员在审计过程中及国家在管理审计工作过程中发生的社会关系。

1994年8月31日，第八届全国人民代表大会常务委员会第九次会议通过了《中华人民共和国审计法》（以下简称《审计法》）。2006年2月28日，第十届全国人民代表大会常务委员会第二十次会议对《审计法》进行了修正，修正后的《审计法》自 2006 年 6 月 1 日起施行。

根据《审计法》第 2 条的规定，国务院各部门和地方各级人民政府及其各部门的财政收支，国有的金融机构和企业事业组织的财务收支，以及其他依照《审计法》规定应当接受审计的财政收支、财务收支，依照《审计法》规定接受审计监督。

2. 审计法的基本原则

(1) 合法性原则。《审计法》规定：审计机关依照法律规定的职权和程序，进行审计监督。审计机关依据有关财政收支、财务收支的法律、法规和国家其他有关规定进行审计评价，在法定职权范围内做出审计决定。

(2) 独立性原则。《审计法》规定：审计机关依照法律规定独立行使审计监督权，不受其他行政机关、社会团体和个人的干涉，并从审计机关组织、职能独立，审计机关经费独立，审计人员独立方面，保障审计监督权的独立行使。

(3) 客观公正、实事求是的原则。《审计法》第 6 条规定，审计机关和审计人员办理审计事项，应当客观公正，实事求是，廉洁奉公。审计人员办理审计事项，与被审计单位或者审计事项有利害关系的，应当回避。

(4) 保密原则。审计人员对其在执行职务中知悉的国家秘密和被审计单位的商业秘密，负有保密的义务。

14.2.2 审计管理体制

1. 审计机关的设置和审计人员

1) 审计机关的设置和领导体制

《审计法》规定，国务院和县级以上地方人民政府设立审计机关。审计机关包括以下 3 类。

(1) 中央审计机关。国务院设立审计署，在国务院总理领导下，主管全国的审计工作。审计长是审计署的行政首长。

(2) 地方审计机关。省、自治区、直辖市、设区的市、自治州、县、自治县、不设区的市、市辖区的人民政府的审计机关，分别在省长、自治区主席、市长、州长、县长、区长和上一级审计机关的领导下，负责本行政区域内的审计工作。

(3) 审计派出机构。审计机关根据工作需要，经本级人民政府批准，可以在其审计管辖范围内设立派出机构。派出机构根据审计机关的授权，依法进行审计工作。

审计机关实行双重领导体制。地方各级审计机关对本级人民政府和上一级审计机关负责并报告工作，审计业务以上级审计机关领导为主。

2) 审计人员

审计长作为中央审计机关的行政首长，是国务院组成人员。审计长由总理提名，全国人民代表大会决定人选，全国人民代表大会闭会期间由全国人民代表大会常务委员会决定人选，国家主席根据全国人民代表大会的决定或全国人民代表大会常务委员会的决定任免。只有全国人民代表大会才有权罢免审计长。地方各级审计机关负责人的任免，应当事先征求上一级审计机关的意见。审计机关负责人依照法定程序任免。审计机关负责人没有违法失职或者其他不符合任职条件的情况的，不得随意撤换。

审计人员应当具备与其从事的审计工作相适应的专业知识和业务能力。审计人员依法执行职务，受法律保护。任何组织和个人不得拒绝、阻碍审计人员依法执行职务，不得打击报复审计人员。

案例 14-4

某县审计局对该县的国有某制药厂进行财务审计，最终做出了该药厂某些经济活动的会计记载不真实的审计结论，并做出了相应的审计处理决定，包括对该药厂处以罚款10万元。县政府在得知这一情况后，以制药厂是本县的利税大户为由，出面要求审计局取消对制药厂的处罚，审计局予以拒绝。于是县政府宣布免去审计局局长的职务，并任命了新的局长。

本案中，县政府免去审计局局长职务的行为是违法的。我国《审计法》规定：审计人员依法履行职务，受法律保护。法律明确规定审计机关和审计人员依照法律的规定独立行使审计监督权，不受其他行政机关、社会团体和个人的干涉。审计机关的负责人依照法定的程序任免，地方审计领导人员任免的规定与地方审计机关双重领导的体制相适应，在地方人民代表大会或其常务委员会决定的基础上由本级人民政府任免，但需事先征求上一级审计机关的意见。审计机关负责人在没有违法失职或其他不符合任职条件的情况下，不得随意撤换。而在本案中，县审计局对制药厂做出的审计结论和处理结果是客观公正的，县政府以非法定的理由妄图改变审计结论的做法是干涉独立审计的行为，撤销审计局局长的职务也是不符合法律程序，没有法律依据的。该案中审计局有权向上级审计机关或监察部门提出申诉和控告；审计局局长有权要求县政府对撤职的处理结果复议，并由县人民代表大会或其常务委员会宣布县政府的处理决定无效。

2. 审计机关的职责

审计机关对本级各部门（含直属单位）和下级政府预算的执行情况和决算及其他财政收支情况进行审计监督。审计机关的职责具体包括以下几个方面。

（1）审计署在国务院总理领导下，对中央预算执行情况和其他财政收支情况进行审计监督，向国务院总理提出审计结果报告。

（2）审计署对中央银行的财务收支进行审计监督。审计机关对国有金融机构的资产、负债、损益进行审计监督。

（3）审计机关对国家的事业组织和使用财政资金的其他事业组织的财务收支进行审计监督。

（4）审计机关对国有企业的资产、负债、损益进行审计监督。对国有资本占控股地位或者主导地位的企业、金融机构的审计监督，由国务院规定。

（5）审计机关对政府投资和以政府投资为主的建设项目的预算执行情况和决算进行审计监督。

（6）审计机关对政府部门管理的和其他单位受政府委托管理的社会保障基金、社会捐赠资金及其他有关基金、资金的财务收支进行审计监督。

（7）审计机关对国际组织和外国政府援助、贷款项目的财务收支进行审计监督。

（8）审计机关按照国家有关规定，对国家机关和依法属于审计机关审计监督对象的其他单位的主要负责人，在任职期间对本地区、本部门或者本单位的财政收支、财务收支及有关经济活动应负经济责任的履行情况进行审计监督。

（9）其他法律、行政法规规定应当由审计机关进行审计的事项。

3．审计机关的权限

审计机关的权限是指国家通过法律赋予审计机关在审计监督过程中所享有的资格和权能，也就是审计监督权。审计机关的权限主要包括以下几个方面。

1）监督检查权

（1）要求报送资料权。审计机关有权要求被审计单位按照审计机关的规定提供预算或者财务收支计划、预算执行情况、决算、财务会计报告，运用电子计算机储存、处理的财政收支、财务收支电子数据和必要的电子计算机技术文档，在金融机构开立账户的情况，社会审计机构出具的审计报告，以及其他与财政收支或者财务收支有关的资料，被审计单位不得拒绝、拖延、谎报。

（2）检查权。审计机关进行审计时，有权检查被审计单位的会计凭证、会计账簿、财务会计报告和运用电子计算机管理财政收支、财务收支电子数据的系统，以及其他与财政收支、财务收支有关的资料和资产，被审计单位不得拒绝。

（3）调查取证权。审计机关进行审计时，有权就审计事项的有关问题向有关单位和个人进行调查，并取得有关证明材料。有关单位和个人应当支持、协助审计机关工作，如实向审计机关反映情况，提供有关证明材料。

2）采取临时强制措施权

审计机关进行审计时，被审计单位不得转移、隐匿、篡改、毁弃会计凭证、会计账簿、财务会计报告及其他与财政收支或者财务收支有关的资料，不得转移、隐匿所持有的违反国家规定取得的资产。

审计机关对被审计单位违反上述规定的行为，有权予以制止；必要时，经县级以上人民政府审计机关负责人批准，有权封存有关资料和违反国家规定取得的资产；对其中在金融机构的有关存款需要予以冻结的，应当向人民法院提出申请。

审计机关对被审计单位正在进行的违反国家规定的财政收支、财务收支行为，有权予以制止；制止无效的，经县级以上人民政府审计机关负责人批准，通知财政部门和有关主管部门暂停拨付与违反国家规定的财政收支、财务收支行为直接有关的款项，已经拨付的，暂停使用。

审计机关认为被审计单位所执行的上级主管部门有关财政收支、财务收支的规定与法律、行政法规相抵触的，应当建议有关主管部门纠正；有关主管部门不予纠正的，审计机关应当提请有权处理的机关依法处理。

审计机关履行审计监督职责，可以提请公安、监察、财政、税务、海关、价格、工商行政管理等机关予以协助。

14.2.3 审计程序

根据《审计法》第38～41条的规定，审计程序如下。

1. 组成审计组，送达审计通知书

《审计法》第38条规定，审计机关根据审计项目计划确定的审计事项组成审计组，并应当在实施审计3日前，向被审计单位送达审计通知书；遇有特殊情况，经本级人民政府批准，审计机关可以直接持审计通知书实施审计。

2. 进行审计

《审计法》第39条规定，审计人员通过审查会计凭证、会计账簿、财务会计报告，查阅与审计事项有关的文件、资料，检查现金、实物、有价证券，向有关单位和个人调查等方式进行审计，并取得证明材料。审计人员向有关单位和个人进行调查时，应当出示审计人员的工作证件和审计通知书副本。

3. 提出审计报告

《审计法》第40条规定，审计组对审计事项实施审计后，应当向审计机关提出审计组的审计报告。审计组的审计报告报送审计机关前，应当征求被审计对象的意见。被审计对象应当自接到审计组的审计报告之日起10日内，将其书面意见送交审计组。审计组应当将被审计对象的书面意见一并报送审计机关。

4. 做出审计决定

《审计法》第41条第1款规定，审计机关按照审计署规定的程序对审计组的审计报告进行审议，并对被审计对象对审计组的审计报告提出的意见一并研究后，提出审计机关的审计报告；对违反国家规定的财政收支、财务收支行为，依法应当给予处理、处罚的，在法定职权范围内做出审计决定或者向有关主管机关提出处理、处罚的意见。

5. 送达

《审计法》第41条第2款规定，审计机关应当将审计机关的审计报告和审计决定送达被审计单位和有关主管机关、单位。审计决定自送达之日起生效。

14.2.4　违反审计法的法律责任

1. 被审计单位的法律责任

1）被审计单位拒绝或者拖延提供资料的法律责任

被审计单位违反《审计法》规定，拒绝或者拖延提供与审计事项有关的资料的，或者提供的资料不真实、不完整的，或者拒绝、阻碍检查的，由审计机关责令改正，可以通报批评，给予警告；拒不改正的，依法追究责任。

2）被审计单位转移、隐匿、篡改、毁弃资料的法律责任

被审计单位违反《审计法》规定，转移、隐匿、篡改、毁弃会计凭证、会计账簿、财务会计报告及其他与财政收支、财务收支有关的资料，或者转移、隐匿所持有的违反国家规定取得的资产，审计机关认为对直接负责的主管人员和其他直接责任人员依法应当给予处分的，应当提出给予处分的建议，被审计单位或者其上级机关、监察机关应当依法及时做出决定，并将结果书面通知审计机关；构成犯罪的，依法追究刑事责任。

3）被审计单位违反财务收支规定的法律责任

对本级各部门（含直属单位）和下级政府违反预算的行为或者其他违反国家规定的财

政收支行为，审计机关、人民政府或者有关主管部门在法定职权范围内，依照法律、行政法规的规定，区别情况采取下列处理措施：① 责令限期缴纳应当上缴的款项；② 责令限期退还被侵占的国有资产；③ 责令限期退还违法所得；④ 责令按照国家统一的会计制度的有关规定进行处理；⑤ 其他处理措施。

被审计单位的财政收支、财务收支违反法律、行政法规的规定，构成犯罪的，依法追究刑事责任。

2. 审计人员的法律责任

审计人员滥用职权、徇私舞弊、玩忽职守或者泄露所知悉的国家秘密、商业秘密的，依法给予处分；构成犯罪的，依法追究刑事责任。

练习与实训

1. 名词解释题

会计　　　　会计核算　　　　会计监督　　　　审计

2. 选择题

（1）根据会计法律制度的规定，下列各项中，出纳人员可以兼管的工作为（　　）。
　　A. 稽核工作　　　　　　　　　　B. 会计档案保管工作
　　C. 收入、费用、债权债务账目的登记工作　D. 固定资产登记工作

（2）审计机关可以对（　　）进行审计。
　　A. 国有资本占控股地位的企业
　　B. 取得财政资金的非实行财政预算管理的单位
　　C. 中央安排的"家电下乡"、"农机下乡"等财政补贴资金
　　D. 廉租房建设补助资金和社会保障资金

（3）被审计单位的以下行为中，应当依法追究责任的有（　　）。
　　A. 拒绝提供与审计事项有关的资料
　　B. 拖延提供与审计事项有关的资料
　　C. 提供的资料不真实、不完整的
　　D. 拒绝、阻碍审计的

（4）对单位内部会计监督制度的建立及有效实施承担最终责任的是（　　）。
　　A. 单位负责人　　　　　　　　　B. 财务处处长
　　C. 总会计师　　　　　　　　　　D. 分管会计工作的副经理

（5）根据《总会计师条例》等有关规定，（　　）必须设置总会计师。
　　A. 国有企业
　　B. 国有大中型企业
　　C. 股份公司
　　D. 国有资产占控股地位或主导地位的大中型企业

3. 简答题

（1）简述会计法的立法宗旨和适用范围。
（2）简述会计法的基本原则。
（3）简述会计核算的内容、基本要求和程序。
（4）简述会计监督的内容。
（5）简述违反会计法的法律责任。
（6）简述审计法的基本原则。
（7）简述审计机关的职责和权限。
（8）简述审计的程序。
（9）简述违反审计法的法律责任。

4. 案例分析题

2012年9月，某市财税部门对蓝天家具公司在进行例行检查中，发现该公司8月份发生以下事项。

（1）会计张某休产假，公司一时找不到合适人选，决定由出纳李某兼任张某的收入、费用账目的登记工作。

（2）处理生产家具剩余的边角料，取得收入（含增值税）1 170元，公司授意出纳员李某将该笔收入在公司会计账册之外另行登记保管。

（3）账上记录8月份实现利润4万元，但实际利润是2.5万元。经查不属于差错，而是公司经理指示会计人员这样做的。

问题：

（1）蓝天家具公司让出纳李某兼任张某的收入、费用账目的登记工作是否符合我国《会计法》的规定？简要说明理由。

（2）蓝天公司对处理边角料的收入在公司会计账册之外另行登记保管的做法是否符合我国《公司法》的规定？如果不符合，根据我国《公司法》的规定，蓝天公司应当承担什么法律责任？

（3）公司8月份账上记录实现利润与实际盈利不符，根据《会计法》的规定当属什么行为？应负何种法律责任？

5. 实训题

目前，会计失真的现象非常普遍，试分析会计人员做假账的原因及应承担的法律责任。

第6篇

经济仲裁与诉讼法

第15章

经济纠纷仲裁法

 学习目标

本章介绍了仲裁的概念、特征,重点介绍了仲裁的适用范围、仲裁协议的内容及效力、仲裁的程序等内容。通过本章的学习,应达到以下目标:
- ☑ 掌握仲裁的概念、特征、适用范围;
- ☑ 掌握仲裁协议的内容及效力;
- ☑ 掌握仲裁的程序。

 技能要求

能够熟练运用仲裁方式解决经济纠纷。

15.1 仲裁法概述

15.1.1 仲裁的概念与特征

仲裁,也称为公断,是指当事人双方根据事前或事后所达成的协议,自愿将争议提交给仲裁机构,由仲裁机构按照一定程序做出裁决,该裁决对双方当事人均有约束力的一种解决纠纷的法律制度。

仲裁具有以下特征。

(1) 自愿性。当事人发生纠纷后,是否将其提交仲裁、交给谁仲裁、仲裁庭的组成人员如何产生、仲裁适用何种程序规则和哪个实体法,都是在当事人自愿的基础上,由当事人协商确定的,因此仲裁充分体现了当事人的意思自治。

(2) 灵活性。仲裁具有较大的灵活性,仲裁机构和组织形式、仲裁程序、仲裁员、仲裁地点及仲裁适用的法律均可由当事人自由选择。

(3) 独立性。仲裁委员会独立于行政机关之外,与行政机关没有隶属关系。仲裁委员会之间也没有隶属关系。仲裁独立进行，不受任何机关、社会团体和个人的干涉。

（4）快捷性。与诉讼方式相比，仲裁程序相对简便，仲裁员均由专家组成，可以加快处理争议的速度，缩短仲裁时间；仲裁实行一裁终局制度，比诉讼程序中二审终审制的程序简单，更为方便快捷。

（5）保密性。仲裁以不公开审理为原则。在仲裁过程中，仲裁员或仲裁机构管理人员都负有保密的义务，当事人的商业秘密和贸易活动不会因仲裁活动而泄露，对于保护当事人的商业秘密、维护商业信誉具有重要的意义。

15.1.2 仲裁法的概念、仲裁的范围及仲裁的基本制度

1. 仲裁法的概念

仲裁法是调整仲裁关系的法律规范的总称。1994年8月31日，第八届全国人民代表大会常务委员会第九次会议通过了《中华人民共和国仲裁法》（以下简称《仲裁法》），该法自1995年9月1日起施行。

2. 仲裁的范围

仲裁的范围即仲裁可以解决争议的范围，也就是争议的可仲裁性问题。根据我国《仲裁法》的规定，平等主体的公民、法人和其他组织之间发生的合同纠纷和其他财产权益纠纷，可以仲裁，但下列纠纷除外：① 婚姻、收养、监护、扶养、继承纠纷；② 依法应当由行政机关处理的行政争议。

案例 15-1

谢某是一位汽车驾驶员，家庭经济状况较好。谢某生育三个儿子，其妻早年去世。2012年5月，谢某的大儿子谢甲因车祸而死亡。同年10月，谢某突然发病死亡，安葬完毕之后，其次子谢乙、三子谢丙将遗留的11万元的现金和一栋价值16万元的楼房进行了分割。谢甲的妻子李某得知后，遂向两位弟弟提出异议，认为谢甲的儿子应分得一份遗产。为此，两位弟弟反对，认为大哥谢甲已去世，他的儿子不具有继承权。为此，李某与谢乙、谢丙发生争议。后来，三人达成仲裁协议，将纠纷提交给市仲裁委员会仲裁。

本案中，李某与谢乙、谢丙将继承纠纷提交仲裁，仲裁机构不应受理。根据我国《仲裁法》的规定，婚姻、收养、抚养、继承等纠纷不能通过仲裁解决，当事人对这几类纠纷，即便达成仲裁协议，也是无效的。因此，本案中的仲裁协议无效，当事人只能通过诉讼方式解决该纠纷。

3. 仲裁的基本制度

仲裁的基本制度包括以下几个方面。

1）协议仲裁制度

协议仲裁制度是仲裁自愿性的最根本体现。协议仲裁制度具体包括两个方面的含义：首先，双方当事人将争议提交仲裁解决必须建立在自愿的基础上，只有双方自愿达成仲

裁协议，才能通过仲裁这种方式解决纠纷，否则只能通过诉讼或者其他途径解决争议；其次，仲裁机构受理案件，必须基于双方当事人的共同授权，如果双方当事人没有签订仲裁协议，仲裁机构则不能受理仲裁申请，当然也就不能以仲裁方式解决争议，也就是说，仲裁协议是仲裁机构受理案件的基础和基本依据，是仲裁机构和仲裁员行使管辖权的前提。

2) 或裁或审制度

或裁或审是指争议发生前或发生后，当事人有权选择解决争议的途径，当事人双方可以达成仲裁协议，将争议提交仲裁解决，也可以在争议发生后向人民法院提起诉讼，通过诉讼途径解决争议。一旦当事人达成了仲裁协议，就必须向仲裁机构申请仲裁，一方当事人向法院起诉的，人民法院不予受理。

3) 一裁终局制度

一裁终局制度是指仲裁机构对申请仲裁的纠纷进行仲裁后，裁决立即发生法律效力，当事人不得就同一纠纷再申请仲裁或向人民法院起诉的制度。我国《仲裁法》第9条规定："仲裁实行一裁终局的制度。裁决作出后，当事人就同一纠纷再申请仲裁或者向人民法院起诉的，仲裁委员会或者人民法院不予受理。裁决被人民法院依法裁定撤销或者不予执行的，当事人就该纠纷可以根据双方重新达成的仲裁协议申请仲裁，也可以向人民法院起诉。"

4) 回避制度

仲裁回避制度是指仲裁员遇到法律规定的回避事由时，退出对某一具体案件的仲裁活动的制度。根据《仲裁法》的规定，仲裁员有下列情形之一的，必须回避，当事人也有权提出回避申请：

（1）是本案当事人或者当事人、代理人的近亲属；
（2）与本案有利害关系；
（3）与本案当事人、代理人有其他关系，可能影响公正仲裁的；
（4）私自会见当事人、代理人，或者接受当事人、代理人的请客送礼的。

当事人提出回避申请，应当说明理由，在首次开庭前提出。回避事由在首次开庭后知道的，可以在最后一次开庭终结前提出。

15.2 仲裁机构

15.2.1 仲裁机构的设置

1. 仲裁委员会

仲裁委员会是以仲裁方式，独立、公正地解决仲裁争议，以保护当事人双方的合法权益的组织。仲裁委员会是民间性的组织，独立于行政机关之外，与行政机关没有隶属关系。仲裁委员会之间也没有隶属关系。我国《仲裁法》规定，仲裁委员会可以在直辖市和省、自治区人民政府所在地的市设立，也可以根据需要在其他设区的市设立，不按行政区划层层设立。设立仲裁委员会，应当经省、自治区、直辖市的司法行政部门登记。

仲裁委员会应当具备下列条件。
(1) 有自己的名称、住所和章程。
(2) 有必要的财产。
(3) 有该委员会的组成人员。
(4) 有聘任的仲裁员。

仲裁委员会由主任 1 人、副主任 2～4 人和委员 7～11 人组成。仲裁委员会的主任、副主任和委员由法律、经济贸易专家和有实际工作经验的人员担任。仲裁委员会的组成人员中，法律、经济贸易专家不得少于 2/3。

2. 中国仲裁协会

中国仲裁协会是社会团体法人。仲裁委员会是中国仲裁协会的会员。中国仲裁协会的章程由全国会员大会制定。中国仲裁协会是仲裁委员会的自律性组织，根据章程对仲裁委员会及其组成人员、仲裁员的违纪行为进行监督。中国仲裁协会依照仲裁法和民事诉讼法的有关规定制定仲裁规则。

15.2.2 仲裁员

仲裁委员会应当从公道正派的人员中聘任仲裁员。仲裁员应当符合下列条件之一。
(1) 从事仲裁工作满 8 年的。
(2) 从事律师工作满 8 年的。
(3) 曾任审判员满 8 年的。
(4) 从事法律研究、教学工作并具有高级职称的。
(5) 具有法律知识、从事经济贸易等专业工作并具有高级职称或者具有同等专业水平的。

仲裁委员会按照不同专业设仲裁员名册。

15.3 仲裁协议

15.3.1 仲裁协议的概念

仲裁协议是指双方当事人自愿将他们之间已经发生或者可能发生的争议提交仲裁解决的协议。仲裁协议是仲裁的基石，它既是任何一方当事人将争议提交仲裁的依据，也是仲裁机构和仲裁员受理案件的依据。

15.3.2 仲裁协议的类型

根据仲裁协议存在的方式不同，可将其分为 3 种类型。

1. 仲裁条款

仲裁条款是当事人在合同中订立的以仲裁方式解决纠纷的条款。仲裁条款是仲裁协议的一种最常见和最重要的形式。

2. 仲裁协议书

仲裁协议书是双方当事人在主合同之外单独签订的发生纠纷请求仲裁的协议。仲裁协议书可以在纠纷发生前订立，也可以在纠纷发生后签订。

3. 其他文件中包含的仲裁协议

当事人在从事经济活动时，除了订立合同外，还可能在相互之间有信函、电报、电传、传真或其他书面材料。这些文件中如果包含有双方当事人同意将他们之间已经发生或将来可能发生的争议提交仲裁的内容，那么有关文件即可构成仲裁协议。

15.3.3 仲裁协议的内容

根据《仲裁法》的规定，仲裁协议应当具有下列内容。

（1）请求仲裁的意思表示，即当事人协商同意在合同纠纷或其他财产权益纠纷发生后，以仲裁的方式解决。

（2）仲裁事项，即当事人协商同意将什么纠纷提交仲裁。

（3）选定的仲裁委员会，即当事人协商同意将什么纠纷提交仲裁。

仲裁协议对仲裁事项或者仲裁委员会没有约定或者约定不明确的，当事人可以补充协议；达不成补充协议的，仲裁协议无效。

15.3.4 仲裁协议的有效要件

当事人所签订的仲裁协议只有符合法律规定的有效要件，才能具有法律上的效力。仲裁协议的有效要件主要包括以下几项。

（1）当事人必须具有订立仲裁协议的行为能力。仲裁协议应只能由具有完全民事行为能力的自然人、法人及其他组织订立。无民事行为能力人或者限制民事行为能力人订立的仲裁协议无效。

（2）当事人订立仲裁协议的意思表示必须是真实的、自愿的。采用欺诈、胁迫手段，迫使对方签订的仲裁协议是无效的仲裁协议。

（3）提交仲裁的事项具有可仲裁性。这是指仲裁协议中约定的提交仲裁的争议事项，必须是国家法律所允许采用仲裁方式解决的事项。如果约定提交仲裁的事项属于法律规定的不可仲裁的事项，则该仲裁协议就是无效的。我国《仲裁法》规定，约定的仲裁事项超出法律规定的仲裁范围的，仲裁协议无效。例如，对于婚姻、收养、监护、扶养、继承纠纷，以及依法应当由行政机关处理的行政争议不能仲裁。

当事人对仲裁协议的效力有异议的，可以请求仲裁委员会做出决定或者请求人民法院做出裁定。一方请求仲裁委员会做出决定，另一方请求人民法院做出裁定的，由人民法院裁定。当事人对仲裁协议的效力有异议的，应当在仲裁庭首次开庭前提出。

15.3.5 仲裁协议的效力

依法签订的仲裁协议具有法律效力，主要表现在以下几个方面。

1. 对当事人的效力

仲裁协议一经合法成立，就对双方当事人直接产生了法律效力，即当事人丧失了就特定争议向法院提起诉讼的权利，而承担了将争议提交仲裁并服从仲裁裁决的义务，除非当事人双方又另外达成协议而变更原仲裁协议。如果一方当事人就仲裁协议规定范围内的事项向法院起诉，另一方当事人则有权依据仲裁协议要求法院中止司法程序，法院应当驳回起诉。

2. 对仲裁委员会和仲裁员的效力

有效的仲裁协议是仲裁委员会受理争议案件的依据，仲裁委员会的仲裁权来自于当事人的授权，仲裁委员会只能审理有仲裁协议的案件，而不能受理没有仲裁协议的案件。同时，仲裁委员会的仲裁权受到仲裁协议的严格限制，只能对当事人在仲裁协议中约定的事项进行仲裁，而对仲裁协议约定范围以外的任何争议都无权仲裁，否则，即使做出裁决对当事人也没有约束力。

3. 对法院的效力

仲裁协议对法院具有排除其司法管辖的效力，任何一方当事人不得随意撤销已成立的仲裁协议，不得就有关仲裁协议中约定的争议事项向法院提起诉讼，法院也不得受理有仲裁协议的争议案件。

当事人达成仲裁协议，一方向人民法院起诉未声明有仲裁协议，人民法院受理后，另一方在首次开庭前提交仲裁协议的，人民法院应当驳回起诉，但仲裁协议无效的除外；另一方在首次开庭前未对人民法院受理该案提出异议的，视为放弃仲裁协议，人民法院应当继续审理。

4. 对主合同的效力

仲裁条款与主合同发生分离，仲裁条款的效力不因主合同的无效或被撤销而无效，这一点也称为仲裁条款的可分割性。我国《仲裁法》规定：仲裁协议独立存在，合同的变更、解除、终止或无效，不影响仲裁协议的效力。

案例 15-2

2012年1月，阳光食品厂与联华商场签订了一份出售糕点的合同，合同约定：如果双方发生纠纷，由上海市仲裁委员会进行仲裁。后来，在履行合同过程中，双方因产品质量问题发生争议，经协商不能解决，就协议解除了合同，但对以前的争议如何解决，双方仍存在异议。阳光食品厂认为，既然合同中约定了仲裁条款，则当然应由上海市仲裁委员会仲裁；联华商场则认为，合同已经解除，合同中的仲裁条款当然也失去效力，所以不应再通过仲裁方式解决，因而向上海市黄浦区法院提起了诉讼。

本案中，阳光食品厂与联华商场已经达成仲裁协议，约定发生纠纷由上海市仲裁委员会进行仲裁。该协议是双方当事人真实意思的表示，且约定事项属于仲裁机构的受案范围，具有法律效力。虽然后来双方协商解除了合同，但合同中的仲裁条款仍然有效，不因主合同的解除而无效，双方还必须通过仲裁方式解决纠纷。对联华商场的起诉，人民法院不应受理。

15.4 仲裁程序

仲裁程序是指当事人提请仲裁和仲裁委员会进行仲裁所经过的步骤。仲裁程序主要包括以下几个环节。

15.4.1 申请与受理

1. 仲裁的申请

仲裁的申请是指发生争议的一方或双方当事人根据其所签订的仲裁协议,将争议提交给仲裁委员会进行仲裁的行为。

根据《仲裁法》规定,当事人申请仲裁应当符合下列条件:① 有仲裁协议;② 有具体的仲裁请求和事实、理由;③ 属于仲裁委员会的受理范围。

当事人申请仲裁,应当向仲裁委员会递交仲裁协议、仲裁申请书及副本。

仲裁申请书应当载明下列事项。

(1) 当事人的姓名、性别、年龄、职业、工作单位和住所,法人或者其他组织的名称、住所和法定代表人或者主要负责人的姓名、职务。

(2) 仲裁请求和所根据的事实、理由。

(3) 证据和证据来源、证人姓名和住所。

除此之外,申请人还应写明提交申请的日期,并签名、盖章。

另外,申请仲裁时,申请人还应缴纳有关费用。

2. 仲裁的受理

受理是指当事人向仲裁委员会提出仲裁申请后,仲裁机构对此申请经过审查认为符合法定的申请仲裁的条件的,予以接受,并开始组织实施仲裁活动的行为。我国《仲裁法》第24条规定:"仲裁委员会收到仲裁申请书之日起5日内,认为符合受理条件的,应当受理,并通知当事人;认为不符合受理条件的,应当书面通知当事人不予受理,并说明理由。"

15.4.2 组成仲裁庭

仲裁庭是指具体负责对某项已交付仲裁的争议事项进行审理,并最终就争议事项做出实质性裁决的组织。

《仲裁法》规定,仲裁委员会受理仲裁申请后,应将仲裁规则和仲裁员名册送达给申请人,将仲裁申请书副本、仲裁规则和仲裁员名册送达给被申请人,以便双方选择仲裁员,组成仲裁庭。

根据仲裁委员会的仲裁规则,仲裁庭分为独任仲裁庭和合议仲裁庭两种。所谓合议制仲裁庭,是指仲裁庭由3名仲裁员组成的形式,由3名仲裁员组成的设首席仲裁员。所谓独任制仲裁庭是指仲裁庭由1名仲裁员组成的形式。从仲裁实践来看,由合议制仲裁庭进行仲裁的比较多,独任制仲裁庭一般只适用于一些简单的案件。

如果当事人选择由独任仲裁庭进行仲裁,应当由当事人共同选定或者共同委托仲裁委员会主任指定仲裁员；如果选择了合议制仲裁庭进行仲裁，双方当事人应各自选定1名仲裁员，第三名仲裁员则由双方当事人共同选定或者共同委托仲裁委员会主任指定，第三名仲裁员是首席仲裁员。

15.4.3 答辩和反诉

1. 答辩

仲裁答辩是指仲裁案件的被申请人针对申请人在仲裁申请书中提出的仲裁请求和所依据的事实和理由进行答复和辩解的行为。答复和辩解的书面文件称为答辩书。

《仲裁法》规定，被申请人收到仲裁申请书副本后，应当在仲裁规则规定的期限内向仲裁委员会提交答辩书。仲裁委员会收到答辩书后，应当在仲裁规则规定的期限内将答辩书副本送达申请人。被申请人不按期提交答辩书的，意味着他自愿放弃了答辩的权利，不影响仲裁程序的进行。

2. 反诉

反诉是指在仲裁程序进行中，被申请人针对原申请人的请求而提出的与之相对抗的反请求，其目的在于抵销申请人的请求或维护自己的有关利益。反诉和答辩一样都是仲裁过程中被申请人用以保障其利益的两种重要手段。

被申请人在仲裁过程中提出反请求的，也必须符合仲裁范围和仲裁事项的要求，一旦被申请人提出了反诉，申请人也有权对反诉进行答辩，这体现了仲裁当事人地位的平等性。

反诉与原来的仲裁请求既有关联性，又有相对的独立性。其关联性主要体现在：反诉是针对原来的仲裁请求提出的，被申请人提出反诉的主要目的在于抵销或吞并申请人的原仲裁请求，或者使其失去意义。其独立性主要表现为：如果在仲裁裁决做出之前，被申请人提出了反诉，而申请人又撤回了仲裁申请，此时仲裁程序并不因此而停止或结束，仲裁庭应对反诉做出裁决。

15.4.4 仲裁审理

1. 仲裁审理的方式

在仲裁中，案件的审理有两种形式，即开庭审理和书面审理。

所谓开庭审理，是指在仲裁庭的主持下，在双方当事人和其他仲裁参与人的参加下，按照法定程序，对案件进行审理并做出裁决的方式。在仲裁中，开庭审理相对于书面审理来说较为普遍，只要没有相反的协议，仲裁庭都应当进行开庭审理。

所谓书面审理，是指在双方当事人及其他仲裁参与人不到庭参加审理的情况下，仲裁庭根据当事人提供的仲裁申请书、答辩书及其他书面材料做出裁决的过程。书面审理是开庭审理的必要补充。《仲裁法》第39条规定：当事人协议不开庭的，仲裁庭可以根据仲裁申请书、答辩书及其他材料做出裁决。

《仲裁法》除了规定仲裁应开庭审理外，还规定：仲裁不公开进行。当事人协议公开的，可以公开进行，但涉及国家秘密的除外。即仲裁应在保密状态下进行，开庭审理时，不得允许非仲裁参与人旁听，不得允许记者采访报道。仲裁员应当严格保守仲裁秘密，不得向外界透露任何有关仲裁案件的实体和程序情况，包括案情、审理过程、合议庭意见等。

2. 开庭通知

仲裁委员会应当在仲裁规则规定的期限内将开庭日期通知双方当事人。当事人有正当理由的，可以在仲裁规则规定的期限内请求延期开庭。是否延期，由仲裁庭决定。

申请人经书面通知，无正当理由不到庭或者未经仲裁庭许可中途退庭的，可以视为撤回仲裁申请。被申请人经书面通知，无正当理由不到庭或者未经仲裁庭许可中途退庭的，可以缺席裁决。

3. 开庭审理

（1）宣布开庭。开庭时，首先由首席仲裁员或者独任仲裁员宣布开庭，核对当事人，接着宣布案由，宣布仲裁庭组成人员和记录人员名单，然后告知当事人有关的仲裁权利义务，询问当事人是否提出回避申请。

（2）庭审调查。庭审是仲裁审理的中心环节。庭审调查一般按照以下程序进行：① 当事人陈述；② 告知证人的权利义务，证人作证，宣读未到庭的证人证言；③ 出示书证、物证和视听资料；④ 宣读鉴定结论、勘验笔录和现场笔录。

（3）庭审辩论。如果仲裁庭认为案情已基本查清，当事人经过充分质证后证据已得到核实，即可终结庭审调查，进入当庭辩论阶段。

当事人辩论是开庭审理的重要程序，也是辩论原则的重要体现。《仲裁法》第47条规定，当事人在仲裁过程中有权进行辩论。

当事人进行辩论通常按照下列顺序进行：① 申请人及其仲裁代理人发言；② 被申请人及其仲裁代理人发言；③ 双方相互辩论。庭审辩论终结前，首席仲裁员或者独任仲裁员可以按照申请人、被申请人的顺序征询当事人的最后意见。

4. 和解

所谓和解，是指双方当事人通过协商就已经提交仲裁的争议自行达成解决协议的行为。和解既可以发生在开庭当中，也可发生在庭外，但它都是在没有仲裁员的主持的情况下，双方当事人自行达成的。

根据我国《仲裁法》的规定，当事人申请仲裁后，可以自行和解。当事人达成和解协议的，可以请求仲裁庭根据和解协议做出裁决书，也可以撤回仲裁申请。如果当事人撤回仲裁申请后反悔的，仍可以根据原仲裁协议申请仲裁。

5. 调解

仲裁调解是指在仲裁庭主持下，仲裁当事人在自愿协商、互谅互让基础上达成协议，从而解决纠纷的一种方式。

我国《仲裁法》规定，仲裁庭在做出裁决前，可以先行调解。当事人自愿调解的，仲裁庭应当调解。调解不成的，应当及时做出裁决。

经仲裁庭调解，双方当事人达成协议的，仲裁庭应当制作调解书或者根据协议的结果制作裁决书。调解书与裁决书具有同等法律效力。调解书应当写明仲裁请求和当事人协议的结果。调解书由仲裁员签名，加盖仲裁委员会印章，送达双方当事人。调解书经双方当事人签收后，即发生法律效力。在调解书签收前当事人反悔的，仲裁庭应当及时做出裁决。

15.4.5 仲裁裁决

仲裁裁决是仲裁庭对当事人提交仲裁的争议事项进行审理后出的对当事人有法律拘束力的书面决定。仲裁裁决是仲裁审理的最后一个环节，标志着当事人之间纠纷的最终解决。

1. 裁决的做出

我国《仲裁法》规定，仲裁裁决应当按照多数仲裁员的意见做出，少数仲裁员的不同意见可以记入笔录。仲裁庭不能形成多数意见时，裁决应当按照首席仲裁员的意见做出。

2. 裁决书的内容

裁决书一般包括以下内容：双方当事人的基本情况、仲裁庭组成情况、仲裁请求、争议事项、裁决结果及裁决理由、裁决日期和地点、仲裁费用的分担等。

3. 仲裁裁决的效力

我国《仲裁法》规定裁决书自做出之日起发生法律效力。并且，仲裁实行一裁终局的制度。裁决做出后，当事人就同一纠纷再申请仲裁或者向人民法院起诉的，仲裁委员会或者人民法院不予受理。裁决被人民法院依法裁定撤销或者不予执行的，当事人就该纠纷可以根据双方重新达成的仲裁协议申请仲裁，也可以向人民法院起诉。

15.5 申请撤销仲裁裁决

15.5.1 申请撤销仲裁裁决的概念

所谓申请撤销仲裁裁决，是指对符合法定应予撤销情形的仲裁裁决，经由当事人提出申请，人民法院组成合议庭审查核实，裁定撤销仲裁裁决的行为。仲裁庭做出仲裁裁决后，任何一方当事人均可以依据特定的事由，向法院提出撤销仲裁裁决的申请。

15.5.2 申请撤销仲裁裁决的条件与理由

1. 申请撤销仲裁裁决的条件

根据我国《仲裁法》的规定，申请撤销仲裁裁决必须符合下列条件。

（1）提出撤销仲裁裁决申请的主体必须是当事人，包括仲裁申请人和被申请人。

（2）必须向有管辖权的人民法院提出撤销仲裁裁决的申请。根据《仲裁法》规定，当事人申请撤销仲裁裁决，必须向仲裁委员会所在地的中级人民法院提出。向其他人民法院提出的，人民法院不予受理。

（3）必须在法定的期限内提出撤销仲裁裁决的申请。我国《仲裁法》第59条规定，当事人申请撤销仲裁裁决的，应当自收到裁决书之日起6个月内提出。

（4）必须有证据证明仲裁裁决有法律规定的应予撤销的情形。

2. 申请撤销仲裁裁决的理由

当事人申请撤销仲裁裁决，必须具有法定理由。根据我国《仲裁法》的规定，有下列情形之一的，当事人可以申请撤销仲裁裁决。

（1）没有仲裁协议。仲裁委员会对没有仲裁协议的纠纷案件予以受理并做出了裁决，违反了当事人自愿的原则，该仲裁裁决也就是违法裁决，当事人有权向人民法院申请撤销此裁决。

（2）仲裁的事项不属于仲裁协议的范围或者仲裁委员会无权仲裁。

（3）仲裁庭的组成或者仲裁的程序违反法定程序。

（4）仲裁裁决所依据的证据是伪造的。

（5）对方当事人隐瞒了足以影响公正裁决的证据。

（6）仲裁员在仲裁该案时有索贿受贿、徇私舞弊、枉法裁决的行为。

15.5.3 申请撤销仲裁裁决的后果

1．撤销仲裁裁决

人民法院受理当事人撤销仲裁裁决的申请后，经审查核实，认定当事人提出申请所依据的理由成立，应当在2个月内裁定撤销该仲裁裁决。

仲裁裁决被人民法院依法撤销后，当事人之间的纠纷并未解决，当事人可以重新寻求解决纠纷的方法。由于原来的仲裁协议或者本身并不存在，或者无效，当事人要想再通过仲裁方式解决其纠纷，必须重新签订仲裁协议，根据新的仲裁协议再申请仲裁。如果当事人不能重新达成仲裁协议，任何一方当事人均可向有管辖权的人民法院提起诉讼。

2．通知仲裁庭重新仲裁

根据《仲裁法》的规定，人民法院受理当事人撤销仲裁裁决的申请后，如果认为可以由仲裁庭重新仲裁的，可以通知仲裁庭在一定期限内重新仲裁，并裁定中止撤销程序。仲裁庭拒绝重新仲裁的，人民法院应当裁定恢复撤销程序。

3．驳回撤销仲裁裁决的申请

人民法院经过审查未发现仲裁裁决具有法定可被撤销的理由的，应在受理撤销仲裁裁决申请之日起2个月内做出驳回申请的裁定。

撤销仲裁裁决的申请被驳回后，双方当事人必须按照仲裁裁决所确定的权利义务自动履行。如果不自动履行仲裁裁决，权利方当事人可以向法院申请强制执行。

15.6 仲裁裁决的执行

仲裁当事人应当履行仲裁裁决，如果一方当事人不能自觉履行仲裁裁决要求其承担的义务时，另一方当事人可申请法院执行仲裁裁决，由法院依照法定程序，强制被执行人履行仲裁裁决所确定的义务。

15.6.1 仲裁裁决执行的条件

根据《仲裁法》的规定，一项有效的仲裁裁决，要想得到人民法院的执行，必须符合法定的条件。

(1) 必须有胜诉方当事人的申请。我国《仲裁法》规定，当事人应当履行裁决，如一方当事人不履行的，另一方当事人可以向人民法院申请强制执行。

(2) 当事人必须在法定期限内提出申请。关于提出申请执行的期限，《仲裁法》规定，当事人可依据《中华人民共和国民事诉讼法》的有关规定办理：申请执行的期限，双方或者一方当事人是公民的为1年，双方是法人或者其他组织的为6个月。上述规定的期限，从法律文书规定履行期间的最后一日起计算；法律文书规定分期履行的，从规定的每次履行期间的最后一日起计算。

(3) 当事人必须向有管辖权的人民法院提出申请。

15.6.2 仲裁裁决执行的程序

1. 申请执行

仲裁裁决中确定的义务方当事人在规定的期限内不履行仲裁裁决时，权利方当事人在符合上述条件的情况下，有权请求人民法院强制执行。当事人申请执行时应当向人民法院递交申请书，在申请书中应说明对方当事人的基本情况及申请执行的事项和理由，并向法院提交作为执行依据的生效的仲裁裁决书或仲裁调解书。

2. 执行

当事人向有管辖权的人民法院提出执行申请后，受申请的人民法院应当执行。人民法院的执行工作由执行员进行。执行员接到申请执行书后，应当向被执行人发出执行通知，责令其在指定的期间履行仲裁裁决所确定的义务，如果被执行人逾期再不履行义务的，则采取强制措施予以执行。被执行人未按执行通知履行仲裁裁决确定的义务，人民法院有权冻结、划拨被执行人的存款；有权扣留、提取被执行人应当履行义务部分的财产；有权强制被执行人迁出房屋或者退出土地；有权强制被执行人交付指定的财物或票证；有权强制被执行人履行指定的行为。

在执行程序中，双方当事人可以自行和解。如果达成和解协议，被执行人不履行和解协议的，人民法院可以根据申请执行人的申请，恢复执行程序。被执行人向人民法院提供担保，并经申请执行人同意的，人民法院可以决定暂缓执行的期限。被执行人逾期仍不履行的，人民法院有权执行被执行人的担保财产或担保人的财产。

练习与实训 >>>

1. 名词解释题

仲裁　　协议仲裁制度　　或裁或审制度　　一裁终局制度　　回避制度　　仲裁协议

2. 选择题

(1) 我国《仲裁法》适用于（　　）。
　　A. 合同纠纷　　　　　　　　　　B. 收养、抚养纠纷
　　C. 劳动争议和行政纠纷　　　　　D. 其他财产权益纠纷

（2）A市甲公司与B市乙公司在C市签订一份合同，该合同履行地在D市。合同中的仲裁条款约定，如本合同发生争议提交C市仲裁委员会仲裁。现甲、乙两公司发生合同纠纷，甲公司欲申请仲裁，得知C市未设立仲裁委员会，但A、B、D三市均设立了仲裁委员会，甲公司应当怎么办？（　　）
　　A. 向A市仲裁委员会申请仲裁　　　　B. 向B市仲裁委员会申请仲裁
　　C. 向D市仲裁委员会申请仲裁　　　　D. 向C市或D市法院起诉

（3）某联营企业由两方投资，A方未按联营合同缴足出资。B方根据仲裁协议申请仲裁，仲裁过程中仲裁庭主持调解，A方同意补缴出资，B方放弃仲裁请求。本案可选择的结案方式有（　　）。
　　A. 仲裁庭制作调解书　　　　　　　　B. 根据调解协议的结果制作裁决书
　　C. 撤回仲裁申请　　　　　　　　　　D. 驳回仲裁申请

（4）铁路、公路、水路货物运输和联合货物运输中发生的合同纠纷，由下列哪个仲裁机构管辖？（　　）
　　A. 合同签订地　　　　　　　　　　　B. 合同履行地
　　C. 运输始发地　　　　　　　　　　　D. 仲裁协议选定的地点

（5）下面哪些选项不影响仲裁程序进行？（　　）
　　A. 当事人申请仲裁员回避
　　B. 被申请人未提交书面答辩
　　C. 被申请人经书面通知无正当理由拒不到庭
　　D. 仲裁请求的变更或反诉的提出

3. 简答题

（1）简述仲裁的概念和特征。
（2）简述仲裁的基本制度。
（3）简述仲裁机构的设置。
（4）简述仲裁协议的内容、有效条件及效力。
（5）简述仲裁的程序。

4. 案例分析题

案例1

　　2012年5月，A公司与B研究所签订一份开发保健药品的技术合同。合同约定因履行本合同发生的争议由北京市仲裁委员会进行仲裁。后双方因履行合同发生争议，A公司向北京市第一中级人民法院起诉，起诉时未向法院说明合同中已约定仲裁解决争议的情况，法院受理了此案。B研究所向法院提交了答辩状并参加了庭审。法院判决B研究所败诉，B研究所不服随即上诉，理由是本研究所与原告事先有仲裁协议，法院判决无效。
　　问题：
　　B研究所的上诉理由是否成立，法院审理本案是否合法，为什么？

案例 2

　　甲公司和乙公司订立了一份货物买卖合同。后双方在履行合同的过程中发生争议。争议发生后双方用传真的方式进行交涉，同意将争议提交北京仲裁委员会仲裁。后乙公司向人民法院提起诉讼，甲公司应诉答辩，在审理过程中乙公司又撤诉。后双方又进行了磋商，订立了新的仲裁条款。双方约定对货物质量发生的争议，应交由天津市贸易仲裁委员会仲裁。甲公司据此申请仲裁，请求乙公司赔偿由于货物不合格给甲公司造成的损失。仲裁委员会受理了该案件，经过审理做出裁决，认定货物不合格，乙公司应当赔偿甲公司的损失，同时裁决解除合同，双方都不再履行。裁决做出后，乙公司申请人民法院撤销仲裁裁决。

　　问题：

　　（1）乙公司向人民法院起诉又撤诉后，甲公司能否依据双方在传真中达成的仲裁协议申请仲裁？

　　（2）本案中仲裁委员会做出的仲裁裁决是否超出仲裁条款约定的范围？

　　（3）乙公司可以以何种理由申请人民法院撤销仲裁裁决？

5. 实训题

　　任课教师提供几个在程序上存在错误的案例，由学生通过对案例中的仲裁程序进行审查，熟悉仲裁的程序。

第16章

经济纠纷诉讼法

 学习目标

本章介绍了经济纠纷诉讼的概念,重点阐述了经济纠纷诉讼的管辖制度、审判程序等相关知识。通过本章的学习,应达到以下目标:
- ☑ 掌握经济纠纷案件的管辖制度;
- ☑ 掌握经济纠纷案件诉讼的基本制度;
- ☑ 掌握经济纠纷案件的一审、二审、再审审判程序。

 技能要求

能够熟练运用经济诉讼方式解决经济纠纷。

16.1 经济纠纷诉讼概述

诉讼,俗称打官司,是指司法机关在当事人和其他诉讼参与人的参加下,为解决案件而依法定程序所进行的全部活动。

经济纠纷诉讼是指人民法院及经济诉讼参与人为解决经济纠纷案件所进行的诉讼活动。

根据我国相关法律的规定,经济纠纷案件的诉讼适用民事诉讼的法律规定。1991年4月9日,第七届全国人民代表大会第四次会议通过了《中华人民共和国民事诉讼法》(以下简称《民事诉讼法》)。2007年10月28日,中华人民共和国第十届全国人民代表大会常务委员会第三十次会议对《民事诉讼法》进行了修订,该法自2008年4月1日起施行。本章主要介绍民事诉讼法的相关内容。

16.1.1 经济纠纷案件的管辖

管辖是指各级人民法院和同级人民法院之间受理第一审民事案件的分工和权限。它是在人民法院系统内部划分和确定某级或者同级中的某个人民法院对某一民事案件行使审判权的问题。根据《民事诉讼法》的规定，管辖可以分为级别管辖、地域管辖、移送管辖和指定管辖4种情况。

1．级别管辖

我国的人民法院分为4级，即基层人民法院、中级人民法院、高级人民法院和最高人民法院。级别管辖是指各级人民法院之间受理第一审民事案件的分工和权限。确定不同级别的人民法院管辖第一审民事案件的主要依据是：案件的性质、案件影响的大小、诉讼标的的金额大小等。关于级别管辖的具体规定如下。

（1）基层人民法院管辖第一审民事案件，但《民事诉讼法》另有规定的除外。

（2）中级人民法院管辖下列第一审民事案件：重大涉外案件、在本辖区有重大影响的案件、最高人民法院确定由中级人民法院管辖的案件。

（3）高级人民法院管辖在本辖区有重大影响的第一审民事案件。

（4）最高人民法院管辖下列第一审民事案件：在全国有重大影响的案件、认为应当由本院审理的案件。

2．地域管辖

地域管辖是指同级人民法院之间受理第一审民事案件的分工和权限。根据《民事诉讼法》的规定，地域管辖分为一般地域管辖、特殊地域管辖、专属管辖、协议管辖和共同管辖。

1）一般地域管辖

一般地域管辖，又称普通管辖，是指以当事人住所地与法院辖区的关系来确定管辖法院。一般地域管辖的原则是"原告就被告"，即民事诉讼由被告所在地人民法院管辖。《民事诉讼法》第22条规定："对公民提起的民事诉讼，由被告住所地人民法院管辖；被告住所地与经常居住地不一致的，由经常居住地人民法院管辖。对法人或者其他组织提起的民事诉讼，由被告住所地人民法院管辖。同一诉讼的几个被告住所地、经常居住地在两个以上人民法院辖区的，各该人民法院都有管辖权。"

2）特殊地域管辖

特殊地域管辖，又称特别地域管辖，是指以诉讼标的所在地或者引起民事法律关系发生、变更、消灭的法律事实所在地为标准确定的管辖。我国《民事诉讼法》确定的特殊地域管辖包括以下9种情形：① 因合同纠纷提起的诉讼，由被告住所地或者合同履行地人民法院管辖；② 因保险合同纠纷提起的诉讼，由被告住所地或者保险标的物所在地人民法院管辖；③ 因票据纠纷提起的诉讼，由票据支付地或者被告住所地人民法院管辖；④ 因铁路、公路、水上、航空运输和联合运输合同纠纷提起的诉讼，由运输始发地、目的地或者被告住所地人民法院管辖；⑤ 因侵权行为提起的诉讼，由侵权行为地或者被告住所地人民法院管辖；⑥ 因铁路、公路、水上和航空事故请求损害赔偿提起的诉讼，由事故发生地或者车辆、船舶最先到达地、航空器最先降落地或者被告住所地人民法院管辖；⑦ 因船舶碰撞或者其他海事损害事故请求损害赔偿提起的诉讼，由碰撞发生地、碰撞船舶最先到达地、加害船舶被扣留地或者被告住所地人民法院管辖；⑧ 因海难救助费用提起的诉讼，由救助地或者被救助船舶最先到达地人民法院管辖；⑨ 因共同海损提起的诉讼，由船舶最先到达地、共同海损理算地或者航程终止地的人民法院管辖。

3）专属管辖

专属管辖是指对某些特定类型的案件，法律强制规定只能由特定的人民法院行使管辖权，其他法院无管辖权，当事人也不得协议变更管辖法院。根据《民事诉讼法》第 34 条的规定，下列案件为专属管辖：① 因不动产纠纷提起的诉讼，由不动产所在地人民法院管辖；② 因港口作业中发生纠纷提起的诉讼，由港口所在地人民法院管辖；③ 因继承遗产纠纷提起的诉讼，由被继承人死亡时住所地或者主要遗产所在地人民法院管辖。

4）协议管辖

协议管辖又称合意管辖或约定管辖，是指当事人在纠纷发生前或纠纷发生后，以书面形式协商确定管辖法院。《民事诉讼法》第 25 条规定："合同的双方当事人可以在书面合同中协议选择被告住所地、合同履行地、合同签订地、原告住所地、标的物所在地人民法院管辖，但不得违反本法对级别管辖和专属管辖的规定。"

A 地甲公司与 B 地乙公司签订一份书面购销合同，甲公司向乙公司购买冰箱 200 台，每台价格是 1 500 元。双方约定由乙公司代办托运，甲公司在收到货物后的 10 日内付款，合同的违约金为合同价款的 10%，并且约定了因合同发生纠纷由合同签订地 C 地的法院管辖。但是，在合同签订后，乙公司因为资金不足，发生生产困难，没有能够按照合同约定的时间交付货物。甲公司要求乙公司支付违约金，乙公司拒绝，双方发生争议，甲公司提起诉讼。

本案中，甲乙双方之间的管辖协议有效，因为是在书面合同中约定了合同签订地的法院为合同纠纷管辖法院，不违反专属管辖和级别管辖等特殊规定，具备了管辖协议生效的条件。C 地的法院由此取得管辖权。

5）共同管辖

共同管辖是指依照法律规定，两个以上的人民法院对同一案件都有管辖权。两个以上人民法院都有管辖权的诉讼，原告可以向其中一个人民法院起诉；原告向两个以上有管辖权的人民法院起诉的，由最先立案的人民法院管辖。

3．移送管辖

移送管辖是指人民法院受理案件后，发现本法院对该案无管辖权，依照法律规定将案件移送给有管辖权的人民法院审理。根据《民事诉讼法》规定，人民法院发现受理的案件不属于本院管辖的，应当移送有管辖权的人民法院，受移送的人民法院应当受理。受移送的人民法院认为受移送的案件依照规定不属于本院管辖的，应当报请上级人民法院指定管辖，不得再自行移送。

4．指定管辖

指定管辖是指上级法院依照法律规定，指定其辖区内的下级法院对某一具体案件行使管辖权。指定管辖有两种情况：一是有管辖权的人民法院由于特殊原因，不能行使管辖权的，由上级人民法院指定管辖；二是人民法院之间因管辖权发生争议，由争议双方协商解决；协商解决不了的，报请它们的共同上级人民法院指定管辖。

16.1.2 经济纠纷诉讼的基本制度

经济纠纷诉讼的基本制度是在经济诉讼活动过程中的某个阶段或几个阶段对人民法院的审判起重要作用的行为准则，主要包括合议制度、回避制度、公开审判制度及两审终审制度。

1. 合议制度

合议制度是指由 3 名以上的审判人员组成审判集体，代表人民法院行使审判权，对案件进行审理并做出裁判的制度。

2. 回避制度

回避制度是指为了保证案件的公正审判，要求与案件有一定的利害关系的审判人员或其他有关人员，不得参与本案的审理活动或诉讼活动的制度。

根据《民事诉讼法》的规定，审判人员有下列情形之一的，必须回避，当事人有权用口头或者书面方式申请他们回避：是本案当事人或者当事人、诉讼代理人的近亲属；与本案有利害关系；与本案当事人有其他关系，可能影响对案件公正审理的。

当事人提出回避申请，应当说明理由，在案件开始审理时提出；回避事由在案件开始审理后知道的，也可以在法庭辩论终结前提出。

> **案例 16-2**
>
> 2012 年 1 月，王明与李华签订了一份货物买卖合同，在合同履行中两人产生纠纷，王明起诉到人民法院要求赔偿经济损失。人民法院开庭审理此案，在法庭辩论阶段，王明向人民法院提交书面申请，要求审判员张强回避。其理由是张强是李华的学生，学生当然会做出有利于老师的判决。经了解，李华曾是某中学的教师，张强是该中学的毕业生，但张强进该校时，李华已经由于打架斗殴被开除公职，张强与李华并不认识。于是该法院院长做出决定，驳回王明的申请。王明不服，要求复议一次。法院经复议，在第 3 天做出复议决定，维持驳回王明回避申请的决定，并通知王明。
>
> 本案中法院驳回王明的回避申请是正确的。在本案中法院查明被告李华与审判员张强并不认识，不存在《民事诉讼法》规定的必须回避的任何一种情形，因而王明的回避申请是没有法律依据的，故法院做出的驳回申请的决定是正确的。

3. 公开审判制度

公开审判制度是指人民法院审理民事案件，除法律规定的情况外，审判过程及结果应当向群众、社会公开。根据《民事诉讼法》第 120 条规定，人民法院审理民事案件，除涉及国家秘密、个人隐私或者法律另有规定的以外，应当公开进行。离婚案件及涉及商业秘密的案件，当事人申请不公开审理的，可以不公开审理。

4. 两审终审制度

两审终审制度是指一个民事案件经过两级人民法院审判后即告终结的制度。按照两审终审制度，一般的民事诉讼案件，当事人不服一审人民法院的判决、允许上诉的裁定，有权向上一级人民法院提起上诉,二审人民法院对案件所做的判决、裁定为生效判决、裁定,当事人不得再上诉。最高审判机关——最高人民法院所做的一审判决、裁定,为终审判决、裁定,当事人不得上诉。

16.1.3 经济纠纷诉讼的参加人

诉讼的整个过程主要由法院和诉讼参加人的诉讼行为构成。民事诉讼参加人是指参加民事诉讼的当事人和诉讼代理人。当事人包括原告、被告、共同诉讼人、诉讼代表人和第三人。

1. 当事人

当事人是指因民事上的权利义务关系发生纠纷,以自己的名义进行诉讼,与案件审理的结果有法律上的利害关系,并受法院裁判约束的人。民事诉讼当事人有狭义和广义之分,狭义的诉讼当事人仅指原告和被告;广义的诉讼当事人还包括了除原告、被告以外的共同诉讼人、第三人和诉讼代表人。

原告是指为维护自己的民事权益,以自己的名义向人民法院提起诉讼,因而引起诉讼程序的人。被告是指被诉称侵犯了原告的民事权益,或者与原告发生了民事权益争执,而依法被人民法院传唤应诉的人。当事人一方或者双方为二人以上,其诉讼标的是共同的,或者诉讼标的是同一种类,人民法院认为可以合并审理并经当事人同意的为共同诉讼。诉讼代表人是指当事人众多的一方,推选出代表,由其为维护本方当事人利益而进行诉讼活动的人。共同诉讼中,原告为二人以上的,称为共同原告;被告为二人以上的,称为共同被告。当事人一方人数众多的共同诉讼,可以由当事人推选代表人进行诉讼。民事诉讼的第三人是指对他人之间的诉讼标的有独立的主张权,或者虽然没有独立请求权,但案件的处理结果与其有法律上的利害关系,因而参加到他人之间已经开始的诉讼中去的人。

2. 诉讼代理人

民事诉讼代理人是指以当事人的名义,在一定权限范围内,为当事人的利益进行诉讼活动的人。诉讼代理人又分为法定诉讼代理人和委托诉讼代理人。

法定诉讼代理是为无诉讼行为能力的人在法律上设立的一种代理制度,依照法律规定取得并行使诉讼代理权的人,称为法定诉讼代理人。

根据被代理人的授权委托而发生的诉讼代理,称为委托诉讼代理。接受被代理人的授权委托代为进行诉讼活动的人,称为委托诉讼代理人。当事人、法定代理人可以委托1~2人作为诉讼代理人,律师、当事人的近亲属、有关的社会团体或者所在单位推荐的人、经人民法院许可的其他公民,都可以被委托为诉讼代理人。

案例 16-3

胜利小学学生周民(10岁),曾在某省小学生围棋比赛中获得瓷质奖杯一个。2012年,胜利小学为筹办校庆,校领导委托周民的班主任张静到周民家借其奖杯用于校庆展览。在展出过程中,来宾王东与柳莺因为争相观看奖杯,不慎在交接时将奖杯摔碎。事后,周民之父周强多次找胜利小学校长宋林及班主任张静索赔,但都遭到了拒绝。无奈,周强准备向法院起诉,但周强不知道自己能否作为原告起诉,也不了解应将谁列为被告。

> 在这起损害赔偿案中，与案件有直接利害关系的主体一方是作为受害方的周民，另一方是作为借用方的胜利小学，因此纠纷是在这二者之间展开的。只有这二者才能以自己的名义进行诉讼，成为原、被告双方当事人。因此，本案的原告是周民，被告是胜利小学。由于周民是无诉讼行为能力人，应由其父亲周强作为他的法定诉讼代理人代为参加诉讼。至于王东与柳莺，在这起纠纷中对损害结果负有一定责任，案件的裁判结果与他们有法律上的利害关系，应该作为无独立请求权第三人参加诉讼。

16.1.4 证据

1. 证据的概念和特点

证据是指能够证明案件真实情况的一切事实。

证据具有以下 3 个特点。

（1）客观性。证据的客观性是指证据必须是一种客观存在的事实，而不是人们主观臆想出来的东西。

（2）关联性。证据的关联性是指证据必须与案件事实有内在的联系，能够证明案件事实。

（3）合法性。证据的合法性是指证据应当符合法律的规定和按照法定的程序进行收集。

2. 证据的种类

我国《民事诉讼法》第 63 条规定了 7 种证据形式，即书证、物证、视听资料、证人证言、当事人陈述、鉴定结论、勘验笔录。

（1）书证是指以文字、符号、图表等记载或表达的内容来证明案件事实的证据。

（2）物证是以自己存在的外形、重量、规格、损坏程度等标志来证明案件事实的一部分或全部的物品及痕迹。

（3）视听资料是指利用录像或录音磁带反映出的形象或音响，或以电子计算机贮存的数据来证明案件事实的证明材料。

（4）证人证言。证人就是由于了解案件的真实情况，依法被人民法院传唤作证的人。证人对案件事实所做的陈述为证人证言。

（5）当事人陈述是指当事人就有关案件的事实情况向人民法院所做的陈述，包括当事人自己说明的案件事实和对对方当事人提出的案件事实的承认。

（6）鉴定结论是指鉴定人运用自己的专业知识，对案件中某些专门性问题进行分析鉴定所得出的结论性意见。

（7）勘验笔录是指人民法院为了查明案件的事实，指派勘验人员对与案件争议有关的现场、物品或物体进行查验、拍照、测量，并将查验的情况与结果制成的笔录。

3. 举证责任

举证责任，又称证明责任，是指当事人对自己提出的主张，有提出证据并加以证明的责任。如果当事人未能尽到上述责任，则有可能承担对其主张不利的法律后果。我国《民事诉讼法》第 64 条规定："当事人对自己提出的主张，有责任提供证据。"这一规定明确了"谁主张，谁举证"的原则。当然，当事人及其诉讼代理人因客观原因不能自行收集的证据，或者人民法院认为审理案件需要的证据，人民法院应当调查收集。

16.2 审判程序

16.2.1 第一审程序

人民法院审理民事、经济案件时适用的基础程序称为第一审程序。第一审程序主要包括以下几个环节。

1. 起诉和受理

起诉是指公民、法人或其他组织在民事、经济权益受到侵犯或发生民事、经济争议的情况下，依法以自己的名义向人民法院提起诉讼，要求人民法院予以审判的诉讼行为。起诉必须符合下列条件：① 原告是与本案有直接利害关系的公民、法人和其他组织；② 有明确的被告；③ 有具体的诉讼请求和事实、理由；④ 属于人民法院受理民事诉讼的范围和受诉人民法院管辖。

起诉应当向人民法院递交起诉状，并按照被告人数提出副本。起诉状应当记明下列事项：① 当事人的姓名、性别、年龄、民族、职业、工作单位和住所，法人或者其他组织的名称、住所和法定代表人或者主要负责人的姓名、职务；② 诉讼请求和所根据的事实与理由；③ 证据和证据来源及证人姓名和住所。

受理是指人民法院对原告的起诉经审查，认为符合法定条件，决定立案审理的诉讼行为。根据《民事诉讼法》第112条的规定，人民法院收到起诉状，经审查，认为符合起诉条件的，应当在7日内立案，并通知当事人；认为不符合起诉条件的，应当在7日内裁定不予受理；原告对裁定不服的，可以提起上诉。

2. 审理前的准备

审理前的准备是指人民法院受理案件后至开庭审理前，依法定程序所进行的各项准备活动。

（1）送达有关诉讼文书，告知有关诉讼事项。人民法院受理起诉后，应当向原告送达受理案件通知书，向被告送达应诉通知书。《民事诉讼法》规定，人民法院应当在立案之日起5日内将起诉状副本发送被告，被告在收到之日起15日内提出答辩状。被告提出答辩状的，人民法院应当在收到之日起5日内将答辩状副本发送原告。被告不提出答辩状的，不影响人民法院审理。

（2）成立审判组织并告知当事人诉讼权利。

《民事诉讼法》第115条规定，合议庭组成人员确定后，应当在3日内告知当事人。《民事诉讼法》第114条规定，案件受理时应向当事人告知有关的诉讼权利义务。

（3）审核诉讼材料，调查收集必要的证据。

在审理前的准备阶段，诉讼材料主要包括原告提供的起诉状和被告提供的答辩状及他们提供的证据材料。

证据是人民法院审判的基础。《民事诉讼法》规定，证据主要由当事人提供，人民法院只能在当事人提供证据的前提下收集部分必要的证据,即当事人提供有困难,人民法院认为审理案件又需要的证据,才能由人民法院调查收集。

3. 开庭审理

开庭审理是指人民法院在当事人和其他诉讼参与人的参加下,依照法定的形式和程序,在法庭上对案件进行全面审理并做出裁判的诉讼活动。开庭审理有公开审理和不公开审理两种形式。人民法院审理民事、经济案件,除涉及国家秘密、个人隐私或者法律另有规定的以外,应当公开进行。离婚案件及涉及商业秘密的案件,当事人申请不公开审理的,可以不公开审理。

开庭审理的程序如下。

1) 庭审准备

人民法院确定开庭审理的日期后,应当在开庭3日前通知当事人和其他诉讼参与人。公开审理的案件,应当公告当事人姓名、案由和开庭的时间、地点。

开庭审理前,书记员应当查明当事人和其他诉讼参与人是否到庭,宣布法庭纪律。

开庭审理时,由审判长核对当事人,宣布案由,宣布审判人员、书记员名单,告知当事人有关的诉讼权利义务,询问当事人是否提出回避申请。

2) 法庭调查

法庭调查是指人民法院依照法定程序,在法庭上向当事人和其他诉讼参与人调查案情,核实各种证据的诉讼活动。根据《民事诉讼法》的规定,法庭调查的顺序是:① 当事人陈述;② 告知证人的权利义务,证人作证,宣读未到庭的证人证言;③ 出示书证、物证和视听资料;④ 宣读鉴定结论;⑤ 宣读勘验笔录。

法庭调查阶段,当事人可以提出新的证据。原告有权增加诉讼请求,被告有权提出反诉,第三人提出与本案有关的诉讼请求,人民法院可以合并审理。

3) 法庭辩论

法庭辩论是指当事人、第三人及其诉讼代理人就案件事实和适用法律向法庭阐明观点、申明理由的诉讼活动。根据《民事诉讼法》的规定,法庭辩论按照下列顺序进行:① 原告及其诉讼代理人发言;② 被告及其诉讼代理人答辩;③ 第三人及其诉讼代理人发言或者答辩;④ 互相辩论。

法庭辩论终结,由审判长按照原告、被告、第三人的先后顺序征询各方最后的意见。

4) 评议和宣判

法庭辩论终结后,当事人不同意调解,或者调解无效的,开庭审理应进入评议宣判阶段。

合议庭评议是指法庭辩论终结后,合议庭组成人员经过讨论,认定案件事实,确定是非责任,选择适用法律,对案件做出审理结论的诉讼活动。合议庭评议案件,实行少数服从多数的原则。评议应当制作笔录,由合议庭成员签名。评议中的不同意见,必须如实记入笔录。

宣判是指人民法院就所做出的判决,向当事人、其他诉讼参与人及旁听群众进行宣告的诉讼活动。凡是开庭审理的案件,无论是公开审理或者是依法不公开审理的,都必须公开宣告判决。公开宣告判决有当庭宣判和定期宣判两种形式。当庭宣判是指在合议庭评议结束后立即宣告判决。人民法院当庭公开宣判后,应在10日内向有关人员发送判决书。定期宣判是指在开庭审理日之后的某个日期公开宣告判决。凡定期宣判的,宣判完毕即发给当事人判决书。

人民法院适用普通程序审理的案件，应当在立案之日起 6 个月内审结。有特殊情况需要延长的，由本院院长批准，可以延长 6 个月；还需要延长的，报请上级人民法院批准。

16.2.2 第二审程序

第二审程序是指上一级人民法院根据当事人的上诉，就下级人民法院的一审判决和裁定，在其发生法律效力前，对案件进行重新审理的程序。第二审程序因当事人提起上诉而开始，所以第二审程序又称为上诉审程序。人民法院审理民事案件，实行两审终审制，故第二审程序也称终审程序。

1. 上诉的提起和受理

上诉是指当事人对地方各级人民法院做出的尚未发生法律效力的第一审判决或裁定不服，依法请求上一级人民法院重新审判的诉讼活动。

根据《民事诉讼法》的规定，上诉必须符合以下条件。

（1）上诉人和被上诉人必须是第一审判决、裁定所指向的当事人，包括原告、被告、共同诉讼人、诉讼代表人、有独立请求权的第三人及判决承担民事责任的无独立请求权的第三人。

（2）当事人提起上诉的判决、裁定必须是法律规定允许上诉的第一审判决、裁定。

（3）上诉必须在法定期间内提出。当事人不服地方各级人民法院第一审判决的，应在判决书送达之日起 15 日内向上一级人民法院提起上诉。当事人不服地方人民法院第一审裁定的，应在裁定书送达之日起 10 日内向上一级人民法院提起上诉。

（4）上诉必须提交上诉状。上诉状的内容应当包括当事人的姓名，法人的名称及其法定代表人的姓名或者其他组织的名称及其主要负责人的姓名；原审人民法院名称、案件的编号和案由；上诉的请求和理由。

上诉状应当通过原审人民法院提出，并按照对方当事人或者代表人的人数提出副本。当事人直接向第二审人民法院上诉的，第二审人民法院应当在 5 日内将上诉状移交原审人民法院。原审人民法院收到上诉状，应当在 5 日内将上诉状副本送达对方当事人，对方当事人在收到之日起 15 日内提出答辩状。人民法院应当在收到答辩状之日起 5 日内将副本送达上诉人。对方当事人不提出答辩状的，不影响人民法院审理。原审人民法院收到上诉状、答辩状，应当在 5 日内连同全部案卷和证据，报送第二审人民法院。

上诉的受理是指人民法院通过法定程序，对上诉主体资格及上诉状进行审查，接受审理的诉讼行为。第二审人民法院接到原审法院移送的上诉状及其案件材料后，经审查认为上诉符合条件的，应当立案审理。

2. 上诉案件的审理程序

《民事诉讼法》第 157 条规定："第二审人民法院审理上诉案件，除依照本章规定外，适用第一审普通程序。"即凡是第二审程序有规定的，首先适用第二审程序；第二审程序没有规定的，适用第一审程序。

1）庭审准备

庭审前准备工作主要包括以下两个方面。

（1）组成合议庭。人民法院审理第二审民事案件，由审判员组成合议庭，不能由审判员、陪审员共同组成合议庭,即二审法院审理上诉案件必须采用合议制,不能采用独任制。

(2) 审查案卷,调查和询问当事人。

2) 上诉案件审理

(1) 上诉案件的审理范围。根据《民事诉讼法》第151条的规定,第二审人民法院审理上诉案件,应当对上诉请求的有关事实和适用法律进行审查。

(2) 上诉案件的审理方式。第二审人民法院审理上诉案件,以开庭审理为原则,不开庭审理为例外。开庭审理的程序与第一审普通程序基本相同。第二审法院经过阅卷和调查、询问当事人,在事实核对清楚后,合议庭认为不需要开庭审理的,也可以不开庭审理,径行判决、裁定。径行裁决不等于书面审理,合议庭仍然要询问当事人,听取当事人的陈述,在查明案件事实后,合议庭才能直接做出裁决。根据我国有关法律规定,可以适用径行判决、裁定的案件包括以下几种:① 一审就不予受理、驳回起诉和管辖权异议做出裁定的案件;② 当事人提出的上诉请求明显不能成立的案件;③ 原审裁判认定事实清楚,但适用法律错误的案件;④ 原判决违反法定程序,可能影响案件正确判决,需要发回重审的案件。

3) 上诉案件的裁判

第二审人民法院对上诉案件,经过审理,按照下列情形,分别做出以下判决和裁定:① 原判决认定事实清楚,适用法律正确的,判决驳回上诉,维持原判决;② 原判决适用法律错误的,依法改判;③ 原判决认定事实错误,或者原判决认定事实不清,证据不足,裁定撤销原判决,发回原审人民法院重审,或者查清事实后改判;④ 原判决违反法定程序,可能影响案件正确判决的,裁定撤销原判决,发回原审人民法院重审。当事人对重审案件的判决、裁定,可以上诉。

第二审人民法院的判决、裁定是终审的判决、裁定,当事人不得再行上诉。

3. 上诉案件的审结期限

人民法院审理对判决的上诉案件,应当在第二审立案之日起3个月内审结。有特殊情况需要延长的,由本院院长批准。人民法院审理对裁定的上诉案件,应当在第二审立案之日起30日内做出终审裁定,对裁定的上诉案件的审结期限,不能延长。

案例 16-4

2012年8月,某建筑公司与某开发公司在结算工程款时发生纠纷,建筑公司诉至法院要求该开发公司给付拖欠的工程款。法院在审理中发现:双方当事人起草的合同,开发公司始终未签字盖章使之生效,因此,关于应当给付多少工程款,双方各执一词,争议很大;施工过程中,开发公司给了建筑公司多少材料,双方说法也不一,争执激烈,案情比较复杂。法院经审理后,判决开发公司向建筑公司给付工程款130万元。开发公司不服,提起上诉。二审法院也认为案件比较复杂,于是将案件交给一位比较有经验的法官独任审理。该法官适用简易程序很快审理完此案,做出了驳回上诉、维持原判的判决。

本案在诉讼程序上有两处错误:第一,上诉案件应当由审判员组成合议庭审理,不应当由一名法官独任审理,因为只有适用简易程序时才可以由一名法官独任审理;第二,上诉案件不得适用简易程序审理,应当适用第二审程序审理,简易程序只适用于审理第一审简单的民事案件。对于二审法院的判决,开发公司不服,可以申请再审。

16.2.3 审判监督程序

1. 审判监督程序的概念与特点

审判监督程序,也称再审程序,是指人民法院对已经发生效力的判决、裁定及调解书,发现确有错误依法重新审理案件的程序。

审判监督程序具有以下特点。

(1) 提起审判监督程序的主体必须是特定的机关和人员:本级人民法院院长、上级人民法院、最高人民法院,享有审判监督权的人民检察院及符合再审申请条件的当事人。

(2) 依审判监督程序审理的对象是已经发生法律效力的裁判,既包括第一审法院审理的已发生法律效力的判决、裁定或者调解协议,也包括二审法院审理的已生效的判决、裁定或者调解协议。

(3) 提起审判监督程序的前提条件必须是案件的裁判在认定事实或适用法律上确有错误。

2. 再审程序的提起和受理

1) 法院依职权提起再审

各级人民法院院长对本院已经发生法律效力的判决、裁定,发现确有错误,认为需要再审的,应当提交审判委员会讨论决定。

最高人民法院对地方各级人民法院已经发生法律效力的判决、裁定,上级人民法院对下级人民法院已经发生法律效力的判决、裁定,发现确有错误的,有权提审或者指令下级人民法院再审。

2) 当事人申请再审

当事人对已经发生法律效力的判决、裁定,认为有错误的,可以向上一级人民法院申请再审,但不停止判决、裁定的执行。

当事人的申请符合下列 13 种情形之一的,人民法院应当再审:① 有新的证据,足以推翻原判决、裁定的;② 原判决、裁定认定的基本事实缺乏证据证明的;③ 原判决、裁定认定事实的主要证据是伪造的;④ 原判决、裁定认定事实的主要证据未经质证的;⑤ 对审理案件需要的证据,当事人因客观原因不能自行收集,书面申请人民法院调查收集,人民法院未调查收集的;⑥ 原判决、裁定适用法律确有错误的;⑦ 违反法律规定,管辖错误的;⑧ 审判组织的组成不合法或者依法应当回避的审判人员没有回避的;⑨ 无诉讼行为能力人未经法定代理人代为诉讼或者应当参加诉讼的当事人,因不能归责于本人或者其诉讼代理人的事由,未参加诉讼的;⑩ 违反法律规定,剥夺当事人辩论权利的;⑪ 未经传票传唤,缺席判决的;⑫ 原判决、裁定遗漏或者超出诉讼请求的;⑬ 据以做出原判决、裁定的法律文书被撤销或者变更的。

对违反法定程序可能影响案件正确判决、裁定的情形,或者审判人员在审理该案件时有贪污受贿、徇私舞弊、枉法裁判行为的,人民法院应当再审。

当事人对已经发生法律效力的调解书,提出证据证明调解违反自愿原则或者调解协议的内容违反法律的,可以申请再审。经人民法院审查属实的,应当再审。

当事人申请再审,应当在判决、裁定发生法律效力后 2 年内提出;2 年后据以做出原判决、裁定的法律文书被撤销或者变更,以及发现审判人员在审理该案件时有贪污受贿、徇私舞弊、枉法裁判行为的,自知道或者应当知道之日起3个月内提出。

3)人民检察院提出抗诉引起再审

最高人民检察院对各级人民法院已经发生法律效力的判决、裁定,上级人民检察院对下级人民法院已经发生法律效力的判决、裁定,发现有上述13种规定情形之一的,应当提出抗诉。

地方各级人民检察院对同级人民法院已经发生法律效力的判决、裁定,发现有上述13种规定情形之一的,应当提请上级人民检察院向同级人民法院提出抗诉。

人民检察院提出抗诉的案件,接受抗诉的人民法院应当自收到抗诉书之日起30日内做出再审的裁定;有上述13种规定中第一项至第五项规定情形之一的,可以交下一级人民法院再审。

人民检察院决定对人民法院的判决、裁定提出抗诉的,应当制作抗诉书。

3. 再审案件的审判

(1)裁定中止原判决的执行。《民事诉讼法》第185条规定,按照审判监督程序决定再审的案件,裁定中止原判决的执行。

(2)另行组成合议庭。《民事诉讼法》第41条规定,审理再审案件,原来是第一审的,按照第一审程序另行组成合议庭;原来是第二审的或者是上级人民法院提审的,按照第二审程序另行组成合议庭。

(3)分别适用第一审或第二审程序。根据《民事诉讼法》第186条的规定,人民法院按照审判监督程序再审的案件,发生法律效力的判决、裁定是由第一审法院做出的,按照第一审程序审理,所做的判决、裁定,当事人可以上诉;发生法律效力的判决、裁定是由第二审法院做出的,按照第二审程序审理,所做的判决、裁定是发生法律效力的判决、裁定;上级人民法院按照审判监督程序提审的,按照第二审程序审理,所做的判决、裁定是发生法律效力的判决、裁定。

16.3 执行程序

对于已经发生法律效力的判决书、裁定书、调解书及其他应由人民法院执行的法律文书,当事人必须履行。拒绝履行的,享有权利的一方可向人民法院申请强制执行。

1. 执行管辖

发生法律效力的民事判决、裁定,以及刑事判决、裁定中的财产部分,由第一审人民法院或者与第一审人民法院同级的被执行的财产所在地人民法院执行。法律规定由人民法院执行的其他法律文书,由被执行人住所地或者被执行的财产所在地人民法院执行。

2. 执行根据

执行根据是执行机关据以执行的法律文书。执行根据必须具备两个条件:一是法律文书已经发生法律效力;二是法律文书具有执行内容,即法律文书中具有规定义务人向权利人交付一定财务或履行一定义务的内容。

执行根据可以分为两种类型：一是人民法院制作的法律文书，包括民事判决、裁定、调解书、支付令和刑事判决、裁定中的财产部分等；二是法律规定由人民法院执行的其他法律文书，包括仲裁裁决书和公证债权文书。

3. 执行措施

人民法院的执行措施主要有：冻结、划拨被执行人的银行存款；扣留、提取被执行人应当履行义务部分的收入；查封、扣押、冻结、拍卖、变卖被执行人应当履行义务部分的财产；强制被执行人交付财务或者票证；强制被执行人迁出房屋或退出土地；强制被执行人执行法律文书指定的行为等。被执行人不履行法律文书确定的义务，并隐匿财产的，人民法院有权发出搜查令，对被执行人及其住所或者隐匿地进行搜查。

练习与实训 >>>

1. 名词解释题

诉讼管辖　　　级别管辖　　　地域管辖　　　专属管辖
回避制度　　　两审终审制度　　当事人　　　证据

2. 选择题

(1) 甲在丽都酒店就餐，顾客乙因地板湿滑不慎滑倒，将热汤洒到甲身上，甲被烫伤。甲拟向法院提起诉讼。关于本案当事人的确定，下列哪一种说法是正确的？（　　）

　　A. 甲起诉丽都酒店，乙是第三人
　　B. 甲起诉乙，丽都酒店是第三人
　　C. 甲起诉，只能以乙或丽都酒店为单一被告
　　D. 甲起诉丽都酒店，乙是共同被告

(2) 郭某诉张某财产损害一案，法院进行了庭前调解，张某承认对郭某财产造成损害，但在赔偿数额上双方无法达成协议。关于本案，下列哪一选项是正确的？（　　）

　　A. 张某承认对郭某财产造成损害，已构成自认
　　B. 张某承认对郭某财产造成损害，可作为对张某不利的证据使用
　　C. 郭某仍需对张某造成财产损害的事实举证证明
　　D. 法院无需开庭审理，本案事实清楚可直接作出判决

(3) 依照民事诉讼法的相关规定，人民法院在审理下列哪一案件时，不得适用简易程序？

　　A. 张某诉新科开发公司侵犯其专利权的纠纷案件
　　B. 齐立诉蔡强借款纠纷案件发回重审时的案件
　　C. 李红诉陈辉因损害其自行车应当赔偿150元的侵权纠纷案件
　　D. 赵键诉下落不明的刘庆返还所借的1 000元钱的案件

(4) 第二审人民法院在审理下列哪些上诉案件时，可以依照民事诉讼法的有关规定径行判决、裁定？（　　）

　　A. 一审就不予受理、驳回起诉和管辖权异议作出裁定的案件

B. 当事人提出的上诉请求明显不能成立的案件
C. 审理本案的审判人员、书记员应当回避未回避的
D. 原审判决认定事实清楚，但适用法律错误的案件

(5) 某省电视剧制作中心摄制的作品《星空》正式播出前，邻省的某音像公司制作了盗版光盘。制作中心发现后即向音像公司所在地的某区法院起诉，并在法院立案后，请求法院裁定音像公司停止生产光盘。音像公司在接到应诉通知书及停止生产光盘的裁定后，认为自己根本不是盗版，故继续生产光盘。以下关于管辖的方式正确的是（　　）。
A. 以被告所在地确定管辖法院
B. 以该光盘销售地确定管辖法院
C. 以光盘生产地确定管辖法院
D. 以原告所在地确定管辖

3. 简答题

(1) 简述经济纠纷案件的管辖。
(2) 简述经济纠纷诉讼的基本制度。
(3) 简述证据的特点和种类。
(4) 简述起诉的条件。
(5) 简述上诉的条件。
(6) 简述审判监督程序的特点。
(7) 简述当事人申请再审的理由。

4. 案例分析题

　　兴隆百货公司与万达批发商场产生货物买卖纠纷。2012年4月，兴隆百货公司向该市城西区人民法院起诉，要求万达批发商场承担违约责任并赔偿损失，共计110万元。2012年7月，一审法院做出判决，裁定万达商场承担违约责任并赔偿损失共计100万元。万达商场不服一审判决，在上诉期内向该市中级人民法院提起上诉，市中级人民法院依法组成合议庭审理此案。市中级人民法院经过阅卷后，认为事实清楚，于是没有开庭审理，径行做出判决，驳回上诉，维持了一审判决。万达商场认为二审合议庭没开庭审理，不合法，与合议庭发生争议。合议庭经商量，也觉得没开庭审理不妥，于是合议庭庭长将本案提交本院审判委员会讨论决定再审事宜。审判委员会讨论后，决定由本院进行再审。

　　问题：
　　本案在诉讼程序上存在哪些问题？

5. 实训题

　　举办一次模拟法庭，模拟制作民事起诉状、答辩状等诉讼文书，熟悉经济案件的审判程序及相关实体法知识。

参考文献

[1] 葛洪义. 法理学. 2版. 北京：中国政法大学出版社，2012.
[2] 王玲. 法律基础与实务. 2版. 北京：清华大学出版社，2012.
[3] 刘文华. 经济法. 4版. 北京：中国人民大学出版社，2012.
[4] 崔建远. 合同法. 北京：法律出版社，2012.
[5] 徐晓松. 公司法. 北京：中国政法大学出版社，2010.
[6] 吴汉东. 知识产权法. 北京：法律出版社. 1011.
[7] 吴志攀. 金融法概论. 5版. 北京：北京大学出版社，2009.
[8] 刘剑文，熊伟. 财政税收法. 5版. 北京：法律出版社，2011.
[9] 江伟. 仲裁法. 北京：中国人民大学出版社，2009.
[10] 张卫平. 民事诉讼法. 2版. 北京：法律出版社，2011.